鎌倉幕府軍制と御家人制

高橋典幸著

吉川弘文館

目次

第二部　御家人制の諸相

第三部　武家政権と荘園制

凡例

一、竹内理三編『鎌倉遺文』（東京堂出版）所収の文書は、「鎌」と略記し、巻数・文書番号を示した。

一、松岡久人編『南北朝遺文　中国・四国編』（東京堂出版）および瀬野精一郎編『南北朝遺文　九州編』（東京堂出版）所収の文書は、それぞれ「南北〔中国・四国〕」「南北〔九州〕」と略記し、巻数・文書番号を示した。

一、佐藤進一・池内義資編『中世法制史料集第一巻　鎌倉幕府法』（岩波書店）および同編『中世法制史料集第二巻　室町幕府法』（岩波書店）所収の追加法は、それぞれ「鎌倉幕府追加法」「室町幕府追加法」と略記し、『中世法制史料集』の条数を示した。

一、京都府立総合資料館編『東寺百合文書目録』（吉川弘文館）所載の「東寺百合文書」および「東寺文書」には、『目録』の文書番号（函数・文書番号）を示した。

一、奈良国立文化財研究所編『東大寺文書目録』（同朋舎）所載の「東大寺文書」には、『目録』の函架番号を示した。

一、史料引用の際は、写真版・影写本などによって読みを改めた箇所がある。また史料名等についても、必ずしも刊本史料集・文書目録の通りではなく、私意により改めた箇所がある。

序章　本書の視角と構成

一　本書の視角

本書は軍事という観点から鎌倉幕府の特色を描き出そうと試みるものである。本論に入る前に、なぜ軍事という観点に着目するのかについて、その経緯を示しておきたい。

1　鎌倉幕府論の流れ

鎌倉幕府の成立や特徴を論じる研究は数多く蓄積されており、それを概観することすら容易な作業ではない。そうした膨大な研究史の中で、現在に至る研究視角や方法を画するような成果としては、黒田俊雄氏による権門体制論の提起と川合康氏による鎌倉幕府成立史に関する研究を挙げることができよう。

権門体制論の概要を一言で述べれば、それまで対立的にとらえられがちであった武家政権と公家政権について、さらに社寺勢力も含めてそれぞれを自律的な権門と規定し、中世はこれら権門が封建領主階級として相互補完関係を保ちながら国家権力を形成していたとするものである。(1)公武関係史や中世国家論として画期的な成果であるが、ここで注目したいのは、権門体制論の提起に対して数多くの反応・応答が見られたことである。黒田氏が権門体制論を提起した翌年には早くも石井進氏[2]、永原慶二氏[3]がそれに批判的に応答する論考を発表している。また佐藤進一氏も権門体制論に刺激される形で、戦前から提唱していた東国政権論[4]を東国国家論として再提示した[5]。もちろん権門体制論を支持する論者も少なくなく、また独自の中世国家論を主張する見解も現われた。いわば権門体制論が起爆剤となって、中世国家論・国制史という研究分野が展開したと言えるであろう[6]。

ここでこれらの議論を整理・分析する余裕はないが、研究視角・方法の問題として次の点を確認しておきたい。すなわち、国家史・国制史という研究動向をふまえた場合、鎌倉幕府の成立・性格を論じるにあたっては、すでに幕府のみを取り上げて論じることをもって事足れりとする研究状況ではなくなっているということである。中世社会や政治状況ないし国家機構（国制）のもと、鎌倉幕府の成立や性格はどのような位置を占め、どのような役割を果たしていたのかということが自覚的に問われるようになってきたのである。権門体制論は、議論の中味そのものの当否はしばらくおくとしても、研究状況をこのような段階に引き上げたという点で、やはり研究史上画期的な成果であったと言えよう。

ところで、具体的に「鎌倉幕府は中世の国制の中でどのような位置・役割を占めたか」という点についての権門体制論の回答は明確で、それは軍事を担当・分掌する権門ということになる。この点については、中世の同時代人も同様な認識を持っていたらしく、慈円は幕府のことを宝剣に代わって朝廷を守護する「御マモリ」と記している[7]。もちろん、こうした個人の発言にはその人間の願望が語られている可能性が高く[8]、その扱いには慎重でなければならないが、幕府当局や御家人等立場を異にするものからも同様の発言がみられることから[9]、こうした認識には一定の普遍性を認めることができよう。また実際に鎌倉幕府が国家的な軍務を果たしていることも確認される。

こうしたことから本書では軍事と鎌倉幕府との関わりに注目するものである。ただ、それのみでは不十分であり、なぜ、そしてどのようにして鎌倉幕府は軍事に関わるようになったのか、それはその後どのような展開をたどることになったのかという点も問われなければならない。その意味では権門体制論は静態的に過ぎるという問題を抱えている。

この点、とくに前者について示唆的なのは、先にもふれた川合康氏の鎌倉幕府成立史の研究である。川合氏の研究の特徴は、氏自身の研究の端緒である荘郷地頭制研究[10]にもっともよく現われている。それは具体的には、いわゆる文治勅許の産物としてではなく、治承・寿永内乱における戦闘行為の一つである敵方所領没官措置の延長上（追認）に荘郷地頭制の成立を位置づけようとするものである。ここで注目したいのは、「いわゆる文治勅許の産物としてではなく」という点である。それまでは、文治元年（一一八五）末の文治勅許に至る公武交渉の成果として、鎌倉幕府は全国に荘郷地頭職を設置する権限を獲得したと考えられてきた。すなわち、鎌倉幕府が荘郷地頭を設置することができたのは、朝廷からそのような権限を与えられたからというわけであるが、こうした公権授受論的な考え方は、荘郷地頭制のみならず、鎌倉幕府全般、とくに鎌倉幕府成立に関する研究には顕著にみられた研究姿勢であった。先にみた権門体制論、それと鋭く対立する東国国家論も、公権授受論的な視角を前提とする点では共通の基盤に立っていたことが指摘されている[11]。これは明治以来の封建制研究を強く律してきた研究視角であった。

こうした公権授受論的視角について、川合氏は前近代以来の歴史観・歴史認識に規定されたものと指摘し、それを自覚的に克服し、鎌倉幕府権力の実質的形成を解明すべきことを主張したのである。それは、具体的には治承・寿永の内乱と戦争の展開の中で、幕府権力の実質がいかに形成され、それが平時にいかに定着していったのかを実態的に明らかにすることであった[12]。

右のような意図を持つ川合氏の研究が、研究視角・方法という点でも画期的な内容を有していることは明らかであろう。そして、それは「どのようにして鎌倉幕府は軍事に関わるようになったのか」という先に示した本書の課題を考えるにも有効であると思われる。私も鎌倉幕府が軍事に関わるようになった所以を、治承・寿永内乱の中に考えてみたいと思うのである。

2　御家人制論の流れ

詳しくは本論でふれるが、以上のような形で、鎌倉幕府と軍事との関わりを治承・寿永の内乱の展開過程に位置づけて考えていくと、結局のところ、幕府はどのような軍事制度（軍制）でもって国家的軍務にあたろうとしていたかという問題に行き着くことになる。そうした軍制の一形態として浮かび上がってくるのが御家人制の問題である。御家人制も早くから研究対象となり、数多くの研究成果が積み重ねられてきている。その研究史の概要については、最近清水亮氏が手際よくまとめているので[13]、そちらに譲り、ここでは主従制という観点に限定して御家人制の研究史を振り返っておきたい。

主従制に関する研究史は御家人制に関するそれよりも膨大であるが、「双務的契約か、それとも片務的関係か」をめぐって議論が交わされた戦前の和辻・家永論争に象徴されるように、主として主従結合の度合いが問題にされてきたように思われる[14]。そうした流れの中で、より結合の度合いの強い（片務的関係に近い）「相伝服仕の家人」と、より結合の度合いの弱い（双務的関係に近い）「家礼」という従者の二類型が見出され、御家人制については後者の関係に相当するとみなされるようになった[15]。

近年の研究成果として注目すべきは、平氏の主従制に関する研究が進んだことが挙げられよう[16]。これまで御家人制と比べてあまり活発とは言えなかった研究分野であるが、御家人制のような所領給与を媒介としないタイプの主従制の存在が明らかにされつつある意義は大きい。また、三田武繁氏によって「家礼」型を主従制の一類型とみなすことに疑義が呈されていることも見逃せない。[17]これらは主従関係の定義の再検討とともに、御家人制を主従関係に位置づけることに、より慎重な配慮を払うべきことを要求していると言えよう。

そうした意味であらためて注目されるのが、上横手雅敬氏が「御家人制成立の国家的契機」を主張していたことである。[18]上横手氏の主張の眼目は、朝廷から「地頭之輩成敗権」[19]を認められることによって、従来全く無縁であった地方武士と頼朝との間に新に主従関係が結ばれていったことを重視しようとするものである。古澤直人氏との間で交わされた若干の議論の応酬[20]を見る限り、御家人制を主従関係とみる立場に変わりはなく、主従関係が設定される契機を問題としたものと見られるが、その過程で御家人制を前代以来の私的な主従関係の「自然の延長」とみることに批判を加えていることが注目されるのである。

右の上横手氏の指摘は次のように言い換えることができよう。すなわち、主従制とは主人と従者の関係であるから、主人と従者の間で完結しているのが、ひとまずは「自然な」状態であると言えよう。しかし、御家人制に即してみた場合、それは主人と従者の間では完結し得ない側面がある、ということではなかろうか。そうした意味で御家人制は「自然な」主従関係とは言い切れない性格をはらんでいることになる。[21]

本書も御家人制のこうした側面に注目して考察を展開するものである。結論を先取りして言えば、これまた鎌倉幕府と軍事との関わりから導き出される現象であり、上横手氏とはまた違った意味で御家人制成立の契機を問い直すことになる。

ところで、前項でも示したように、鎌倉幕府と軍事の関わりを治承・寿永の内乱の中から探ることが本書の立場でもあるから、鎌倉幕府と軍事の関わりの産物である御家人制も当然治承・寿永の内乱の影響を受けていることが予想される。

治承・寿永の内乱を鎌倉幕府成立の重要な契機と見る研究は戦後早くから取り組まれているが、[22]近年活発化している内乱史研究では、これまでの研究と対立軸のベクトルが変化してきていることが注目される。すなわち、従来は在地領主の荘園領主に対する抵抗という縦軸の対立関係が重視されてきたが、最近は在地領主間の対立・競合という横軸の対立関係に重点がシフトしてきているのである。[23]

そうした研究成果をふまえると、御家人制についても横軸の対立関係が持ち込まれている可能性が想定される。具体的には、在地における武士団（個々の武士ではなく）の動向と御家人制の成立が密接に関係していたことが予想されるのであり、これまた御家人制に「主人と従者の間では完結し得ない」性格を付与していたと考えられるのである。残念ながら、武士団の動向を具体的に追う作業は果たしえなかったが、先行研究の成果に拠りながら、右のような観点から御家人制の分析を試みてみたい。

また右に述べたように、横軸の対立関係、すなわち在地領主間の関係が御家人制に持ち込まれていたという発想をとるならば、在地の情勢を反映して御家人制も地域によって独特の特徴・性格を帯びたことが予想される。これまで、ともすると御家人制は画一的性格が前提にされる傾向があったように思われるが、御家人制の地域性を考えてもよい段階に達しているのではないだろうか。いわゆる「六条八幡宮造営注文」の紹介[24]も呼び水となって、そうした研究が現われつつある。[25]本書でもそうした作業の一端を示したいと考えている。

3　鎌倉後期・南北朝期研究の流れ

鎌倉幕府が中世社会や当時の国制のなかで占めた位置や役割はけっして不変なものではなかった。その比重が高まっていくことはこれまでもしばしば説かれてきたことであるし、またこの部分をうまく説明できないことが権門体制論の弱点とも指摘されてきた。

問題は、そうした変化が何によるものなのか、どういう方向性を持った動きとして整理することができるかという点にあるわけだが、本書では、この問題についても幕府と軍事との関わり、すなわち鎌倉幕府軍制を軸に見通しをつけたいと考えている。この点に関わって言えば、権門体制論の弱点は、諸権門の相互補完関係に注目するあまり、それぞれの権門が分掌した機能の差異にあまり関心が払われなかったことにあると言えよう。これまでも鎌倉幕府についてはしばしば「超権門的性格」が指摘されてきたが(26)、これは幕府が担うこととされた軍事機能が一権門内にはとどまりえない性格をもっていたことを示唆していよう。

この点についても結論を先取りして言えば、鎌倉幕府軍制は御家人制を介して所領制度、すなわち荘園制と接点を持つことになったと考えられる。さらに重要なことは、鎌倉幕府軍制と接触することを契機にして荘園制そのものが変質していったと考えられるのである(27)。これまでも鎌倉時代における荘園制の変質は指摘されてきたことではある。荘園制そのものについて論じることは本書の趣旨ではないが、これまで荘園制研究の中で語られてきた議論のいくつかは鎌倉幕府軍制との関わりで論じ直すことができるのではないかと思われる(28)。

なお繰り返して強調しておきたいのは、本書の関心はこうした変化の方向性という点にもあるということで、できればそれは室町幕府をも射程に収めたものとして考えたいと思っている。すなわち、十四世紀を貫通する武家権力像を提示したいと考えているのである。古くは松本新八郎氏による南北朝封建革命説、また網野善彦氏による民族史的転換説など、十四世紀は時代の変わり目として議論されることが多かった(29)。実際そのように見える現象も少なくなく、武家政権についても、鎌倉幕府が倒壊し、建武新政を挟んで、新たに室町幕府が立ち上がるという断絶がある。しかし、断絶を挟みながらもまた武家政権が立ち上がってくることにこそ注目すべきであり、その背景には武家政権の再建を強力に支持する政治的な、もしくは社会的な基盤が用意されていたと考えなければならないだろう。そうした意味で十四世紀を貫通する武家権力像を構築したいと考えている。[30]

その場合も、やはり軍事との関わり（軍制）で見通すことが可能と考えている。十三世紀後半のモンゴル襲来を契機とする異国警固番役、鎌倉幕府倒壊に始まる南北朝内乱という状況の下で、どのような軍制のあり方が準備されたか、朝廷や荘園領主、そして幕府はどのような関係を取り結ぶに至ったかを考察する。[31]

二　本書の構成

本書は三部構成をとった。その概要と各章の意図を以下に簡単に記しておく。

第一部「御家人制の成立と展開」には、御家人制に関わる論考四本を収めた。前節に列挙した視角で言えば、第1項・第2項にあたるものである。

第一章「武家政権論と鎌倉幕府」は武家政権としての鎌倉幕府の特質を明らかにすることを目的として執筆したもの。武士（武人）が政権を握ったという点で共通点を持つ高麗武臣政権および平氏政権と比較しながら、鎌倉幕府の特質を浮かび上がらせるという方法を用いた。その結果、御家人制を軍事動員の手段としている点に鎌倉幕府の特質を見出し、それを既存の国制の外から反乱軍として成立してきた幕府の出自によるものと位置づけた。高麗武臣政権はともかく、先行する平氏政権については、ともすると武家政権としての成熟度が問われがちだが、それぞれが置かれた政治状況・社会状況の違いを重視することに努めた。また、御家人制についても、国家的軍事組織として整備された側面を強調した。

第二章「御家人制の周縁」は、国家的軍事組織として整備された御家人制の動向を、京都大番役覆勘状の分析を通じて検討したもの。その結果、御家人制には開放と限定という二つの相反する契機がはらまれていて、鎌倉時代を通じて御家人制は「限定性→開放性→限定性」と変質することを明らかにした。また、御家人制をめぐる実態として御家人化を望む非御家人が少なからず存在したことを指摘し、御家人制の「開放／限定」も具体的には彼らをどう処遇するかということに関わっているとした。

第三章「御家人役研究の一視角」は、多くの御家人役の在地転嫁が認められない中で、京都大番役など一部は在地転嫁が許可されるようになったことを明らかにし、役としての両者の性格の違いを喚起した。すなわち、京都大番役に象徴される軍役に特別な意味が付与されていたことを明らかにして、第一章で指摘した御家人制の国家的軍事組織としての性格の補強を試みたものである。

第四章「武家政権と戦争・軍役」は、第一章から第三章および第三部の成果をふまえて、戦争と武家政権の関わりを、鎌倉幕府の成立から南北朝期まで見通そうとしたもの。こうした構成上、配列に苦しんだが、本章第一節・第二節では御家人制について新たに踏み込んだ考察をしているので、第一部に配列することとした。すなわち、御家人制は国家的な軍事組織として編成されたものでありながら、治承・寿永内乱期における在地領主間の競合・結集状況が持ち込まれていた可能性を指摘し、それが御家人制の排除をともなう連帯性として現象したばかりでなく、幕府の国家的軍務遂行をも規制したことなどを新たに指摘した。

また、在地における武力の遍在を指摘し、御家人制に代わって、それらを有効に組織する手段として「荘家」―荘園を通じた軍事動員体制がとられるようになったことを南北朝期まで見通して考察した。その過程で、いわゆる悪党

と「荘家」の武力との等質性にも言及したが、これについては別に考察したこともあるので参照されたい。(32)

第二部「御家人制の諸相」には、前節第2項の後半に関わる論考三本を収めた。

第一章「武士にとっての天皇」は、武士と天皇をつなぐ回路について検討したもの。御家人制を中心的な論点とするものではなく、本書への採録も躊躇されたが、京都大番役の特殊性について、第一部第三章・第四章とは別の角度から照明を当てているので、あえて収載することにした。すなわち、京都大番役というのは単に幕府（その延長上に天皇がいるわけだが）への奉仕というわけではなく、国御家人という集団で勤仕することに意味があることを指摘した。在地の武士にとっては、幕府にアクセスするだけではなく、在地におけるメンバーシップを確認・形成することが重要であり、御家人制もそうした在地基盤に依拠していた（規制されていた）ことを明らかにしようとしたものである。

第二章「鎌倉幕府と東海御家人」は註(25)に掲げた川合康氏の論文に触発されて、伊豆・駿河・遠江の御家人が鎌倉幕府のもとでどのような役割を担っていたかを考えようとしたもの。ただこれら三ヵ国を「東海」とネーミングしたのは問題であり、本書への採録に際し、より適当な名称に改めようかとも考えたが、あえてそのままとした。

彼ら東海御家人は鎌倉幕府の東海道支配を担っていたというのが本章の結論であり、在地における彼らの結合状況に幕府は依拠していたとする点は第一章と共通するが、さらに踏み込んで、御家人制に組織されることによって在地の結合状況にも変動が生じたことにも言及した。できれば、今後こうした作業を他の国々でも進めていきたいと考えている。

第三章「御家人役『某跡』賦課方式に関する一考察」は御家人深堀氏に関するモノグラフである。御家人役賦課方式に関わるものでもあり、第一部に配列することも考えたが、本章前半では系譜関係の復原に力を注いだので、とりあえず第二部に収めた。御家人役がどのような基準で、具体的にどのような手順で御家人に賦課されたかは不明な部分が多い。鎌倉時代半ば以降、「某跡」賦課方式が採用されていくことが指摘されているが、本章での考察結果をふまえると、「某跡」賦課方式は想像以上に広汎に採用されていた可能性がある。こうした点の解明については、本章のように個別御家人研究という形で事例を積み重ねていくしかないであろう。

第三部「武家政権と荘園制」は、前節第3項に関わる論考三本を収めた。

第一章「鎌倉幕府軍制の構造と展開」および第二章「武家政権と本所一円地」は、もともと同時に構想したもので、本書所収論文の中ではもっとも早くに執筆したものである。

第一章では「天福・寛元法」の展開過程を明らかにして、「御家人役勤仕之地」なる所領概念が成立したこと、その対抗概念として「本所一円地」が登場したと考えた。「御家人役勤仕之地」なる新たな所領概念が登場したことの背景には、京都大番役をはじめとする軍役が在地に転嫁される傾向があったこと、その点については荘園領主層も合意を与えていたことを指摘した。この結果、鎌倉幕府の軍制は御家人という人的組織に拠るばかりではなく、所領制度に基礎づけられたものへと発展したと考えた。

第二章は第一章で導き出した所領制度に基礎付けられた幕府軍制が、異国警固番役、さらに南北朝内乱期にも維持されたこと、それが室町期の荘園制にも影響を与えることになり、室町幕府が荘園制の主催者として立ち現われる根拠を提供したことなどを論じた。

第一章・第二章の考察は幕府軍制を軸に論じたものであるが、多分に荘園制に関わる論点をも含むものであった。そこで「荘園公領制再考」というテーマの下、第一章・第二章で論じた事態を荘園制の観点から描きなおしたものが第三章「荘園制と武家政権」である。武士や武家政権の動きが荘園制の変質を牽引していったことを前面に押し出して論じてみた。

註

（1）黒田俊雄「中世の国家と天皇」（同『黒田俊雄著作集第一巻　権門体制論』〔法蔵館、一九九四年〕所収。初出は一九六三年）参照。権門体制論に関わる黒田氏の論考は同書に収められている。

（2）石井進「日本中世国家論の諸問題」（同『石井進著作集第一巻　日本中世国家史の研究』〔岩波書店、二〇〇四年〕所収。初出は一九六四年）。

（3）永原慶二「中世国家史の一問題」（同『日本中世社会構造の研究』〔岩波書店、一九七三年／〈著作選集〉吉川弘文館、二〇〇七〕所収。初出は一九六四年）。

（4）佐藤進一『鎌倉幕府訴訟制度の研究』（畝傍書房、一九四三年／岩波書店、一九九三年）参照。

（5）佐藤進一『日本の中世国家』（岩波書店、一九八三年）参照。

（6）その概要については古澤直人「日本近代法史学史における『中世』」（『法制史研究』四六号、一九九七年）参照。また新田一郎『中世に国家はあったか』（山川出版社、二〇〇四年）も独自の立場からこの問題に分析を加えている。

（7）『愚管抄』巻第五参照。北畠親房の『神皇正統記』にも同様の認識が見られる。

（8）佐藤進一氏は権門体制論を評して、「京都の朝廷側の論理でありむしろ願望である」と述べている（同「武家政権について」〔同『日本中世史論集』〈岩波書店、一九九〇年〉所収。初出は一九七六年〕五六頁参照）。

（9）御家人間の闘乱を前にして、北条泰時は「勇士者収二其身一、可レ奉レ守二護国家一」と述べたとされる（『吾妻鏡』承元四年〔一二一〇〕六月三日条）。ここでいう「勇士」は武士一般を指すのではなく、鎌倉幕府に集う御家人のこととみるべきであろう。また、播磨国のある村の地頭代は自らのアイデンティティを南都北京守護以下の国家的軍務に従事する点に求めている（「神護寺文書」応長二年〔一三一二〕三月日播磨国福井保宿院村地頭代澄心重申状〔鎌㉜二四五五〇号〕）。

（10）川合「鎌倉幕府荘郷地頭職の展開に関する一考察」（同『鎌倉幕府成立史の研究』〔校倉書房、二〇〇四年〕所収。初出は一九八五年）、同「鎌倉幕府荘郷地頭制の成立とその歴史的性格」（前掲書所収。初出は一九八六年）。

（11）上横手雅敬「鎌倉・室町幕府と朝廷」（同『日本中世国家史論考』〔塙書房、一九九四年〕所収。初出は一九八七年）二九〇頁参照。

（12）川合康「鎌倉幕府成立史の現状と本書の視角」（前掲註（10）川合著書所収）、同「鎌倉幕府研究の現状と課題」（『日本史研究』五三一号、二〇〇六年）参照。

(13) 清水亮「鎌倉幕府御家人制の軌跡と課題」（同『鎌倉幕府御家人制の政治史的研究』〔校倉書房、二〇〇七年〕所収）参照。

(14) 石井進「主従の関係」（同『石井進著作集第六巻　中世社会論の地平』〔岩波書店、二〇〇五年〕所収。初出は一九八三年）参照。

(15) 佐藤進一・大隅和雄「時代と人物・中世」（佐藤進一編『日本人物史大系第二巻　中世』〔朝倉書店、一九五九年〕所収）、上横手雅敬「主従結合と鎌倉幕府」（前掲註(11)上横手著書所収。初出は一九七一年）等参照。

(16) 髙橋昌明「平氏家人と源平合戦」（『軍記と語り物』三八号、二〇〇二年）等参照。

(17) 三田武繁「武士社会における主従関係の特質」（同『鎌倉幕府体制成立史の研究』〔吉川弘文館、二〇〇七年〕所収。原論文「京都大番役と主従制の発展」初出は一九八九年）参照。

(18) 上横手雅敬前掲註(15)論文二四七～二四九頁、同「佐藤進一氏『日本の中世国家』を読んで」（前掲註(11)上横手著書所収。初出は一九八五年）二七三～二七六頁参照。

(19) 上横手雅敬「文治の守護・地頭」（同『日本中世政治史研究』〔塙書房、一九七〇年〕所収）参照。

(20) 古澤直人「鎌倉幕府と中世国家」（同『鎌倉幕府と中世国家』〔校倉書房、一九九一年〕所収。初出は一九八八年）、上横手雅敬「古沢・川合両氏の所論に関連して」（前掲註(11)上横手著書所収）参照。

(21) 前掲註(13)に示した清水氏による御家人制研究史の整理でも、この点が示されていると言えよう。清水氏は御家人制の研究史に、「鎌倉幕府の体制基盤としての御家人制研究」と「中世国家史のなかの御家人制研究」という二つの潮流があることを指摘する。このうち、前者が鎌倉幕府という鎌倉殿と御家人という閉じられた世界（狭義の主従制研究）を対象とするのに対して、後者は公武関係史も射程に収めた議論とされ、本書に収めた諸論考も後者に位置づけられている。

(22) 川合康氏はその嚆矢を、松本新八郎「玉葉にみる治承四年」（『文学』一七―一〇号、一九四九年）および石母田正『古代末期の政治過程および政治形態』（日本評論社、一九五〇年／〔著作集〕岩波書店、一九八九年）に求めている（前掲註(12)川合著書一八頁）。

(23) 野口実『坂東武士団の成立と発展』（弘生書林、一九八二年）、同『源氏と坂東武士』（吉川弘文館、二〇〇七年）、前掲註

(10)川合著書第三部所収の諸論考等参照。

(24) 福田豊彦「『六条八幡宮造営注文』と鎌倉幕府の御家人制」(同『中世成立期の軍制と内乱』〈吉川弘文館、一九九五年〉所収。初出は一九九三年)参照。

(25) 高橋一樹「越後国頸城地域の御家人」(『上越市史研究』二号、一九九七年)、川合康「鎌倉幕府の成立と『鎌倉街道』」(同『「鎌倉街道」の政治史的研究』〈科学研究費補助金〈基盤研究(c)(2)〉研究成果報告書〈課題番号一五五二〇四〇八〉、二〇〇五年〉所収)等参照。

(26) 前掲註(11)上横手論文三〇一頁、前掲註(12)川合論文(二〇〇六年)二四～二五頁等参照。なお、個別権門が超権門的性格を有していたことを突き詰めて考えていくと、権門体制論という考え方そのものが成り立たなくなるようにも思われるが、さしあたり今はその点は問わない。

(27) 鎌倉幕府との接触による荘園制の変質ということについて言えば、最近の高橋一樹氏の研究も注目される(高橋「重層的領有体系の成立と鎌倉幕府」〈同『中世荘園制と鎌倉幕府』〈塙書房、二〇〇四年〉所収〉、同「荘園制の変質と公武権力」〈『歴史学研究』七九四号、二〇〇四年〉等参照)。高橋一樹氏の場合、荘園制と鎌倉幕府を媒介するものとしてもっとも重視されているのは承久没収地である。これが促した荘園制の変質がどのような方向性を持つものであり、本書が取り組んだ軍制を媒介とした変質と関わるのか否かという点は今後の検討課題としたい。

(28) もっとも関わりがある議論として所領の一円化の問題を想定している。ただ、一口に「所領の一円化」といっても、論者により議論にかなり振幅があるようである。

(29) 大山喬平「多様性としての列島一四世紀史」(『日本史研究』五四〇号、二〇〇七年)等参照。

(30) 『日本史研究』五四〇号(二〇〇七年)で組まれた「特集　一四世紀史の可能性」は、政治史をはじめ、土地制度・地域社会・流通経済・宗教といったさまざまな視座から十四世紀を見通そうという企画であり、その発想は本書も共有するものである。

(31) 近年、松永和浩氏は南北朝期の公武関係の変化を南北朝内乱に対応する動きとしてとらえようとする論考を発表しており、教えられるところが多い。松永「室町期における公事用途調達方式の成立過程」(『日本史研究』五二七号、二〇〇六年)、同「南北朝・室町期における公家と武家」(中世後期研究会編『室町・戦国期研究を読みなおす』〈思文閣出版、二〇〇七年』所収）等参照。

(32) 高橋典幸「荘園制と悪党」（『国立歴史民俗博物館研究報告』一〇四集、二〇〇三年）。御家人制や鎌倉幕府軍制に直接関わる論点を持つものではないので、本書への採録は見送った。

第一部　御家人制の成立と展開

第一章　武家政権論と鎌倉幕府

一　武家政権論の視座

鎌倉幕府を武家政権として取り上げることにはとりあえず異論はなかろう。ただし、これをどのような性格の権力として規定するか、また武家政権としての鎌倉幕府成立の時期をどこに求めるかとなると、諸説あり容易に一致を見ないのが現状である。

前者について簡単に研究史を振り返ってみると、これまで二つの有力な説が提起されてきた。一つは、鎌倉幕府を京都の朝廷（王朝国家）に対する東国の半独立国家権力と見なす東国国家論である。(1)もう一つは、京都の朝廷をも含むより大きな国家的な枠組みを想定し、そうした枠組みの中で鎌倉幕府は軍事・警察部門を管轄する一分肢だったとする軍事権門論である。(2)

現実に、東国全域の荘園年貢納入や一国平均役賦課・徴収に責任を負ったり、東国における荘園や国衙領の境界相論の裁判権を有していたりしていたことなどから、鎌倉幕府が東国において発揮した権能は個別の荘園領主や知行国主といった既存の王朝国家の権力機構のそれを超えるものがあったことは明らかであり、東国国家論を支える有力な根拠になっている。(3)その一方で、幕府により諸国に設置された守護・地頭が治安維持活動にあたっていたことも事実であり、また朝廷の命令に従って守護・地頭が使節遵行や寺社の強訴対策、荘園領主に反抗する諸国の悪党検挙にあたっていたことなどは、鎌倉幕府の軍事権門的性格を裏づけるものである。(4)(補註1)

鎌倉幕府をどのような権力として考えるかという問題は、実は鎌倉幕府の成立時期をどこに求めるかという問題とも密接に関わっている。鎌倉幕府の成立時期については、これまで次のような説が示されてきた。(5)

①治承四年（一一八〇）末……源頼朝の反乱軍が南関東で一定の安定を迎えた時期。

②寿永二年（一一八三）十月……いわゆる寿永二年十月宣旨の獲得。

③文治元年（一一八五）十二月……いわゆる文治勅許の獲得。

④建久元年（一一九〇）十一月……頼朝の右近衛大将就任。

⑤建久三年（一一九二）七月…頼朝の征夷大将軍就任。

これらのうち、反乱軍として築き上げてきた東国の実質的支配（①）を前提とした上で、頼朝に東国についての包括的な行政権を認めた寿永二年十月宣旨（②）に画期を見出すのが東国国家論と言えよう。一方、源義経追討という名目で諸国に守護・地頭を設置する権限を後白河院に認めさせたのが文治勅許（③）であるが、頼朝が右近衛大将（④）ないし征夷大将軍（⑤）に任じられることによって、その権限は王朝国家の侍大将の権能によるものとされたという理解をとれば、それは軍事権門として幕府を理解する考え方に通じる。

鎌倉幕府は東国国家であるか、それとも軍事権門であるか、というような二者択一的な捉え方はあまり生産的ではなかろう。ここで注目したいのは、どちらの考え方も、宣旨や勅許、さらには王朝官職への就任という点に画期を求めていることである。いずれの立場をとるにせよ、鎌倉幕府の成立は、先行する王朝国家との関わり抜きでは理解できないとする点では共通していよう。

ところで、先行する王朝国家との関わりで鎌倉幕府の成立を考えるという立場は、かつては「鎌倉幕府は宣旨や勅許という形で王朝国家が有していた諸権限（公権）を付与（分与）されることによって成立した」とする理解を導くことが多かった。その後の研究は、こうした公権授受論を克服する方向で進められ、実質的な支配が先行し、公権はそれを追認する役割を果たしたとする見方が有力となってきている。先に見た鎌倉幕府の成立時期をめぐる議論でも、頼朝による反乱軍の一定の安定とその実質的な支配に画期を認めようとする説（①）が出てきたのはその現れである。(6)この点について、文治勅許に関してさらに研究を前進させたのが川合康氏の諸研究である。

すなわち、鎌倉幕府は文治勅許により初めて各地の謀叛人跡所領に地頭職を補任する権限を得たとするのが従来の通説であったが、これはそれまで王朝国家が有していた重犯罪人財産を没収する没官権限が鎌倉幕府に与えられたことによるものとみなされてきた。これに対して、川合氏は、治承・寿永内乱期に頼朝軍により独自に進められてきた敵方所領の没収と味方軍士に対する没収地の給与という反乱軍固有の軍事体制を指摘し、そうした軍事体制を王朝国家が追認したものとして文治勅許の再評価を試みた。(7)

川合氏の研究の功績は、鎌倉幕府の成立をめぐる公権授受論的理解を相対化したのみならず、内乱状況の中から反乱軍として出発したことに鎌倉幕府固有の意義を認め、その成立過程を具体的に跡づける見通しを示した点にあると言えよう。

ところで、近年の鎌倉幕府をめぐる議論としてもう一つ注目すべきものに入間田宣夫氏の研究がある。武士職能論の展開をもふまえた上で、入間田氏は殺生を業とする特殊な武装集団の政権たることに鎌倉幕府の本質を求め、このような軍事組織たることを優先させたありかたは、日本における領主制の進展の上でも、また東アジアの歴史の中でも、きわめて特殊なものであったということを強調する。(8)本章冒頭でも述べたような「鎌倉幕府を武家政権として取り上げることに異論なし」とする立場、すなわち鎌倉幕府の成立を日本史における武家政権の典型として理解する先入観に警鐘を鳴らす問題提起と捉えられる。

以上のような研究動向をふまえて、あらためて武家政権としての鎌倉幕府を考え直すとすると、当面次の二点が中心的な論点となろう。

（1） 武家政権としての鎌倉幕府のあり方を相対化すること。

（2） 鎌倉幕府のあり方を、成立過程に則して捉え直すこと。

（1）について、本章では他の武家政権との比較という手法をとりたい。比較の対象となるのは、鎌倉幕府に先行する平氏政権、および鎌倉幕府とほぼ時を同じくして成立した隣国高麗の武臣政権である。これらを武家政権とみなすことには違和感もあろうが、この違和感こそ右に述べた先入観にとらわれたものであり、その克服は鎌倉幕府の特質を理解する上でもかえって有益であると思われる。

（2）については、他の武家政権と比較しながら、鎌倉幕府の軍事力に注目したい。結局のところ、それは御家人制として収斂していくのであるが、そこに反乱軍としてスタートしたことの規定性を見出したい。

以上、主として鎌倉幕府の成立期に注目して議論を進めるが、最後に御家人役を分析・検討して得られる鎌倉幕府像を示し、鎌倉後期さらには室町幕府へと至る武家政権論の視座を提示したいと考えている。

二　平氏政権と高麗武臣政権

1　治承三年十一月政変

鎌倉幕府について論じるのに先立って、まず平氏政権を取り上げたい。平氏政権については、その成立の画期をどこに置くかということに関して、これまで二つの説が提示されている。一つは治承三年（一一七九）十一月の軍事クーデター（以下、治承三年十一月政変とする）に画期を見出す説であり[9]、もう一つは仁安二年（一一六七）五月に出された六条天皇宣旨を重視する説である[10]。それぞれ、平氏政権の特質を考える上で重要な論点を含んでいるので、順番に見ていこう。

治承三年（一一七九）年十一月十四日に数千の軍兵を率いて福原から上洛した平清盛は、関白藤原基房の更迭を手始めに後白河院近臣たちを解官や配流などにより廟堂から一掃し、二十日には後白河院自身を鳥羽殿に幽閉してその院政を停止し、代わって高倉天皇親政を擁立し、基房の後には娘婿近衛基通を関白に据えるなど親平氏的な人事を断行して独裁的な権力を握るに至った。この結果、平氏一門とその与党および平氏家人が保有する知行国の数は政変前の一七国から三二国に倍増した[11]。

ところで、高麗における武臣政権の成立も、同じく軍事クーデターの積み重ねによるものであった。その端緒は毅宗二十四年（一一七〇）八月に起こった武臣鄭仲夫らによるクーデター（庚寅の乱）で、首都開城郊外の普賢院に遊覧中だった国王毅宗に扈従していた文臣を殺害、即座に都に駆け戻り、さらに文臣数十人を殺害し、一挙に政権を掌握した。そして毅宗に代えて明宗を擁立し、高官重職を武臣とその属党により独占した。その後、武臣内部での勢力争いが続いたが、明宗二十六年（一一九六）四月に崔忠献が李義旼を殺害して実権を握り、武臣間の権力闘争に終止符を打ち、以後四代六〇年にわたって武臣崔氏政権が続く。(12)

武臣とは高麗宮廷における軍事官僚のことだが、十二世紀における王室・貴族間の勢力争いの頻発は、武力を握る武臣の台頭をもたらした。(13)にもかかわらず、武臣は文臣より低位に位置づけられ、文尊武卑の風潮が強かった。このような状況が武臣の不満を生み、軍事クーデター・文臣の大量殺戮という形での政権掌握に向かわせたと考えられている。

軍事クーデターおよび武臣間の権力闘争のポイントになったのは、いずれにおいても国軍の掌握であった。庚寅の乱に際して鄭仲夫らが駆使したのは「巡検軍」（国王・王宮の警備にあたる部隊か）であったし、崔忠献が対立する武臣李義旼を倒しえたのも、いち早く彼が国軍「監行領」を掌握したために、機先を制された李義旼側は国軍を動員できず、わずかな私兵のみで対抗せざるをえなかったことが直接の要因であった。(14)

高麗武臣政権についてはなお検討の余地があるが、(補註2)以上のような成立過程を概観すると、既存の国家機構（国軍）を掌握したことに政権掌握のポイントがあり、その政権のあり方も既存の国家機構（官僚制統治機構）の中で実権を握るものであったとまとめることができよう。そうすると、治承三年十一月政変を平氏政権成立の画期と見た場合、高麗武臣政権との共通点は多い。政変（軍事クーデター）による政権掌握に始まり、国王を替え、与党で既存の国家機構の枢要を固めるという政権のあり方は、細部はともかくとして、おおむね一致している。

そもそも、平氏をはじめとする武家（軍事貴族）が政界中枢に進出してくる直接の契機になったのは、後でふれるように、各地における山賊海賊の横行、南都北嶺の衆徒による強訴、および王家をめぐる貴族社会内の政争であった。

これらに対処していくために武力が必要とされ、政界における武家の地位が高まっていったのである。このようなあり方も、高麗における武臣の台頭と基本的には一致するものと言えよう。保元・平治の乱は複数並存していた武家（軍事貴族）を淘汰する結果をもたらし、そこで勝ち残ったのが平氏であったが、この過程は、庚寅の乱から崔忠献による政権掌握に至るまでの高麗武臣内部での権力闘争期とも対比されよう[15]。

平氏政権と高麗武臣政権とが以上のような共通点を持つことから、武家政権のあり方として一つのパターンを導いてくることができよう。すなわち、武力の担い手という特性を通じて既存の政権内部での地位を高めながら、軍事クーデターにより一気に政権を奪取し、従来の政治機構を換骨奪胎して実権を握るというパターンである。

しかし、両者の間に横たわる違いにも目を向けなくてはならない。そこで注目したいのが、両者の軍事クーデターを成功に導いた軍事力の違いである。高麗武臣政権の場合は国軍を掌握することが政権奪取の要になっていたことは先に見たとおりである。それに対して、治承三年十一月政変で平清盛が率いた数千騎の武士たちは清盛の郎従などの直属軍（私兵）と見るべきであろう。国軍と私兵、この違いはたまたま双方のクーデターで用いられた武力の違いに止まらず、彼我の国制の違い、ひいては社会構造の違いに通じる問題と考えられるが、次に国家的な軍事力のあり方について、高麗武臣政権と平氏政権とを比較検討しておきたい。

2　院政期の軍事体制と平氏

高麗においては、中央には二軍・六衛、地方にはそれぞれの州県軍というように、軍班氏族や農民から徴発された兵士によって構成された国軍が国家的な軍事力の担い手であった[16]。もちろん、武臣政権のもとで、武臣の私兵が養成され、その組織も整備されていったことが指摘されているが、それが国軍にとって代わる存在になったとは考えられない[17]。また、三別抄などは国軍でありながら、実態としては武臣政権の「爪牙」として駆使されていたが、個々の武臣の盛衰にかかわることなく存続したことから、これが個々の武臣の家門からは独立した軍隊、国軍であったことは間違いない[18]。

こうした高麗の状況との対比で言えば、当時の日本には厳密な意味での国軍は存在しなかったと言わざるをえない。もちろん京都には検非違使が置かれ、それなりの活動を見せたことは確かであるが、規模と活動範囲という点で高麗の国軍には比すべくもない。

では、院政期の国家的な軍事課題はどのように処理されていたのだろうか。それを考えるもっともよい素材が、この時期に頻発した比叡山や興福寺の衆徒らによる強訴事件である。例えば、白河院政期の天永四年（一一一三）四月、清水寺別当の人事をめぐって延暦寺・興福寺間に紛争が生じ、両勢力がともに上洛・強訴に及ぼうとした際、白河院は興福寺衆徒迎撃のために宇治には伊勢平氏の平正盛・忠盛父子および美濃源氏の源重時らをはじめとする「天下武者源氏平氏輩」を、また延暦寺衆徒対策として美濃源氏の源光国と平盛重らを西坂本に派遣している[19]。ここで派遣された面々のうち、忠盛・重時は現職の検非違使であるが、その動員は検非違使別当を介するものではなく、院から直接命じられたものであったという。この事例から明らかなように、当時の院は、衛府や検非違使など軍事的官職の有無と関わりなく、私兵を抱えた武士（軍事貴族）たちを直接動員する軍事体制を採っていた[20]。たとえ現職の検非違使であったとしても、彼らは国軍（衛府や検非違使）の指揮官として派遣されたのではなく、自らの郎従ら私兵集団（直属軍）を率いて南都北嶺の衆徒の防御にあたったとみるべきであろう。すなわち、武士（軍事貴族）たちが個々に軍事力（私兵）を保有する状況を前提として、院政政権は彼らを臨機に組織することにより、その私的な軍事力を国家的な軍事力として活用していたのである。

平清盛の伊勢平氏も、本来はこのような軍事貴族の一つに過ぎなかったが、瀬戸内海方面で海賊鎮圧の成果をあげたことやライバルである河内源氏の勢力後退、そして最終的には保元・平治の乱を勝ち抜くことにより、最大そして最強の軍事貴族へと発展していったのである[21]。そうした意味で注目されるのが、先に平氏政権成立のもう一つの画期として指摘した仁安二年（一一六七）五月の六条天皇宣旨（以下、仁安二年五月宣旨とする）である。

【史料一】[22]

仁安二年(一一六七)五月十日　宣旨

如レ聞、近日東山駅路緑林之景競起、西海洲渚白波之声不レ静、或奪二取運漕之租税一、或殺二害往来之人民一、論二之朝章一、如レ無二皇化一、宜下仰二権大納言平卿(重盛)一令上レ追二討東山・東海・山陽・南海道等賊徒一

蔵人頭権右中弁平信範奉

東山・東海・山陽・南海道の山賊・海賊の追討を平重盛に命じた宣旨であるが、平清盛が太政大臣を辞任する直前であること（清盛の太政大臣上表と兵仗辞退が認められたのは五月十七日[23]）を考えると、重盛は平氏の総帥としてこの宣旨を受けたと考えられている。興味深いのは当時これらの地域に特定の山賊・海賊事件は確認されていないことで、この宣旨はこれらの地域の一般的な治安維持を平氏に認めたものと見なされている[24]。

そもそも個別的な山賊・海賊事件に際して、そのつど院が適当な武士に追討を命じるというのがそれまでの一般的な軍事体制であり、追討使としてどの武士を任命するかは院に選択の余地があった。それが右の宣旨では平氏に対して一括して一般的な追討権が委ねられる格好となっているのであり、軍事貴族としての平氏の卓越性を見て取ることができる。

そして何よりもこの宣旨が注目されるのは、次に掲げる建久二年（一一九一）三月に発令された新制（以下、建久二

年三月新制とする）の次の条文とのアナロジーからである。

【史料二】[25]

一、可レ令三京畿・諸国所部官司、搦二進海陸盗賊幷放火一事

仰、海陸盗賊、閭里放火、法律設レ罪、格殺懲レ悪、而頃者、奸濫尚繁、厳禁不レ拘、水浮陸行往々、縦横之犯頻聞、掠物放火元〔比〕々、賊害之制未レ止、非三啻成二強窃之科一、兼亦渉二闘殺之辜一、斯法官緩而不レ糺、凶徒習而無レ畏之所レ致也、自今已後、慥仰二前右近衛大将源朝〔頼朝〕臣幷京畿・諸国所部官司等一、令レ搦二進件輩一、抑度々雖レ被レ仰二使庁一、有司怠慢、無二心糺憚〔弾〕一、若尚懈緩、処以二科責一、若只〔亦〕有二殊功一者、随レ状抽賞、

源頼朝および京畿諸国の担当官司に諸国の山賊・海賊の鎮定を命じた条文であるが、従来の研究はこの新制により頼朝率いる鎌倉幕府は全国の治安維持を司る政治権力として位置づけられたと指摘している。前年の建久元年（一一九〇）末には平氏滅亡後初めて頼朝が上洛し、後白河院と対面していることから、そこで合意された鎌倉幕府の政治上の位置づけが新制の文面に盛り込まれたと考えられている[26]。

この建久二年三月新制の条文と仁安二年五月宣旨とを、とくにそれぞれの傍線部に注意して比較すれば、両者がきわめて似通ったものであることがわかる。とするならば、仁安二年五月宣旨で平氏に命じられた権限内容は鎌倉幕府のそれと同じであるという想定が成り立つ。平氏政権成立の画期として仁安二年五月宣旨が注目される理由がここにある[27]。

こうしたアナロジーは、平氏政権と鎌倉幕府とは武家政権として等質な存在だったのではないかという想定を導くことになる。たしかに国家的軍制および平氏政権の成立という観点から、仁安二年五月宣旨の意義は大きいものがあるが、それを無媒介に鎌倉幕府と結びつけてよいものかどうか。そうした判断を下す前に、平氏の軍事力の中身をも

う少し検討しておくことにしたい。

院政期、地方における反乱や山賊・海賊ら賊徒追討に際しても武士（軍事貴族）が追討使に指名され派遣されたことは、先に見た強訴の場合と同じであるが、追討使に指名された武士の直属軍事力（私兵）のみで解決が図られたわけではなかった。地方における反乱や賊徒の蜂起は往々にして規模が大きくなるケースが多く、個々の武士が掌握する軍事力のみでは対処しきれないものであった。このような場合、追討使として派遣された武士（軍事貴族）は、当該地方に所在する武士団を動員して追討軍を編成していた。これを受けて、平氏による軍事動員においても私兵と追討軍という二元的な構成がとられていたのである。(28)

武士団の叢生・展開は各地で見られたことであるが、諸国では国衙が彼らを組織するポイントになっていた。追討使に任命された武士（軍事貴族）は、追討宣旨を根拠に国衙の協力を引き出しながら、地方の武士を追討軍に編成していたのである。先にも述べたように当時の日本には厳密な意味での国軍は存在しなかったけれども、国家的な軍事力を組織するシステム・機構は存在していたのである。このようにして動員された兵力は「駆武者」と呼ばれ、軍事貴族たちが独自の軍事力として組織していた家人ら直属軍の武力とは区別されていた。(29)

もちろん、中央の軍事貴族たちは、追討宣旨や国衙を通じてのみ地方の武士たちと接触していたわけではなかった。伊勢平氏を例とすれば、主として西国の武士たちと個別的な主従関係を結んでいたことが指摘されているし、また追討使として東国方面の軍事活動などを通じて東国の武士たちとも主従関係を結んでいたことが知られている。(30)保延元年（一一三五）の西国海賊の追討使に平忠盛が任じられた理由として、「忠盛西海有二々勢之聞一」ことが挙げられているが、(31)それは彼とこの地方の武士団との間に存在した主従関係を指しているのであろう。平氏と地方武士たちとの主従関係が先行して存在し、朝廷による追討使任命もそれに依拠していた可能性もある。

しかし、中央の軍事貴族と地方の武士たちとの主従関係の存在や程度をあまり大きなものと考えることはできない[32]。少なくとも地頭職などの所領給与を媒介とした「緊密な主従制」ではなかった。そして、国家的な軍事力という観点から何より重要なことは、仁安二年五月宣旨で平氏に大幅な軍事権限が与えられて以後も、追討宣旨や国衙を通じた「駆武者」の動員が行なわれていたことである。治承・寿永内乱期の事例となるが、源頼朝追討宣旨を受けて発遣された平維盛らの東国追討軍（のち富士川の合戦で大敗することになる追討軍）が、東国へ向かう途上の「国々宿々」で追討宣旨を「読み懸け」ながら諸国の武士を動員していたことは[33]、その点をもっともよく示している。

このように「駆武者」を率いざるを得なかったことは、武家政権としての平氏政権の未熟さとして、とくに平氏主従制の未熟としてかつては評価されていたが[34]、翻って考えてみれば、当時の平氏に「緊密な主従制」を組織する必然性があったであろうか。当時の国制にもそれなりに国家的な軍事力を組織・調達するシステム・機構が存在していたこと、そして武家政権としての平氏が軍事クーデターにより既存の国家機構を奪取する道を選んだことを考えるならば、あえて新たに「緊密な主従制」を形成するよりも、既存の軍事システムを自己のものとして利用する道を選んだのはごく当然の方向性だったと思われる。このようにして見ると、国家的な軍事力の中身は違うけれども、既存の国家的軍事システムを継承・利用したという点で、高麗武臣政権と平氏政権との親近性を再確認することができる。

平氏がこうした既存のシステムの限界に気が付いたのは、治承・寿永内乱という未曾有の内乱のただ中でのことであった。そして、それを克服すべく打ち出されたのが畿内惣官職・総下司職の設置であったとされている[35]。その詳細はさらなる検討を要すると思われるが、一定の有効性を持つ措置であったことは認められねばならない。しかし、それが国衙機構をより強力に軍事的に掌握するという方法を採ったことに示されているように[36]、既存の機構の枠を大きく出るものではなかったと言わざるをえない。

3　平氏政権と高麗武臣政権の終焉

寿永二年（一一八三）七月、木曾義仲軍の京都突入を目前に控えた平氏一門は安徳天皇を奉じて西国に脱出、以後一度も京都の土を踏むことはなかった。いわゆる平氏の都落ちである。平氏政権の帰趨を考える上で、この都落ちが大きな転換点になったことは否めない。もちろん、都落ちが平氏の没落に直結したわけではなく、その後も一年半以上にわたって勢力を保ったこと、時には京都を奪還しそうな勢いを示すこともあったこと[37]などは正当に評価されなければならない。しかし、前項までに見てきたように、既存の国家機構を掌握することに平氏政権のポイントがあったことを考えれば、安徳天皇を手中にしているとはいえ、都落ちにより既存の国家機構と切り離されてしまった平氏政権の行方は、ほぼ定まったと言えるのではなかろうか。

この都落ちに際して、平氏と既存の国家機構との関係を象徴する出来事が見られる。木曾義仲軍の入京に備えて諸将を宇治や勢多などに配備していた平氏の総帥宗盛は、七月二十四日になって都落ちに作戦変更し、全軍に撤収を命じる。その際、彼は宇治方面に向かっていた平資盛軍の召還命令を後白河院に依頼している。それは「於㆓資盛卿㆒者、給㆓宣旨㆒人也、自㆑院可㆑被㆓召遣㆒、至㆓于自余輩㆒者、私遣了、直可㆓召返㆒」[38]という理由によるものであった。すなわち、平氏一門の中でさえ二元的な軍事動員を見てとることができるのである。平氏一門の中に、既存の国家機構による楔がうちこまれていたとも言えようか。

さらに、ここで後白河院の宣旨を受けて出動していたとされる平資盛とその兄弟の動きについても興味深いものがある。彼らは「小松殿の公達」と総称され、平氏一門の中でも特異な存在であった。すなわち、彼らの父重盛は、先に見た仁安二年五月宣旨にもあるように平清盛の後継者とされていたが、治承三年（一一七九）七月に早世すると、平氏総帥の地位はその異母弟で、平時子を母とする宗盛に移ることになる。以後、平氏一門の主導権は宗盛ら時子所縁の人々に握られることになった。その結果、重盛の遺児「小松殿の公達」は平氏一門の中でも微妙な立場に置かれていたという[39]。

こうした「小松殿の公達」の一人資盛が、木曾義仲軍迎撃に際しては他の一門とは異なる形で出陣していたわけだが、それは単なる命令系統の違いにとどまらず、具体的な行動にも現われることになった。すなわち、後白河院からの撤収命令を受けた資盛は、都落ちする一門の動きとは逆行して、兄維盛や郎等平貞能らをともなって京都に舞い戻ってくるのである。その理由は当時も種々噂されていたが、一門とは離れて後白河院に帰参しようとしていたものらしい[40]。結局、後白河院との連絡が取れず、資盛らも一門とともに西国に落ちていくことになるが、その過程で「小松殿の公達」は次々と脱落していく[41]。結局、「小松殿の公達」は一門との共同行動が取りえなかったのである。

平氏一門の結束がけっして一枚岩ではなく、分裂の契機すらはらんでいたことは、すでに平清盛・頼盛兄弟の確執[42]などからもうかがうことができるが、「小松殿の公達」の動きはそれが現実に表面化した事例と言えよう。その直接の理由は、資盛ら「小松殿の公達」がとくに後白河院の寵愛を得ていたという個別的な関係に求められるのであろうが、より大きな視野で言えば、平氏が既存の国家機構・権力に密着する形で勢力を築き上げてきたことにこそ真の原因があるのではないだろうか。その結果として、先に「楔」と表現したような要素が平氏一門の中に持ち込まれることになったのであろう。もちろん平氏が国家機構を掌握している限りでは、それが楔として意識されることはなかったであろうが、ひとたび国家機構と切り離され、国制の主催者である院の意思との齟齬が表面化すると、それが一門の分裂・解体を招くアキレス腱になったと見ることができるのではなかろうか。

こうした点を考えるに際しても、高麗武臣政権の末路は示唆的である。六〇年以上続いた崔氏政権も十三世紀前半から激化したモンゴル勢力の侵攻により弱体化していった。そのような中、国王元宗とそれを取り巻く文臣勢力はモンゴルに従属する道を選択し、開京への還都を断行、さらにモンゴルの後押しを受けて、江華島に拠りながら徹底抗戦を主張する武臣勢力（崔氏は一二五八年に滅亡し、金俊・林衍が武臣政権を継承していた）と対立する。そして、最終的には一二七〇年五月に林惟茂（林衍の子）が殺害されて高麗武臣政権も終わりを告げた。(43)高麗武臣政権の滅亡にはモンゴルの圧力という要素も看過できないが、(44)クーデターにより既存の国家権力を掌握し、そこに自己の基盤を求めてきた武臣政権にとって、右に見たような王権からの孤立が致命傷になったことが窺えよう。

ところで、仁安二年五月宣旨と建久二年三月新制とのアナロジーでいけば、鎌倉幕府も右のような平氏政権と同じ限界・アキレス腱を有していたことになるが、このことを考える上で興味深いのが、寛喜三年（一二三一）十一月に出された新制（以下、寛喜三年十一月新制とする）の次の一条である。

【史料三】(45)

一、可下仰二諸国一令上追二討海陸盗賊一事

仰、如二風聞一者、海有二白波一、山有二緑林一、海陸之行、共不二容易一、運漕有レ煩、委輸難レ至、以レ之為レ業、好レ之結レ党之輩、其処之村民、定無レ隠歟、其中之渠帥、又易レ知歟、仰二諸国司幷左近衛中将藤原頼経朝臣郎従等一、殊尋捜、宜レ令二禁遏一、

これも建久二年三月新制と同じく、海陸盗賊の追討を諸国司とともに鎌倉殿藤原頼経に命じたものであり、傍線部の趣旨は仁安二年五月宣旨・建久二年三月新制と同じである。建久二年三月新制で示された全国の治安維持組織としての鎌倉幕府の位置づけを再確認した条文と考えられるが、ここで注目したいのは傍点部の「郎従等」、すなわち鎌倉殿の御家人が全国の治安維持の担い手として新制の条文に現れていることである。建久新制では鎌倉殿源頼朝の名

前しか見えなかったことを考えれば、寛喜三年十一月新制との間に段階差を考えるべきではなかろうか。

この段階差をどのようなものとして理解すればいいのか、また寛喜三年十一月新制になって御家人が条文に現れてくるのはどのような事情によるものなのか。これこそ、鎌倉幕府の性格を平氏政権や高麗武臣政権と根本的に分かつ問題だと思われる。その究明のためには、あらためて鎌倉幕府の御家人について考え直してみる必要がある。

三　鎌倉幕府御家人制

1　反乱軍

御家人制の起源が治承・寿永内乱期に源頼朝の下に馳せ参じ、内乱をともに戦い抜いた武士たちに求められることには異論あるまい。ただし、源頼朝の挙兵に際して、三浦義明は「吾為二源家累代家人一、幸逢二于其貴種再興之秋一也、盍レ喜レ之哉」として喜び勇んで討ち死にしていった[46]一方で、頼朝の乳母子であり、先祖以来源氏に仕えてきたとされる山内経俊は、当初は平氏方の大庭景親に与して石橋山合戦では頼朝を追討する側にまわり、挙兵参加を呼びかける頼朝の使者に対して「曾以不レ応二恩喚一、剰吐二条々過言一」というありさまであった[47]。

源頼義・義家以来、河内源氏が東国武士団と主従関係を結んできたのは事実である。それは前九年合戦や後三年合戦といった戦乱を通じて築き上げられていったものであり、保元の乱や平治の乱ではこのようにして築き上げられた主従制にもとづいて源義朝は東国の武士を動員していた。右に見た山内経俊の父俊通も平治の乱で義朝方として戦い討ち死にを遂げている[48]。しかし、この時期の都の武士（軍事貴族）と地方の武士との主従関係を過大評価できないの

の孤児にすぎなかった。

このような状況での挙兵に、「源家累代家人」という意識やスローガンがどの程度効果を持ったかははなはだ疑問である。頼朝は自分の支持勢力を一から作り上げていかなければならなかったのである。

しかし頼朝挙兵当時の東国は、ある意味で「恵まれた」環境にあった。治承三年（一一七九）十一月政変の結果、大量の知行国主の交代があり、平氏知行国の数が増えたことは先にふれたが、そうした国々には平氏家人の目代が派遣され、平氏方の有力在庁官人に大きな権限が委ねられるようになっていた。頼朝が挙兵した伊豆国では、治承四年五月に勃発した以仁王の乱の結果、乱の首謀者源頼政から平時忠（清盛の妻時子の兄）に知行国主が交代したのであるが、そこで目代に起用されたのは、それまで伊豆国の流人に過ぎなかった平氏一門の山木兼隆であり、平氏家人であった伊東祐親や兼隆の後見でもあった堤信遠らが在庁として新たに大きな権限を握ったと考えられている。このような急激な勢力交代は、それまで在庁官人として国衙機構を担ってきた武士たちとの軋轢を引き起こしたことを予想させるが、現に伊豆国においても工藤・狩野・北条ら在庁官人が頼朝挙兵に呼応し一斉に山木兼隆襲撃に参加していることは、右の想定を裏づける動きである。(49) もちろん、伊東氏や工藤氏・狩野氏・北条氏は伊豆国支配をめぐってそれ以前から相互に対立・協調する関係にあったが、この時期にその対立関係が「伊東対工藤・狩野・北条」という構図で尖鋭化した直接の契機として治承三年十一月政変は大きな役割を果たしたと考えられる。

頼朝が挙兵した治承四年八月という時期は、治承三年十一月政変による知行国主の一斉交代が各地にこのような不穏な情勢を惹起しつつある時期であった。そしてこの情勢をうまく摑んだのが頼朝であった。緒戦の石橋山合戦では大敗を喫するものの、房総方面で勢力を立て直した後は快進撃を続けていくわけであるが、その間における頼朝軍の行動パターンとして、各地の国衙を襲撃し京下りの官人らを追い出し、一方で味方となった在庁官人の身柄を安堵し、あるいは自己の配下の武士を在庁職に任命して国衙機構を手中に収めていくことが指摘されている[50]。もちろん、国衙機構を掌握することは当該領域を支配する上で極めて有効な措置であるが、目代・在庁官人を追い出し彼らと対立する在庁官人らを安堵して味方につけていくという方法は、治承三年十一月政変による知行国主の交代により惹起された目代および在庁官人間の対立状況を利用した、すぐれた戦略であった。頼朝挙兵成功の原因は、当時の政治・社会情勢をふまえた上で、このような戦略を取りえた点に求められよう。

そして、頼朝のこのような軍事行動を支える旗印になったのが以仁王の令旨であった。「謀叛人」以仁王の令旨を根拠としつつ国衙を襲撃・奪取していくという頼朝軍のあり方は、平氏政権ひいては既存の国家体制に対する反乱軍そのものである。鎌倉幕府の特質を考えるに際して、その起源がこのような反乱軍に求められることは重要な論点である。

このような頼朝軍による軍事行動の特徴として、川合康氏により指摘されたのが「敵方所領没収」措置である[51]。戦争状況においては敵方の殲滅が図られるのはある意味で当然であるが、そのために敵の本拠地の軍事的制圧＝「敵方所領没収」措置がこの時期広範に展開したこと、そして内乱期固有の状況として、実際の敵対行動の有無にかかわらず、「敵方」と認定されることも「敵方所領没収」措置を招いたとする川合氏の指摘は重要である。行恵なる僧の所領伊勢国大橋御薗および河田別所槻本御薗は文治元年（一一八五）十二月と翌年二月にかけて頼朝配下の武士による追捕を受けているが、これは行恵の父河田入道蓮智（平貞長）が平氏の有力家人であったため、その所領が没収され、「河田入道私領　宇佐美三郎（祐茂）可㆓知行㆒」とする北条時政下文が出されていたことに便乗した「敵方所領没収」措置であった[52]。行恵自身は父と無関係であったらしく、すぐに幕府に出訴し、所領の知行権を回復したが、この事例は、現実に頼朝軍に敵対した勢力でなくても、何らかの契機により「敵方」と認定されれば、「敵方所領没収」措置を受ける危険性があったことをうかがわせる。

　このような危険性は、とくに内乱当初の東国においては非常に切実な問題だったと思われる。たとえば、上野国の新田義重は内乱当初すぐには頼朝に呼応しようとせず、本拠地の寺尾館に引き籠もったままであった。中立的立場で反乱軍の行方を見定めていたというのが実情に近いところであろうが、この態度は「挿二自立志一之間、武衛（源頼朝）雖レ遣二御書一、不レ能二返報一、引二籠上野国寺尾城一聚二軍兵一」とみなされ、頼朝の嫌疑を受けている。[53]結局、安達盛長の取りなしによって義重の帰参は認められるのであるが、彼が「敵方」と認定される危険性はきわめて高かったのではなかろうか。

　このように、治承・寿永内乱期の東国においては中立という立場はありえなかったのであり、究極的には敵か味方かという二つの選択肢しか残されていなかった。そして「敵方」とみなされた場合に待っているのは、頼朝軍による「敵方所領没収」措置＝殲滅戦であった。

　こうした状況を前提とした場合、東国の武士の大半が頼朝の下に結集し、主従関係を結んでいったのは自然な流れであったろう。そしてこの流れは反乱の進展とともに加速・拡大されていったと考えられる。治承四年（一一八〇）十月の富士川の合戦において頼朝の下に集まった軍勢は二〇万騎とも言われており、[54]数字自体には誇張が含まれていようが、頼朝反乱軍が雪ダルマ式に膨れ上がっていった様子をよく示している。

　このようにして頼朝のもとに集まってきた軍勢の結集力は、第二節で見た追討宣旨や国衙を通じて動員された「駆武者」から構成された追討軍のそれとは比較にならないものがあったであろう。この点に反乱軍として出発したことにもとづく頼朝軍の特質を認めねばならない。

2 御家人制の再編

しかし、このようにして内乱の過程で頼朝の下に結集した武士たちがそのまま鎌倉幕府の御家人として定着していったわけではなかった。平氏の都落ち後は、それまでとは逆に頼朝に対して平氏追討宣旨が下り[55]、これを根拠に西国の武士をも動員して平氏追討戦が展開されていくが、このようにして集められた軍勢が頼朝に対して臣従意識を有していたかどうかははなはだ曖昧であった。ことに、内乱後のことであるが、文治元年（一一八五）のいわゆる文治勅許で頼朝に対して諸国在庁荘園下司惣押領使進退権[56]が認められると、頼朝と直接の主従関係にはない武士たちも軍事動員の対象になった。また戦争という極限状態、とくに敵か味方かという二つの選択肢しかない中で頼朝への臣従を選択していった武士たちが、その意識を内乱後もそのまま持続しうるものであったかも疑問である。軍事動員を契機とした主従関係自体ならば、頼朝以前の軍事貴族たちも設定してきたものであり、その規模や質を過大評価しえないことは前述したとおりである。

このように内乱を通じて頼朝の周りに形成された武士団は、その範囲も不明確であり、内部的にも不均質な集団であった。そのため、建久年間（一一九〇〜一一九九）に入ると、こうした問題点を止揚し、御家人制を強化して、その平時定着化が図られていく。

その第一弾が文治五年（一一八九）に挙行された奥州合戦であった。すなわち、奥州藤原氏追討の名のもと、南九州に至る諸国の武士に大動員がかけられたが、これは彼らに対する御家人としての忠誠度の試金石となった。すなわち、動員を受けながらも参戦しなかった武士は、安芸国の城頼宗が所領を没収されたり[57]、豊前国伊方荘地頭貞種が地頭職改易の憂き目に遭ったりしたように、御家人から切り捨てられていったのである。

また川合康氏が注目しているように、この奥州合戦が前九年合戦の再現としての意味を持っていたことも、御家人制の強化という点で重要な意味を持っていた。前九年合戦を追体験させ、源頼義の武功を認識させることによって、頼朝の鎌倉殿としての権威を武士たちに植え付ける――、奥州合戦は御家人たちからそのような意識を引き出させるための一大ページェントでもあった。(58)

奥州合戦後の建久元年（一一九〇）十一月には頼朝が上洛し、後白河院との対面が実現することにより、鎌倉幕府の公武関係上の位置づけについて朝廷との合意が形成されたであろうことは先にもふれたが、翌年以降、これらの成果をふまえて新たな御家人政策が打ち出されていく。たとえば、安堵や新恩給与に際して御家人に与えられていた頼朝御判の下文や奉書が政所下文に切り替えられていったことは、それまで個別的・情誼的な関係によって結び付けられていた鎌倉殿と御家人との関係を一般的・機構的なものへと置き換えていく措置だったと考えられている。(59)また、建久年間には西国各地で御家人交名が作成されているが、これらはそれまで曖昧だった御家人制の範囲を明確にする政策だった。その前提には、これまで幕府の指揮に従って軍役を勤めてきた武士たちに対してあらためて御家人・非御家人の選別を迫る振り分け（忠誠度チェック）があった。(60)

3　大番役の御家人役化

建久年間に御家人制の再編が進められたことはこれまでも指摘されてきたことであるが、従来は御家人集団の編成方法の整備・強化という側面にもっぱら注目して議論が展開されてきた。(61)もちろん、議論の中味自体は正しいものであるが、御家人制の再編としてもう一つの側面も見落とすことはできない。すなわち、御家人という集団を治承・寿永内乱以後も維持することの正当性をどこに求めたか、という問題である。本来御家人集団は頼朝の私兵集団であり、かつ反乱勢力であった。このようにして鎌倉殿に集中化された武力を、戦時にはともかく、頼朝と朝廷との融和が図られた建久年間以降の平時にまで持ち込むことには、それなりの説明づけがなされねばならない。

そうした点で注目されるのが、大番役が御家人たちの所役とされ、御家人役化したとみなされることである。

【史料四】[62]

前右大将家政所下　美濃国家人等

可三早従二相模守惟義(大内)催促一事

右、当国内庄之地頭中、於下存二家人儀一輩上者、従二惟義之催一、可レ致二勤節一也、就レ中近日洛中強賊之犯有二其聞一、為レ禁三遏彼党類一、各企二上洛一、可レ令レ勤三仕大番役一、而其中存下不レ可レ為二家人一之由上者、早可レ申二子細一、但於二公領一者不レ可レ加レ催、兼又重隆・佐渡前司郎従等催召、可レ令レ勤二其役一、於二隠居輩一者、可レ注三進交名一之状、所レ仰如レ件、

建久三年(一一九二)六月廿日　案主藤井(俊長)

令民部少丞藤原(二階堂行政)　知家事中原(光家)

別当前因幡守中原(大江広元)

前下総守源朝臣(邦業)

散位中原朝臣(久経カ)

建久年間の御家人制の再編を示す好例として著名な頼朝の政所下文である。すなわち、傍線部および波線部より、「美濃国家人等」に対してあらためて「家人」(御家人)であるか否かの選別を迫っていることが明らかであるが、注目すべきはここで御家人身分を選択した者に対して大番役の勤仕が命じられていることである。

京都大番役の起源は必ずしも明らかではないが、白河院政期を一つの画期として、国司を通じて諸国の武士を内裏の警備にあたらせる役として成立したと推定されている(63)。大番役に動員された武士は、第二節でふれた追討宣旨により追討軍として動員された武士たちとほぼ重なるものであろうが、保元・平治の乱後の大番役は平氏により組織されるようになっていた(64)。

平氏滅亡後、京都大番役を引き継いだのは鎌倉幕府であった。注意されるのは、幕府も当初は京都大番役の勤仕を御家人のみにではなく、「速就㆓在庁官人㆒、被㆑召㆓国中庄公下司押領使之注文㆒、可㆑被㆑充㆓催内裏守護以下関東御役㆒」(65)とあるように、文治勅許で得た諸国在庁荘園下司惣押領使進退権にもとづいて広く諸国の武士を動員しており、その形態は従来の大番役と変わりがなかったと考えられる。

ところが、右に見たように、建久年間に至ってあらためて御家人を選別し、御家人身分を選んだ者に対して大番役勤仕を命じるようになってから事態は変わってくる。貞永元年（一二三二）に出された御成敗式目の第三条では、御家人以外の所々下司荘官らに対して大番役以下の守護役を賦課してはならないとされ、天福二年（一二三四）に出された追加法でも「抑雖㆑仮㆓名於下司職㆒、非㆓御家人列㆒者、守護人更不㆑可㆑令㆑催㆓促大番役㆒」(66)とされている。また嘉禎三年（一二三七）には、「京都警衛」＝京都大番役に「不法之輩」が交じっているので、今後はきちんと「御家人」を動員すべきことが六波羅探題に命じられている(67)。文脈から判断して、「不法之輩」とは御家人以外の人々を指すと考えられる(補註3)。

このような前後の状況をふまえれば、この間に大番役の場から御家人以外の人々が排除され、京都大番役が御家人固有の所役とされるようになったことが想定される。少なくとも京都大番役が御家人のみに限定される役に変質したことは、この後とくに西国御家人身分の構成要件として京都大番役勤仕が挙げられるようになっていることからも裏づけられよう。

こうした変質の画期としては、【史料四】として掲げた頼朝の政所下文にみるように建久年間を想定すべきであろう。すなわち、建久年間の御家人制の再編は、京都大番役の御家人役化と連動していたのである。[69]

では京都大番役の御家人役化は、御家人制に則して言えば、どのような変化を意味しているのであろうか。このことを理解するには京都大番役が本来持っていた性格がポイントとなる。京都大番役は平時の軍役ともみなされ、先にも述べたようにその動員対象が追討宣旨による動員対象と同じ諸国の武士たちであったということは、これが国家的な軍事力を組織するシステムであったことを意味する。それが御家人役化したということは、鎌倉幕府が国家的な軍事システムを専掌するようになったことばかりでなく、御家人がそうしたシステムを遂行する主体として位置づけられたことをも意味すると思われる。

このような想定を裏づけるのが、先に掲示した二つの新制、建久二年三月新制（【史料二】）と寛喜三年十一月新制（【史料三】）の文言の差異である。両者ともに海陸盗賊の追討を諸国司とともに鎌倉殿に命じたもの、すなわち鎌倉殿に全国的な治安維持の権限を委ねたものである点は同じであるが、前者では鎌倉殿のみが文面に現れるのに対して、後者では御家人も登場している点に段階差を認めるべきことは前節末で指摘したところである。さらに本節での考察をふまえれば、その段階差とは、建久年間における御家人制再編の結果、御家人ないし御家人制が国家的軍務遂行主体＝国家的軍事力そのものと位置づけられるようになったことよるものであると言えよう。また、正治元年（一一九九）の二代将軍源頼家の襲封時に下された宣旨に「続二前征夷大将軍源朝臣(頼朝)遺跡一、宜レ令三彼家人郎従等如レ旧奉二行諸国守護一」[70]とあるのは寛喜三年十一月新制の条文とほぼ同趣旨であることから、御家人制が国家的軍務遂行主体として位置づけられたのが建久年間であったと判断されよう。

右のように考えれば、鎌倉幕府は内乱の中で反乱軍として成立した御家人制を、国家的な軍務遂行主体＝国家的軍事力として位置づけることにより、平時にもそれを維持する正当性を得たと言えるであろう。このことは、第二節末でふれたように、武家政権としての高麗武臣政権・平氏政権と鎌倉幕府とを分かつポイントになったと考えられる点で重要である。すなわち、前者にあっては国家的な軍事力を組織する既存のシステム・機構を利用する段階にあったのが、後者においては自らの軍事力でもってそうしたシステムを代位してしまうようになったのである。それが御家人制であった。

奥州合戦に際して、幕府は広く軍事動員をかけながら、同時に朝廷に対して藤原泰衡追討宣旨の発給を執拗に求めていた(71)。奥州藤原氏追討を国家的軍務と位置づけたかったわけであるが、頼朝への対抗勢力の消滅を望まない朝廷はなかなか追討宣旨を出さなかった。武家政権と朝廷の意図が齟齬を来たしていたわけであるが、それを克服し奥州合戦遂行を正当化した論理は、「軍中聞二将軍之令一、不レ聞二天子之詔一」という大庭景能の発言(72)に端的に現れていると思う。これは厳密に言えば、国家的軍務遂行主体としての御家人制の成立以前の事例であるが、武家政権と朝廷の意図が齟齬した際に高麗武臣政権や平氏政権が示した対応との違いは明らかであろう。

このような違いが生じた理由、すなわち軍事力のあり方の違いは、それぞれの政権の成立過程の違いに求められよう。高麗武臣政権や平氏政権がいわば既存の国制の中から成立してきたのに対して、鎌倉幕府は国制の外から反乱軍として成立してきたのである。

ここで再び比較史的手法をとれば、鎌倉幕府のあり方は高麗武臣政権というよりも、むしろ朝鮮王朝の創始者李成桂のあり方に対比すべきように思われる。彼は高麗東北部双城総管府出身の土豪で、北方の女真族や倭寇との戦いで台頭してきた人物であった。その軍事力の中心は家別抄と呼ばれる私有民であり、双城総管府を根拠地とした反独立的な軍事集団を形成していた[73]。もちろん、李朝革命以後の展開は鎌倉幕府のそれとは大きく異なっていくが、その勢力の実態は鎌倉を中心に都の朝廷からは反独立的な立場を保った鎌倉幕府の姿と共通するものがあるように思われる。

四　御家人役から見た鎌倉幕府

前節の考察の結果、御家人制が鎌倉幕府を理解する鍵になっていることが判明した。それは主として軍事力の担い手という観点からであったが、それ以外の側面でも御家人制が鎌倉幕府を支えていた。すなわち御家人役である。御家人役とはいわゆる奉公のことであり、軍事負担を含む労役の提供からさまざまな用途の経済的負担まで、ヴァラエティに富んだ内容を有する。このような奉公に対して鎌倉殿は各種の御恩を与えていくのであり、そうした意味で鎌倉幕府は鎌倉殿と御家人との間での御恩と奉公（御家人役）とのやりとりで成り立っていた政治権力とも言えよう。

ところで、主人に対して従者が奉仕を行なうのはごく原初的な姿であり、御家人役もこうした原初的な関係の発展ともみられるが、その中味を吟味していくと、けっしてそのような単純なものではないことに気がつく。そこで、まずは御家人役の内容を分類してみることとする。その際注意したいのは、右に述べたように御家人役が幕府のあり方を支える面があったということであり、御家人役の分析・検討を通じて鎌倉幕府の相貌を浮き彫りにすることを目指したい。

当時の御家人たちの譲状や置文には彼らが負担すべき御家人役が書き上げられていることが多いが、それらによると、御家人役は恒例役と臨時役に分けられていたことがわかる[74]。いつも（毎年）勤仕する役と、時々（必要に応じて）勤仕する役ということであるが、当時の史料からそれぞれの内容を復原すると以下のようになる。

恒　例　役……垸飯役用途、鎌倉番役、大将殿（源頼朝）御月忌用途、貢馬役、御所小舎人用途、修理替物用途、鶴岡八幡宮五月会直垂用途、鶴岡八幡宮流鏑馬役など。

臨時役については、さらに三分類される。

臨時役①……京都大番役、諏訪社五月会御射山祭頭役、宇都宮社五月会頭役、杵築社三月会相撲頭役など。

臨時役②……走湯山造営用途、鶴岡八幡宮造営用途など。

臨時役③……関東御訪、成功など。

全ての役について過不足なく分類するのは難しいが、恒例役は内容から見ても原則として鎌倉殿に対する奉仕・サービスに相当する役であることがわかるだろう。そうした意味で、恒例役は「鎌倉殿―御家人という人的関係に密着した役」と評価することができよう。

それに対して、臨時役として列挙した役はいずれも鎌倉殿に対する奉仕・サービスとは見なしにくい。恒例役との対比で言えば、「鎌倉殿を直接の奉仕対象としない役」ということになるが、これらはいったいどのような役であり、なぜ御家人役とされているのであろうか。

まず臨時役①から見ていこう。京都大番役は第二節および第三節でも見たように、院政期の頃から諸国の武士の役として成立していたとみられる内裏守護役であったが、御家人制の再編とともに御家人固有の役として編成し直されたものであった。同様に、諏訪社五月会御射山祭頭役などもそれぞれの国内の武士の所役として存在していたのであり、鎌倉幕府の成立とともに御家人役として編成し直されたものと考えられる。これらはいずれも国家的・社会的な武力の担い手という武士の職能に関わる役であり、(75) 鎌倉幕府が国家的な軍務を専掌することにより、その配下の御家人に国家的・社会的な武力の担い手という性格が集中されたこと（御家人の国家的軍務遂行主体化）により、御家人役として編成し直されたものであろう。

次に臨時役②について。頼朝は鎌倉入りして早々に鶴岡八幡宮を創建し、以後幕府は鶴岡八幡宮に対して手厚い保護を加えていく。同じように走湯山伊豆山神社造営についても幕府は当初より深く関わっていた。鎌倉殿の個人的な崇敬の反映と考えることもできるが、これらが東国全体に及ぼしていた影響に注意したい。とくに伊豆山神社が当時の東国武士の神文などにしばしば現れていることを考えると、これらの寺社は東国武家社会における精神的紐帯の役割を果たしていたと考えられる。臨時役②は、こうした東国という固有の領域に関わる役とひとまずは考えておきたい。

最後に臨時役③であるが、関東御訪とは内裏や院御所の造営ないしは即位式や仏事など、朝廷諸行事に対する幕府からの援助（費用負担）を意味する。御家人による成功もこうした朝廷諸行事の費用捻出のために徴募されるものであり、これらは総じて朝廷に対する奉仕と位置づけることができよう。

以上、臨時役についてその内容に則して分類を試みたが、次にこれらの役が御家人役とされた理由について考えてみよう。

まず臨時役③から。朝廷に対する奉仕（「御訪」）ということであれば、寺社や貴族層も行なっていたことである。これは当時の社会的な贈与慣行にもとづいた、権門として当然求められた政治的・社会的行為であった(76)。鎌倉幕府は寿永二年十月宣旨により朝廷に対する反乱軍としての立場を脱したが、以後歴代の鎌倉殿は官位の面においては摂関家なみの待遇を与えられ(77)、形式上権門貴族の仲間入りを果たす。とするならば、同じ権門として鎌倉殿にも「御訪」提供義務が生じるのは自然な流れであろう。

ところで、寿永二年十月宣旨は幕府に対して東国行政権を付与する形式を取っているが、それは内乱開始以来幕府が築き上げてきた実質的な東国支配を追認するものであった。この東国支配権に仄見える鎌倉幕府の「東国国家的」側面も否定し得ないところである。少なくとも幕府は東国を独自の政治領域として捉えていたはずである。(78)このように東国を独自の政治領域として編成するためには、それなりの手段・措置が講じられたと考えられるが、鶴岡八幡宮や伊豆山神社はそのための精神的紐帯として位置づけられたのではなかろうか。鶴岡八幡宮や走湯山に関わる臨時役②は、こうした「東国」に関わる役として創出ないし編成されたものと考えておきたい。

最後に臨時役①について。治承・寿永内乱の終了・平時への移行という政治情勢の展開は、御家人制の存在意義のみならず、幕府という組織そのものの国家における位置づけを問うことになった。建久二年三月新制はそれへの回答であり、幕府は全国の治安維持を図る組織・国家的軍務を専掌する組織たること、すなわち国家的・社会的な武力であることを求められた。と同時に、第三節で見たように御家人制の平時存続＝御家人制の国家的軍務遂行主体化という課題もあったから、幕府は国家的・社会的武力が担うことが期待されたさまざまなパフォーマンスを御家人によるものとして組織する必要があったのではなかろうか。京都大番役のような実質的な職務は当然であるが、各地の寺社祭祀における武芸の奉仕も国家的・社会的な武力の表象として不可欠なパフォーマンスだったに違いない。

このように考えると、臨時役とは幕府ないしは鎌倉殿が果たすべき職務が配下の御家人集団に転嫁されたものであったと考えることができる。権門であれ、「東国」国家であれ、国家的な武力であれ、そうした幕府ないし鎌倉殿が果たすべき職務という外的条件と「鎌倉殿―御家人」という人的関係とが接触したところに成立したのが臨時役だったのであり、それ故に臨時役は「鎌倉殿を直接奉仕の対象とはしない役」という相貌を帯びることになったのである。そして、このような役が生じてくる点にこそ、鎌倉幕府の武家政権たる所以がある。

第二節から第三節を通じての考察は、鎌倉幕府の起源として、その反乱軍としての性格を強調するものであり、鎌倉殿と御家人との関係（御家人制）を重視した。そうした幕府の姿からは「鎌倉殿—御家人という人的関係に密着した役」である恒例役は導き出されてくるが、それだけでは右に見たような臨時役の登場について説明がつけられない。やはり幕府が武家政権として存立していくためには、「鎌倉殿—御家人」間で完結する組織に止まることなく、「鎌倉殿を直接奉仕の対象とはしない」職務をも引き受けていかざるをえなかったのではなかろうか。

さらに注目したいのは、恒例役と臨時役の「重み」の違いである。一般的に恒例役よりも臨時役の方が優先される傾向にあった。例えば、諏訪社五月会御射山祭頭役勤仕のために鎌倉番役が免除されたり[79]、宇都宮神事の際は、京都大番役のために在京している場合は仕方がないが、鎌倉にいる場合は、たとえ鎌倉番役勤仕中でも宇都宮に戻らなければならないと定められている[80]。「いつも取る役」＝恒例役よりも「時々取る役」＝臨時役の方が優先されるというのは見やすい道理であるが、主人たる鎌倉殿の警備にあたる鎌倉番役が必ずしも最優先される役ではなかったということは、御家人制の本質を考える上で注目すべき事実であろう。

五　武家政権のゆくえ

以上、第二・三節では、平氏政権・高麗武臣政権との比較を通して、鎌倉幕府の武家政権としての固有性・独自性を、御家人制を素材に明らかにし、反乱軍として出発した点にその淵源を求めた。第四節では、その御家人制に固有の御家人役を分析対象として恒例役と臨時役とに分類し、それぞれの特徴を主人たる鎌倉殿を奉仕の対象とする役としない役とに概括し、後者に鎌倉幕府が単なる鎌倉殿と御家人のみで完結する組織にはおさまりきれない側面が見出されることを指摘した。

鎌倉後期以降の幕府の姿を概観すれば、この後者の側面がますます増大していったことは明らかである。例えば、一国平均役徴収や用途負担の面で朝廷財政に占める幕府の役割が増大していったことが指摘されている(81)が、これは前節で見た臨時役③の充実をもたらした。また鎌倉後期の社会を大きく律していくことになるモンゴル襲来や、悪党の跳梁に対処するために荘園領主層がすすんで幕府の軍事介入を望んだこと(82)は、臨時役①に象徴される国家的・社会的な武力の体現者としての幕府の地位をより高めることになったであろう。鎌倉幕府は、いわば「鎌倉殿を直接の奉仕対象としない役」＝鎌倉殿と御家人のみで完結する組織にはおさまりきれない側面を充実させる方向を歩んだのであり、そうした傾向は続く室町幕府にも継承されたと推測される。

それと同時に見落とせないのは、「鎌倉殿＝将軍を直接の奉仕対象とする役」が将軍と直接の主従関係にはない者をも捕捉するようになっていくことである。足利義満の北山殿に建てられた七重大塔は、もともと相国寺に建てられていたもの(83)だが、応永十年（一四〇三）六月に焼失したのを機に、北山殿に移建された。注目されるのは、その普請のための人夫や造営費用のための段銭が広く周辺諸荘園にかけられていること、しかもそれらの荘園は必ずしも義満の御料所ではなく、東寺や山科家などさまざまな権門領主を通じてその所領荘園に賦課されていたことである(84)。東寺などは人夫役賦課の免除を申し出ていること(85)から、これらが権門領主の自発的な好意にもとづくものではなく、義満からの賦課であったことは明白で、御家人以外の将軍とは直接の主従関係にはない人々にまで、いわば義満の私邸にかかわる負担が求められていることは明らかであろう。

以上の二つの事態は、「将軍を直接の奉仕対象とする役」と「将軍を直接の奉仕対象とはしない役」の等質化の進行とも言い換えられるが、それはすでに御家人役や御家人制の範疇では捉えきれないものになっている。この等質化の中味を吟味するとともに、それをもたらした背景を探ることは鎌倉後期から室町期に至る武家政権の本質に迫る議論を導くものと考えられる。

武家政権論にアプローチする方法はさまざまあると思われるが、本節では鎌倉幕府を御家人制と御家人役から理解する立場から、武家政権のその後を見通す視座を提示してみた。その実践は今後の課題としたい。

註

（1）佐藤進一『日本の中世国家』（岩波書店、一九八三年）等参照。

（2）黒田俊雄「中世の国家と天皇」（同『黒田俊雄著作集第一巻　権門体制論』〔法蔵館、一九九四年〕所収。初出は一九六三年）等参照。

（3）佐藤進一『鎌倉幕府訴訟制度の研究』（畝傍書房、一九四三年／岩波書店、一九九三年）、石井進『石井進著作集第一巻　日本中世国家史の研究』（岩波書店、二〇〇四年）等参照。

（4）外岡慎一郎「六波羅探題と西国守護」（『日本史研究』二六八号、一九八四年）等参照。

（5）石井進『日本の歴史七　鎌倉幕府』（中央公論社、一九六五年／山川出版社、二〇〇五年）、上横手雅敬「建久元年の歴史的意義」（同『鎌倉時代政治史研究』〔吉川弘文館、一九九一年〕所収。初出は一九七二年）等参照。

（6）石井進「鎌倉幕府論」（同『石井進著作集第二巻　鎌倉幕府論』〔岩波書店、二〇〇四年〕所収。初出は一九六三年）参照。

（7）川合康「鎌倉幕府荘郷地頭職の展開に関する一考察」（同『鎌倉幕府成立史の研究』〔校倉書房、二〇〇四年〕所収。初出は一九八五年）、同「鎌倉幕府荘郷地頭制の成立とその歴史的性格」（前掲書所収。初出は一九八六年）参照。

（8）入間田宣夫「守護・地頭と領主制」（歴史学研究会・日本史研究会編『講座日本歴史3　中世1』〔東京大学出版会、一九八四年〕所収）参照。

（9）上横手雅敬「平氏政権の諸段階」（安田元久先生退任記念論集刊行会編『中世日本の諸相　上』〔吉川弘文館、一九八九年〕所収）参照。

（10）五味文彦「平氏軍制の諸段階」（『史学雑誌』八八―八号、一九七九年）参照。

（11）治承三年十一月政変の経過については、田中文英「高倉親政・院政と平氏政権」（同『平氏政権の研究』〔思文閣出版、一九九四年〕所収）参照。

(12) 旗田巍「高麗武人の政権争奪の形態と私兵の形成」(末松保和博士古稀記念会編『古代東アジア史論集』上巻〈吉川弘文館、一九七八年〉所収)参照。
(13) 義江彰夫「朝廷・幕府の分立と日本の王権」(荒野泰典・石井正敏・村井章介編『アジアのなかの日本史Ⅱ　外交と戦争』〈東京大学出版会、一九九二年〉所収)参照。
(14) 前掲註(12)旗田論文、金鍾国「高麗武臣政権の特質に関する一考察」(『朝鮮学報』一七号、一九六〇年)参照。
(15) 村井章介「比較史上の天皇・将軍」(同『中世の国家と在地社会』〈校倉書房、二〇〇五年〉所収。初出は一九九二年)参照。
(16) 髙橋昌明「東アジアの武人政権」(歴史学研究会・日本史研究会編『日本史講座3　中世の形成』〈東京大学出版会、二〇〇四年〉所収)参照。
(17) 前掲註(12)旗田論文、前掲註(14)金論文、前掲註(15)村井論文参照。
(18) 村井章介「高麗・三別抄の叛乱と蒙古襲来前夜の日本」(同『アジアのなかの中世日本』〈校倉書房、一九八八年〉所収。初出は一九八二年)参照。
(19) 『中右記』天永四年(一一一三)四月三十日条。
(20) 髙橋昌明「中世成立期における国家・社会と武力」(同『武士の成立　武士像の創出』〈東京大学出版会、一九九九年〉所収。初出は一九九八年)参照。
(21) 元木泰雄『平清盛の闘い』(角川書店、二〇〇一年)、髙橋昌明『平清盛　福原の夢』(講談社、二〇〇七年)参照。
(22) 『兵範記』仁安二年(一一六七)五月十日条。
(23) 『兵範記』仁安二年(一一六七)五月十七日条。
(24) 前掲註(10)五味論文参照。
(25) 佐藤進一・百瀬今朝雄・笠松宏至編『中世法制史料集第六巻　公家法・公家家法・寺社法』(岩波書店、二〇〇五年)公家法四七条。
(26) 前掲註(5)上横手論文参照。
(27) 前掲註(10)五味論文参照。

(28)前掲註(10)五味論文参照。
(29)田中文英「治承・寿永の内乱」(前掲註(11)田中著書所収)参照。
(30)前掲註(10)五味論文、西村隆「平氏家人表」(『日本史論叢』一〇号、一九八三年)参照。
(31)『長秋記』保延元年(一一三五)四月八日条。
(32)元木泰雄『武士の成立』(吉川弘文館、一九九四年)参照。
(33)『延慶本平家物語』第二末(平家ノ人々駿河国ヨリ逃上事)。前掲註(29)田中論文参照。
(34)高田実「平氏政権論序説」(『日本史研究』九〇号、一九六七年)参照。
(35)前掲註(10)五味論文、前掲註(29)田中論文参照。
(36)石母田正「平氏政権の総官職設置」(同『石母田正著作集第九巻　中世国家成立史の研究』〈岩波書店、一九八九年〉所収。初出は一九五九年)参照。
(37)宮田敬三「都落ち後の平氏と後白河院」(『年報中世史研究』二四号、一九九九年)参照。
(38)『吉記』寿永二年(一一八三)七月二十四日条。
(39)上横手雅敬『平家物語の虚構と真実　上』(塙書房、一九八五年)参照。
(40)『吉記』寿永二年(一一八三)七月二十五日条、上横手雅敬「小松殿の公達について」(安藤精一先生退官記念論文集『和歌山地方史の研究』〈宇治書店、一九八七年〉所収)参照。
(41)前掲註(40)上横手論文参照。
(42)前掲註(39)上横手著書、田中大喜「平頼盛小考」(『学習院史学』四一号、二〇〇三年)参照。
(43)旗田巍『元寇』(中央公論社、一九六五年)参照。
(44)前掲註(18)村井論文参照。
(45)『中世法制史料集第六巻　公家法・公家家法・寺社法』(前掲註(25))公家法一八二条。
(46)『吾妻鏡』治承四年(一一八〇)八月二十六日条。
(47)『吾妻鏡』治承四年(一一八〇)七月十日条。
(48)『平治物語』中「義朝敗北の事」、『吾妻鏡』治承四年(一一八〇)十一月二十六日条。

(49) 前掲註(21)元木著書参照。
(50) 前掲註(6)石井論文参照。
(51) 前掲註(7)川合論文参照。
(52) 川合康『源平合戦の虚像を剝ぐ』（講談社、一九九六年）参照。
(53) 『吾妻鏡』治承四年（一一八〇）九月三十日・十二月二十二日条参照。
(54) 『吾妻鏡』治承四年（一一八〇）十月十七日条、『延慶本平家物語』第二末（平家ノ人々駿河国ヨリ逃上事）参照。
(55) 『玉葉』寿永三年（一一八四）正月二十六日・二月二十三日条参照。
(56) 文治勅許および諸国在庁荘園下司惣押領使進退権については膨大な研究史があるが、さしあたり石井進「幕府と国衙の一般的関係」（同『石井進著作集第一巻　日本中世国家史の研究』〈前掲註(3)〉所収。初出は一九五六年）参照。
(57) 入間田宣夫「鎌倉幕府と奥羽両国」（小林清治・大石直正編『中世奥羽の世界』〈東京大学出版会、一九七八年〉所収）、川合康「奥州合戦ノート」（前掲註(7)川合著書所収。初出は一九八九年）参照。
(58) 前掲註(57)川合論文参照。
(59) 前掲註(1)佐藤著書、工藤勝彦「鎌倉幕府による安堵の成立と整備」（『古文書研究』二九号、一九八八年）、前掲註(57)川合論文等参照。
(60) 『吾妻鏡』建久三年（一一九二）六月二十日条。
(61) 田中稔「鎌倉初期の政治過程」（同『鎌倉幕府御家人制度の研究』〈吉川弘文館、一九九一年〉所収。初出は一九六三年）、前掲註(52)川合著書参照。
(62) 『吾妻鏡』建久三年（一一九二）六月二十日条。
(63) 石井進「院政時代」（同『石井進著作集第三巻　院政と平氏政権』〈岩波書店、二〇〇四年〉所収。初出は一九七〇年）参照。大番役の起源をめぐっては諸説あり、そこでは大番役は平氏台頭以前に遡る公役か、平氏の台頭にともなう平氏家人による役かが論点となっていた（飯田悠紀子「平安末期内裏大番役小考」〈御家人制研究会編『御家人制の研究』〈吉川弘文館、一九八一年〉所収〉参照）。関係史料も乏しく、確定的な判断を下せる状況にはないが、「大番役は平氏台頭以前には遡らない」とする決め手にも欠けるので、とりあえずは石井氏の整理に従っておきたい。

(64) 五味文彦「院支配の基盤と中世国家」（同『院政期社会の研究』〈山川出版社、一九八四年〉所収。初出は一九七五年）参照。前掲註(63)でも述べたように、平氏と大番役の関わりは早くから重視されていたが、近年は政治史的観点を組み込んだ考察がなされるようになっており、高倉天皇践祚にともなって、後白河院と平氏との連携の下で高倉の御所閑院内裏の守護役として成立したとする説（元木泰雄「王権守護の武力」〈薗田香融編『日本仏教の史的展開』〈塙書房、一九九九年〉所収〉、木村英一「王権・内裏と大番」〈髙橋昌明編『院政期の内裏・大内裏と院御所』〈文理閣、二〇〇六年〉所収〉参照）や、さらにその発端を二条天皇親政の開始に求める説（前掲註(21)髙橋昌明著書参照）などが提起されている。

(65) 『吾妻鏡』文治三年（一一八七）九月十三日条。

(66) 鎌倉幕府追加法六八条。

(67) 『吾妻鏡』嘉禎三年（一二三七）三月二十一日条。

(68) 鎌倉幕府追加法六八条。

(69) 三田武繁「建久御家人交名ノート」（同『鎌倉幕府体制成立史の研究』〈吉川弘文館、二〇〇七年〉所収。初出は二〇〇六年）は建久年間における御家人交名の作成が京都大番役賦課と不可分の関係にあったことを想定するが、御家人交名の作成を御家人制の再編成（の結果）と考えれば、三田氏の想定は私見と一致していると考えられる。

(70) 『吾妻鏡』正治元年（一一九九）二月六日条。この史料の意義については、すでに上横手雅敬「主従結合と鎌倉幕府」（同『日本中世国家史論考』〈塙書房、一九九四年〉所収。初出は一九七一年）二四六頁で指摘されている。

(71) 前掲註(57)入間田論文参照。

(72) 『吾妻鏡』文治五年（一一八九）六月三十日条。

(73) 前掲註(15)村井論文参照。

(74) 筧雅博「鎌倉幕府掌論」（『三浦古文化』五〇号、一九九二年）参照。

(75) 青山幹哉「鎌倉幕府の「御恩」と「奉公」」（『信濃』三九―一一号、一九八七年）参照。

(76) 遠藤基郎「中世における扶助的贈与と収取」（『歴史学研究』六三六号、一九九二年）、本郷恵子「公事用途の調達」（同『中世公家政権の研究』〈東京大学出版会、一九九八年〉所収）参照。

(77) 白根靖大「王朝社会秩序の中の武家の棟梁」（同『中世の王朝と院政』〈吉川弘文館、二〇〇〇年〉所収。初出は一九九八年）参照。
(78)　鎌倉幕府独自の政治領域としての「東国」については、さしあたり七海雅人『鎌倉幕府御家人制の展開』（吉川弘文館、二〇〇一年）序章参照。
(79)　「信濃守矢文書」元応元年（一三一九）七月十二日関東下知状（鎌㉟二七〇九二号）。
(80)　「宇都宮家式条」第七条（佐藤進一・池内義資・百瀬今朝雄編『中世法制史料集第三巻　武家家法Ⅰ』〈岩波書店、一九六五年〉）。
(81)　前掲註(3)石井著書参照。
(82)　近藤成一「悪党召し取りの構造」（永原慶二編『中世の発見』〈吉川弘文館、一九九三年〉所収）参照。
(83)　相国寺七重塔については、冨島義幸「相国寺七重大塔」（『日本宗教文化史研究』五―一号、二〇〇一年）参照。
(84)　「東寺百合文書ミ58」応永十二年（一四〇五）十月十四日北山大塔用木配符、『教言卿記』応永十二年十一月一日条等。
(85)　「東寺百合文書を51」応永十二年（一四〇五）十月日東寺八幡宮雑掌申状案。

（補註1）　近年、五味文彦氏や本郷和人氏らによって「二つの王権論」とする立場が提起されている（五味「京・鎌倉の王権」〈同編『日本の時代史8　京・鎌倉の王権』〈吉川弘文館、二〇〇三年〉所収〉、同「東国の王権」〈大津透編『王権を考える』〈山川出版社、二〇〇六年〉所収〉、本郷『新・中世王権論』〈新人物往来社、二〇〇四年〉、同『武士から王へ』〈筑摩書店、二〇〇七年〉等参照）。「二つの王権論」は東国国家論の系譜を引くようにも見受けられるが、本郷氏によれば「二つの王権論」登場の背景には東国国家論と権門体制論の対立があるという。すなわち、いずれも中世国家論を立論の前提としているにもかかわらず、当の中世国家論そのものが隘路に陥っており、議論が嚙み合わなくなっている。そこで、中世国家論を離れて、新たに王権論を導入することによって議論に新生面を切り拓くことが意図されているようである。国家論を回避することの当否はおくとして、王権そのものの内実についてもこれからその構築が図られる段階にあるということから、現段階の「二つの王権論」については、さしあたり作業仮説として位置づけておきたい。

（補註2）　本書校正中に、平木實「高麗末・朝鮮初期の私兵と文・武官僚制の史的意義」（笠谷和比古編『公家と武家Ⅳ』〈思文閣出版、二〇〇八年〉所収）に接した。本章の考察ともおおいに関わる。ぜひ参照されたい。

（補註3） 御成敗式目第三条・鎌倉幕府追加法六八条・『吾妻鏡』嘉禎三年三月二十一日条の解釈については、最近山本博也氏から批判が寄せられている。これに対する私見については本書第一部第二章（補註1）を参照されたい。

第二章　御家人制の周縁

はじめに

御家人とは、端的に言えば、鎌倉殿の従者のことであり、その点では貴人に仕える従者層一般と変わらないが、彼らが知行する所領が「御家人領」として、鎌倉後期には本所一円領に匹敵するものとして立ち現れること(1)を考えると、その国制史的意義に注目せざるを得ない。

御家人集団に国制史的意義が付与される契機の一つとして、大番役をはじめとする国家的軍務が御家人役化していたことが挙げられよう。鎌倉幕府成立以前より、大番役は諸国武士に賦課される「公役」として存在し(2)、源頼朝も当初は、そのようなものとして大番役を継承し、御家人以外の武士をも動員していたが(3)、建久年間に至って御家人のみに課される役と化したことが指摘されている(4)。この大番役の御家人役化は次の史料の傍線部からもうかがえるところであり、建久年間以後、大番役をはじめとする国家的軍務が御家人集団によって担われる原則・体制が確立・維持されたと考えられる。

【史料一】（御成敗式目第三条(補註1)）

一、諸国守護人奉行事

右、右大将(源頼朝)家御時、所レ被二定置一者、大番催促・謀叛・殺害人付夜討・強盗・山賊・海賊・等事也、而近年分二補代官於郡郷一、充二課公事於庄保一、非二国司一而妨二国務一、非二地頭一而貪二地利一、所行之企甚以無道也、抑雖レ為二重代之御家人一、無二当時之所帯一者、不レ能二駈催一、兼又所々下司庄官以下仮二其名於御家人一、対二捍国司・領家之下知一云々、如レ然之輩可レ勤二守護役一之由、縦雖二望申一一切不レ可レ加レ催、早任二右大将家御時之例一、大番役幷謀叛・殺害之外可レ令レ停二止守護之沙汰一、若背二此式目一相二交自余事一者、或依二国司・領家之訴訟一、或依二地頭・土民之愁欝一、非法之至為二顕然一者、被レ改二所帯之職一、可レ補二穏便之輩一也、又至二代官一者、可レ定二一人一也、

【史料二】(鎌倉幕府追加法六八条)

一、西国御家人所領事

右、西国御家人者、自二右大将(源頼朝)家御時一、守護人等注二交名一、雖レ令レ催二勤大番以下課役一、給二関東御下文一、令レ領二知所職一之輩不レ幾、依レ為二重代之所帯一、随二便宜一、或給二本家領家之下知一、或以二寺社惣官之下文一、令二相伝一歟、而今就二式目一、多違乱出来云々、是則承久兵乱之後、重代相伝之輩中、挿二奸心一之族、模二新地頭之所務一、奉レ蔑二如国司領家一之由、有二其聞一之間、為レ断二如レ然之狼唳一、於二本所御成敗事一者、不レ及二関東御口入一之由被レ定畢、就レ之、何忽可レ及二御家人等之侘傺一哉、但為二本所一現二奇怪一、蒙二其咎一者、可レ謂二勿論一歟、然者、訴訟出来之時、各触二申本所一、可レ被レ注二申罪科之有無於関東一者也、兼又於二自今以後一者、被レ触二仰子細一者、可レ有二尋沙汰一之由、面々可レ被二申置一、抑雖レ仮二名於下司職一、非二御家人列一者、守護人更不レ可レ令レ催二促大番役一、若充二催其役一者、可レ為二本所之欝訴一之故也、以二此旨一可レ致二沙汰一之状、依レ仰執達如レ件、

天福二年(一二三四)五月一日

武蔵守(北条泰時)　判

相模守(北条時房)　判

駿河守殿(北条重時)

　ここで注目したいのは、こうした国家的軍務の御家人役化が御家人制の質的変化と連動していると考えられることである。この変化は、建久年間の、とくに西国における御家人制の確立として理解され(5)、一国単位の御家人交名の作成がその指標とされているが、研究史を振り返ると、その過程は次の二つの側面から考察されてきた。一つは石井進氏に代表される所説で、建久年間以前におけるこの地域に対する幕府の支配は、諸国在庁荘園下司惣押領使進退権なる広汎かつ曖昧な権限に多く依存し、御家人制はじゅうぶん貫徹していなかったが、建久年間に至って、御家人・非御家人の区別があらためて選択・決定され、地方支配の拡充・強化が図られたとする(6)。一方、川合康氏は、治承・寿永内乱の過程で軍事動員本位の御家人認定が進められた結果、広範な階層の人々を含み込む曖昧な「内乱期御家人制」が形成されていたとし、奥州合戦から建久年間にかけて、これを平時に定着させるための清算・再編作業が行なわれたとした(7)。それぞれ視角は異なるものの、「御家人制の確立」を、曖昧だった御家人の範囲の明確化とみなす点では一致していると言えよう。

　では、このような形で確立した御家人制はどのような性格をもつものだったのか。この点に関して、石井氏は「それまで在庁・下司・押領使進退権の下にあった在地武士たちをできるかぎりそのまま御家人化しよう」とするのが幕府の意図であったとするが(8)、前掲【史料一】や【史料二】から、結果として非御家人にとどまった武士が（とくに西国には）少なからず存在したことは明らかであろう。こうした事実をふまえれば、建久年間の御家人制の確立は、当初の幕府の意図はともかく、相当部分を非御家人として切り捨てた残りに大番役勤仕を固定化する結果をもたらした、すなわち御家人制に限定的性格を付与したと言えよう。

　以上のように鎌倉初期の御家人制をおさえた上で、その後の御家人制の展開を考えるのが本章の課題である。その際、ある文書を手がかりに分析を進めたいと考えている。【史料二】によれば、西国御家人の要件の一つとして、御家人役勤仕が挙げられている。御家人身分を主張するためには御家人役勤仕の事実が証明されなければならないが、その有力な証拠資料が、大番役の覆勘状(9)をはじめとする幕府や守護の発給にかかる御家人役勤仕証明書であることは論を俟たない。後述する諸史料を通覧したところ、覆勘状などの勤務遂行を証明する文書ばかりでなく、催促状などの類も御家人役勤仕を主張する材料として、しばしば法廷に持ち出され審理されており、当時はこれらの文書も証明書として機能していたと考えられる。そこで、本章ではこれらを一括して「御家人役勤仕証明書」と仮称し、これをめぐる幕府・御家人・非御家人の動き・対応を検討する中で、右の課題に迫っていきたいと考えている。

一　鎌倉中期の御家人制

1　「御家人役勤仕証明書」を手にする非御家人

まず、「はじめに」でふれておいたことを確認しておくと、大番役以下は御家人役として、武士一般からは峻別された御家人集団が勤仕するという原則であったこと、鎌倉前期の御家人制は限定的性格を有していたことの二点が重要である。こうした体制がその後も維持されていれば、あらためて言うまでもないことだが、「御家人役勤仕証明書」を手にするのは御家人層というごく限られたメンバーのみになるはずである。

ところが、鎌倉後期には右のような理解では対処し得ない事例に遭遇する。まず、次の【史料三】を見られたい。

【史料三】（鎌倉幕府追加法五六二条）

一　名主職事　　条々

父祖其身勤ニ仕御家人役一之条、帯ニ守護人之状等一者、可ニ安堵一　但於ニ凡下之輩一者、不レ及ニ沙汰一、

次不知行過ニ廿箇年一者、同前、

次康元以後下知状事、不レ過ニ廿箇年一者、不レ可レ依ニ彼状一、可ニ安堵一、

（中略）

此事書、昨日御寄合、令ニ読申一候畢、無ニ相違一之由、御沙汰候、仍進レ之候、恐々謹言、

（弘安七年）九月十日　　　　尚時　判

明石民部（行宗）大夫殿

いわゆる鎮西名主職安堵令として知られる右法令は、安達泰盛を首班として開始された鎌倉幕府の弘安徳政の綱領として弘安七年（一二八四）五月二十日に打ち出された新式目三八ヵ条の一つ、「一、鎮西九国名主、可レ被レ成ニ御下文一事」（鎌倉幕府追加法五一四条）を具体化したものである。[10]この史料について、佐藤進一氏は、「御家人の労功に対する賞賜として、所領安堵の形を取りつつ実は本領回復令を発したわけであろう」と述べ、本法令は【史料二】に見えるような西国九州に広範に存在した、本来「関東御下文」を持たない御家人に対する安堵を目的とする法令であり、人の支配を通じて土地の支配を獲得する試みであったと意義づけている。[11]佐藤氏の理解では、あくまでも安堵の対象は（西国）御家人ということになる。これに対して、村井章介氏は「異国合戦や警固番役にかり出された本所一円地住人」をも安堵の対象に含めて考えるべきことを主張した。[12]村井氏は、このように考える根拠として、本所一円地住人までが大量に異国警固に動員されていたモンゴル襲来以降の鎮西の社会情勢とともに、【史料三】の傍線部「但於ニ凡下之輩一者、不レ及ニ沙汰一」という一節に注目した。すなわち、最初から御家人のみを安堵の対象とする法令であれ

ば、この文言は不要なのであって、逆にこの文言の存在から、本法令が御家人以外の存在＝本所一円地住人（非御家人）をも対象とする法令であるとしたのであった。

私も法文解釈の上で村井説に理があるものと判断するが、その場合、幕府は非御家人にも安堵の下文を与えようとしていたことになり、御家人制の性格変化を考える上で、本法令は画期的な意義を有することになる。この点については、また後でふれたい。(13)

いずれにせよ、本法令は非御家人をも対象としたものとして考えるべきだが、その際気になるのが、波線部「父祖其身勤二仕御家人役一之条、帯二守護人之状等一」という一節で、文脈から考えれば、「守護人之状等」とは本章で言う「御家人役勤仕証明書」にあたろう。すなわち、鎮西名主職安堵令発令以前に「御家人役勤仕証明書」を手にしていた非御家人が存在していたことがここからうかがわれるのである。

もっとも、これは非御家人（本所一円地住人）の異国警固番役勤仕が恒常化していたモンゴル襲来後の特殊状況によるとも言えるが、本項の冒頭で確認した事態とは大いに齟齬するものであり、鎌倉前期における御家人制理解が鎌倉時代全てに通用するわけではないことを示している。そこで、次にモンゴル襲来以前にもこうした状況が見られないか確認してみることにする。

2　『吾妻鏡』宝治二年正月二十五日条

【史料四】(14)

廿一日壬申、京都警衛事、自二去々年正月一更被二結番一之処、猶不法之輩依二相交一、匠作（北条時房）・左京兆（北条泰時）殊令レ沙二汰之一給、被レ催二御家人等一云々、

嘉禎三年（一二三七）に幕府から発せられた指令である。前掲【史料一】【史料二】ともに大番役は御家人のみに課されるべきで、非御家人を動員してはならないとしており、こうした文脈で考えれば、【史料四】の「不法之輩」とは非御家人のことと考えられる。すなわち、この指令は「不法之輩」＝非御家人を排し、御家人に大番役勤仕を督励するものと理解することができる。十三世紀前半でもなお大番役勤仕から非御家人を排除する規定が存続していたことが確認される(15)。

しかし、むしろここで注目したいのは、このような規定が存在することそれ自体である。すなわち、この指令は「不法之輩」＝非御家人が大番役勤仕に関わっていたことを前提にして初めて理解できるものであり、そうした事態が看過できない状態に至っていたからこそ本指令の発令となったのではなかろうか。この場合、【史料二】のように守護等が上から強制的に非御家人を駆り出したケースも考えられるが、【史料一】傍線部の「望申」や【史料四】の「相交」という表現をふまえれば、非御家人の側からも進んで勤仕する動きがあったことを推測させる。

右のような想定を念頭にして、次の史料に進もう。

【史料五】(16)

廿五日甲戌、京都大番役事、西国名主庄官等類之中、有下募二御家人一之者上、如レ然之輩、随二守護人一雖レ令レ勤二仕之一、可レ賜二各別請取一否事、再往及二御沙汰一、於二平均一者難レ被レ聴レ之、依二其仁体一可レ有二用捨一之趣、可レ被レ仰二六波羅一云々、

十三世紀半ばの大番役勤仕に関する幕府のある決定を示す史料であるが、これについての解釈を最初に示したのは五味克夫氏であった(17)。氏の解釈の前提には、大番役勤仕形態の相違に対応して二形式の覆勘状が存在するという理解があった。すなわち、主として東国御家人は守護を介さず大番役を勤仕するのに対し、西国御家人はもっぱら守護に

引率されて勤仕するとした上で、東国御家人には六波羅探題による侍所宛の披露状形式の覆勘状（第一形式と仮称）が、西国御家人には守護による書下形式の覆勘状（第二形式）が与えられていたとする。それぞれ例を挙げておこう。

【史料六】[18]（第一形式の覆勘状）

上総国御家人深堀太郎跡大番役六箇月、自二正月一至二六月晦日一五郎左衛門尉行光、於二新院御所西面土門一、寄二合下総七郎一、令二勤仕一候畢、以二此旨一可レ有二御披露一候、恐惶謹言、

文応元年（一二六〇）八月七日　　左近将監時茂（北条）（裏花押）

進上　平三郎左衛門尉殿

【史料七】[19]（第二形式の覆勘状）

京都大番役事、六箇月勤仕事終畢、於二帰国一者、可レ被レ任レ意之状如レ件、

弘長四年（一二六四）正月六日　　道仏（島津忠時）（花押）

比志嶋太郎殿

ところが、「都甲文書」弘長二年（一二六二）正月九日北条時茂挙状[20]は右のような五味氏の理解にはそぐわない。すなわち西国御家人都甲氏が第一形式の覆勘状を手にしているのである。この間の事情を説明するものとして、五味氏は【史料五】を解釈したのであった。五味氏は【史料五】を引用しながら、「西国御家人には将軍の見参にも入らず、関東下文の交付もうけず、単に守護の交名注進のみで御家人身分を取得する者が少なくなかったことが推測され、彼等については大番役の催促状、覆勘状共に守護から発出される第二形式がとられたのであろうと思われる。但し西国御家人の中でも覆勘状例（ロ）（前掲註（20）…高橋註）の如く、『其仁体』により第一形式のとられる御家人もなかったわけではない」と述べている[21]。五味氏が、【史料五】の「西国名主庄官等類之中、有下募二御家人一之者上」を西国御家人、

「各別請取」を第一形式の覆勘状と理解していることは明らかであろう。

この五味説については、すでに川添昭二氏が批判を加えている。[22] 川添氏は、第一形式の覆勘状についても機能面からすれば「覆勘状であるといえなくもない」としながらも、やはり形式上は挙状であるとし、「両者を一律に覆勘状として把握することをせず、両者を区別して、前者は挙状であり、後者がいわゆる覆勘状である」とした上で「すなわち西国の名主庄官らが京都大番役を勤仕することについて、各別におしなべて請取（覆勘状）を彼らに出すことは許容し難いが、その仁体によって用捨せよ、と幕府から六波羅探題に申し送ったことをさしている。このことは、その仁体云々は第一形式の挙状が残ることについていわれているものではなく、覆勘状を一律＝平均的に出すのはむずかしいが、然るべき仁体のものには出す、ということを意味しているのである」と言う。

五味説・川添説の分岐点が「各別請取」の解釈にあることは明らかである。五味説の場合、これを「特別の請取」とする。本来第二形式を与えられるべきであるところ、特別に第一形式の覆勘状が与えられるというニュアンスである。一方の川添説ではこれを一律＝平均的に覆勘状を出すことと理解する。当時の「各別」の用例から考えて、「各別請取」の解釈については、川添説の方に理がありそうである。[23]

むしろ、ここで問題としたいのはこの法の対象、すなわち「西国名主庄官等類之中、有㆘募㆓御家人㆒之者㆖」の理解であり、五味氏は明確にこれを西国御家人としている。また、右の引用からは明確ではないが、川添氏もこれを西国御家人のことと考えているらしい。しかし、そのように考えると、川添説の場合、これまで西国御家人は大番役を勤仕しても覆勘状を与えられていなかったことになるが、【史料二】をふまえるとこれは想定しにくい。また、西国御家人のことを示すにしては「西国名主庄官等類之中、有㆘募㆓御家人㆒之者㆖」というのはあまりにもまわりくどい表現ではなかろうか。むしろこの部分は「西国の名主や荘官の内、御家人に募ろうとしている者」、すなわち非御家人と解釈すべきであろう。とすると、【史料五】は御家人身分を獲得しようとして御家人役を勤仕する非御家人の一部に対して「御家人役勤仕証明書」の発給を認める法令と考えられよう。(24)

自らすすんで大番役を勤仕した非御家人がいたことは【史料四】を根拠に本項の冒頭でも推測しておいたが、このような動きがかなり広範に存在していたのではなかろうか。鎌倉末期の事例だが、越中国の名主が自分宛の「大番催促状」を有していることを根拠に独立の領主であることを主張しようとしているが、これは「御家人」を自称するために守護代から「誘取」った文書であった。(25)非御家人が御家人役を勤仕しようとする動きの存在と、その目的が奈辺にあったかを端的に示す事例である。そして、この結果、現実には、この越中国での事例のように、守護代などとの私的な関係を通じて「御家人役勤仕証明書」を手にする非御家人はすでに存在していたのであろう。

こうした動きに対して、これまで幕府が一貫して否定的であったことは【史料一】【史料二】および【史料四】から明らかで、私的に授受された「御家人役勤仕証明書」は幕府当局の認めるところではなかった。だが、【史料五】は当の幕府がそうした方針を変更し、大番役を勤仕した非御家人の一部に対しては、今後「御家人役勤仕証明書」を与えることにしたことを示している。この方針変更の直接の契機は明らかでないが、(26)先に見た御家人身分獲得を目指す非御家人の動きに対応した措置であったとは言えよう。そして、従来は私的な行為でしかありえなかった非御家人による御家人役勤仕行為が、この方針変更の結果、一部とはいえ幕府当局の認めるところとなったのである。

3　御家人予備軍

前二項の検討により、十三世紀半ばの方針変更の結果、「御家人役勤仕証明書」を手にする非御家人が幕府当局に認められるようになったことが明らかになったが、本節の最後で問題にしたいのは、そうした存在の性格および彼らが御家人制に与えた影響である。まず、【史料二】が西国御家人の要件として、御家人役勤仕のみならず、御家人交名への登録を挙げていることを考えれば、彼らを即「御家人」化したものと考えることはできない。

ここで参考になるのが、鎌倉中期の若狭国で太良荘末武名をめぐって活躍した宮河乗蓮なる人物の動きである。この人物については、橋本道範氏が詳細な研究を公にされているので、(27)氏の研究成果に依拠しながら彼の動きを追っていくことにしよう。

末武名はもともと国御家人出羽房雲厳の所領であったが、雲厳は鎌倉前期に没落してしまい、その後の末武名は預所名化するなど、その知行権は御家人の手を離れていた。

当時の若狭国では雲厳の如く没落する国御家人が多かったらしく、旧御家人領の知行権が御家人以外の者に渡ってしまうケースも多かった。そこで、若狭国御家人たちは鎌倉幕府追加法二一〇条の発令を契機に、寛元から建長年間にかけて旧御家人領興行運動を展開し、一部の所領・所職については旧御家人への返還を要求するに至った。そして、この動きに乗じて末武名の「返付」を荘園領主の東寺に要求し始めたのが宮河乗蓮であった。この問題には中原氏女なども介入し、弘安年間に至るまで相論が繰り広げられる。その間、末武名の知行権は二転三転するが、その細かい経緯は橋本論文に譲りたい。

ここで注目したいのは、乗蓮が末武名の「返付」を要求した根拠である。彼の主張は二点あり、一つは本主の雲厳の譲与を受けているということ、もう一つは自身が旧御家人領を知行するにふさわしい御家人であるということであった。この内、後者の点に彼の論敵の攻撃は集中したが、乗蓮が御家人であるか否かという点について、次の史料は興味深い視座を提供する。

【史料八】(28)(補註2)

御文委細承候了、

抑末武名麦之間事、辻入道殿被二子細を仰一候へとん、これにて難レ叶二私の計一候、両方之使にてかりおかれ候へき之由、辻入道殿にも申候ぬ、兼又此沙汰ニ不レ可二相綺一旨、蒙レ仰之条、難知之次第ニ候歟、辻入道殿ハ凡下輩なりといへとん、付二御公事ニ一、関東之前々御教書ニも、御家人とこそなし下候へ、又此末武之間、仲原氏女御相論候ける時も、自二六波羅殿一本所へ申させ給候御教書にも、御家人とこそ申され候へ、此上ハ御家人之御訴訟をも、いかてかかれこれ申さて候へき、次ニ訴状ニのり候之処の狼藉の条、起請文ニ見候ぬ、此上ハ何様ニ御計候哉覧、如レ仰此断〔段〕にも、いろうましく候歟、恐々謹言、

弘長二年
五月十九日　　藤原宗数　在之

御返事

末武名の麦をめぐる相論に関する若狭守護代の書状であるが、傍線部から若狭守護代は乗蓮（辻入道）のことを「凡下輩」と認識していたことは明らかである。乗蓮は本来は非御家人だったようだ。しかし、なお注目したいのはその続きで、「御公事（＝御家人役）」に関係し、以前から「関東御教書」を受け、御家人と見なされるようになったというのである。直接記されているわけではないが、この間「御家人役勤仕証明書」を手にしていたのであろう。本来は凡下の輩でありながら、御家人役を勤仕し「御家人役勤仕証明書」を受けるというそのあり方は、前掲【史料五】に見える「西国名主庄官等類之中、有下募二御家人一之者上」の典型と言える。そして、このような乗蓮の関わる相論であるからには「御家人之御訴訟」に携わらないわけにはいかないと守護代自身に言わしめていることは、乗蓮を典型とする「御家人役勤仕証明書」を手にする非御家人の性格に関して、きわめて示唆的である。もちろん、この当時の守護代と乗蓮との関係[29]も割り引いて考慮しなくてはいけないが、こうしたあり方を見れば、乗蓮らには何らかの形で御家人化する可能性が開かれていたと考えられる。そうした意味で、このような「御家人役勤仕証明書」を手に

する非御家人たちのことを「御家人予備軍」と考えておきたい。

とするならば、【史料五】に見られる幕府の方針変更は、こうした「御家人予備軍」を恒常的に生み出す役割を果たしたと考えられる。

では、「御家人予備軍」が再生産されることは、御家人制にどのような影響を与えたのであろうか。御家人交名を手がかりに考えてみよう。

「はじめに」でも確認しておいた通り、御家人制確立期にあたる建久年間には、西国各国で御家人交名が作成されていた。この時の御家人交名は「本御家人注文」などと呼ばれ[30]、後代まで重要視されるが[31]、御家人交名の作成は建久年間のみで終わったわけではない。すなわち、和泉国では「如二建久・建保・貞応・寛喜当国御家人引付一者[32]」とあるように、ほぼ一〇年ごとに御家人交名が作成されていたことが知られる。また丹波国でも、建久三年（一一九二）の「本御家人注文」に次いで、寛喜元年（一二二九）にも御家人「注文」が作成されたことが知られるが[33]、ここで注目したいのは、建久の注文には波々伯部盛助なる武士が登録されていたが、寛喜の注文にはその子孫の盛経が登録されているという事実である。おそらく、本来の御家人交名は、これらの例の如く何年かおきに更新されるものだったのではないか。そして、その更新は、ただ前代のものを踏襲するのではなく、当該時点で誰が御家人であるかを具体的に把握できる内容のものであったと考えられる。

こうした形で御家人交名が更新されるということは、常に御家人の範囲が明確化されていることを意味するが、このことは「はじめに」で確認した御家人制の限定的性格と合致するものであると言えよう。

ところが、十三世紀半ば以降になると、何件かの例外を除き[34]、原則として御家人交名が作成されなくなることが指摘されている[35]。この事態を、これ以前の状況と対比的に考えれば、当該時点で誰が御家人であるのか、その範囲が不明確になっているということになろう。十三世紀半ば以降の鎌倉幕府は御家人層を具体的に、リアルタイムで把握する術を失っていたのである。

先に指摘しておいた「御家人予備軍」の登場がこの事態と密接な関係を有していたことは間違いあるまい。すなわち、宝治二年（一二四八）の方針変更の結果、「御家人予備軍」を内に抱え込むことによって、鎌倉中期の御家人制は不断に拡大する契機をはらんだ、範囲の不明確な、ある意味で開放的性格のものに変質したと言えるのではなかろうか。(36)(補註3)

二 「御家人予備軍」のゆくえ

1 「御家人役勤仕証明書」の効力

前節で明らかにしたことを簡単にまとめておくと、①鎌倉中期以降、御家人制はそれまでの限定的なものから開放的なものに変質したこと、②こうした変質が「御家人予備軍」の登場と密接に関わっていること、の二点となるが、この場合、開放的というのは「御家人予備軍」といった曖昧な部分を含んでいるという意味においてである。そして、次に問題とすべきは、この「御家人予備軍」のその後の動向である。焦点は彼らが有した「御家人役勤仕証明書」の扱いに絞られるが、この点について示唆的な事例が十三世紀後半にいくつか散見する。まずはこれらの諸事例の概要を年代順に見ておくことにしよう。

（イ） 伯耆国山田別宮のケース(37)

伯耆国山田別宮の下司山田秀真は、領主石清水八幡宮による「改補」の不当を幕府に訴えていた。その主張は、山田別宮は「(関東)御口入之地」であり、自身は「御家人役」を勤仕してきた御家人であるから、荘園領主による一方的な改易は無効であるというものであった。

これに対して、文永十一年(一二七四)に下された幕府の判断は、山田秀真を敗訴とするものであった。その判断の根拠は、山田別宮は関東御口入之地ではないこととともに、「大番以下公事勤仕証文等事、為二重代御家人一勤仕之条、無二所見一、秀真亡父真蓮始令二望勤一歟」ということで、彼が御家人であることも認められないという点にあった。

(ロ)　尾張国大縣宮のケース[38]

尾張国大縣宮では、新たに検注を実施して年貢公事の増徴をめざす荘園領主九条家と、それに反対する社官(雑掌)原氏との対立が幕府法廷に持ち込まれていた。原氏側は自らを根本御家人であるとし、御家人であれば、本所の新儀は拒否して問題ないと主張していた[39]。

しかし、永仁三年(一二九五)に下った幕府の裁許は、原氏を御家人とは認めなかった。「以二正元御教書幷文永以来大番役勤仕之書下等一、雖レ備二御家人之証拠一、為二近年事一之間、不レ足二信用一歟」として、原氏が御家人の証拠資料の一つとして提出した「御家人役勤仕証明書」について、「近年」のものであるという理由で、その効力を認めなかったのである。

(ハ)　丹波国波々伯部保のケース[40]

丹波国波々伯部保下司波々伯部氏は、その下司職のことを「重代相伝」「当職為二御家人役勤仕所帯一」として、荘園領主感神院雑掌による濫妨行為を訴えていたが、正安元年(一二九九)の幕府の裁許は、かえって波々伯部氏側を敗訴とするものであった。

波々伯部氏側の論拠の一つに、代々御家人役を勤仕してきた御家人であるとする主張があったが、これに対する幕府の判断は次のようなものであった。

①波々伯部氏の主張する貞応元年（一二二二）、寛喜四年（一二三二）、寛元元年（一二四三）の御家人役勤仕の事実を否定。

②「或相㆓催御家人之役㆒、或可㆑勤㆓仕御公事㆒之旨、所見」とされる「建長・正嘉・正元・文永・弘安・正応関東御教書・六波羅状并守護催促状」については、「近年私状歟」として、明確な判断は下さない。

③総じて、「仁治以往勤㆓仕御家人役㆒之条、無㆓指支証㆒」として、波々伯部氏が御家人であることを認めなかった。

（二）　山城国淀魚市荘のケース(41)

山城国淀魚市荘においては、同荘の元下司豊田師光父子が下司職に還補されることを求めていた。その主張は、「自㆓右大将家御代㆒、為㆓関東御家人㆒」なので、「天福・寛元御教書」の規定通り(42)、「本所違乱之時、以㆓武家御口入㆒、令㆓安堵㆒」られることを求めるものであった。しかし、これに対する元応元年（一三一九）の幕府の裁許は、豊田氏を御家人とは認めず、「天福・寛元御教書」の適用に応じないものであった。

このような幕府の判断の一つに、豊田氏が御家人として御家人役を勤仕した証拠として提出した「六波羅建治二年正月廿八日奉書」について、「建治以後、依㆓大番勤仕㆒、難㆑処㆓御家人之領㆒」とする見解があった。

以上、管見に入ったものは四例を数え、相論の状況はさまざまであるが、いずれも当事者が御家人であるか否かという論点を含んでいる点は共通している。さらに以下の点も共通点として指摘できる。

①御家人を主張する側は、その論拠の一つとして「御家人役勤仕証明書」をあげ、御家人役勤仕の事実を主張する。

②いずれのケースでも当事者が御家人であることは否定されているが、①であげられた御家人役勤仕の事実そのも

のが全て否定されているわけではない。

③問題なのは、(ロ)(尾張国大縣宮)のケースに端的に示されているように、そうした御家人役勤仕の事実が「近年」のことである故に、御家人身分の構成要件にはなりえないとする幕府の判断である。

ここで思い合わされるのが筧雅博氏の指摘である。[43] 筧氏は、御家人領の「私領」と「恩領」の別が「治承・養和」を境とすること、「私領」にかかる恒例役の額は建保三年(一二一五)を境に固定されたことなどを明らかにし、「鎌倉幕府は、その意志決定の場を律すべき、いくつかの時間的基準をもっていた」との結論を導いた。

この考えを援用して、あらためて右の諸事例を見直せば、十三世紀後半の鎌倉幕府は、御家人の認定という場面でも一つの「時間的基準」をもって対処していたと言えるのではないか。すなわち、ある年限を設定し、それ以前から御家人役を勤仕してきた者のみを御家人と認定しようとする方針を採っていたのではないかと考えられるのである。では、その年限とはいったいいつなのであろうか。筧氏は先の(ニ)の事例から建治二年に画期を求めるが、私は(ハ)の例などから仁治年間をその年限と見たいと思う。[44]

すなわち、十三世紀後半の鎌倉幕府は、仁治年間を基準として、それ以前から御家人役を勤仕してきた者のみに御家人の資格を認める方針を採るようになったと考えられる。このことを、「御家人役勤仕証明書」に即して捉え直せば、仁治年間以後の日付のそれのみでは、御家人身分の構成要件として認めない方針を幕府が明確に打ち出したことを意味しよう。

2　御家人制の再「限定」化

このような新たな幕府の方針が、十三世紀後半以降の御家人制にどのような影響を与えたかを考えてみよう。

まず、「御家人予備軍」問題についてだが、この方針は明らかに彼らの切り捨てを意味していよう。この点でも興味深いのが、第一節第3項でとりあげた宮河乗蓮の動きである。再び彼に注目してみよう。

先に見たように、彼は凡下輩でありながら、御家人役勤仕の実績を積み重ねることによって「御家人」と見なされるようになった「御家人予備軍」の典型であった。彼自身は弘長年間に没するが、娘の藤原氏女が彼の跡を引き継いで、若狭国太良荘末武名をめぐる相論は継続される。一時、彼女が末武名名主に補任されることもあったが、弘安二年（一二七九）に論敵である中原氏女に補任状が下り、この相論に終止符が打たれた。すなわち、藤原氏女は敗訴したのであり、宮川乗蓮・藤原氏女父子は最終的に御家人とは認められなかったのである。

彼らが御家人とは認められなかった理由として、若狭国御家人がこぞって反対したこと(45)なども考慮に入れなければならないが、やはり乗蓮・藤原氏女父子が「御家人予備軍」でしかなかったことに最大の原因を求めたい。というのも、藤原氏女は相論の過程で自らが御家人であることを主張し、その論拠として「御家人役勤仕証明書」を提出したのであるが、それは「六通　為二御家人役一自二正嘉元年一至二于建治二年一関東御教書等案」というものであった(46)。乗蓮父子の御家人役勤仕は正嘉元年以降のものでしかなかったのであり、前項で見た幕府の方針に照らしてみても、彼らには御家人の資格は認められないのであった。

結局、乗蓮親子は「御家人予備軍」であったが故に、仁治以前の「御家人役勤仕証明書」を持ちえなかったが故に、御家人から排除されてしまったと考えることができよう。おそらく、前項で取りあげた山田秀真以下の人々も、「御家人予備軍」として乗蓮親子と同じ運命を辿ったのであろう。

では、乗蓮たち「御家人予備軍」をこのような運命に導いた「仁治年間以前からの御家人役勤仕者のみに御家人の資格を認める」という幕府の新方針は、いつ、何を契機に採用されたのであろうか。

この問題に十分こたえる準備はないが、考慮すべきは、十三世紀後半以降展開する徳政状況、とくに御家人所領取り戻しの盛行との関連である。御家人所領の取り戻しは、必然的に御家人領の正当な知行者（＝御家人）と不当な知行者（＝非御家人および凡下）とを峻別する状況をもたらしたと考えられるが、これは「御家人予備軍」を大量に抱え込んだ鎌倉中期の御家人制の曖昧さを克服する方向性を有したのではなかろうか。また、最初の御家人所領取り戻し政策が発令されたのが文永四年（一二六七）十二月であり[47]、御家人認定の幕府の新方針が最初に確認されるのがそのしばらく後の文永十一年（前項の事例(イ)）であったことも、両者の関連を示唆していよう[48]。

さらにこの点について参考になるのが、第一節第1項で取り上げた鎮西名主職安堵令の行方である。この法令自体はモンゴル襲来以後、異国警固番役が恒常化する鎮西における特殊立法であるが、「御家人役勤仕証明書」を手にする非御家人を前提としている点では【史料五】以降の状況と共通している。そして、鎮西名主職安堵令は異国合戦・警固に駆り出された非御家人（「御家人予備軍」）をも一挙に「正規の」御家人に編入することにより、こうした曖昧な状況を清算する方向性を有していたと考えられるのである[49]。

しかし、周知の如く、鎮西名主職安堵令は数年のうちに挫折を迎える[50]。その理由として、性急な政策が旧御家人層に不利益をもたらしたことなどが指摘されているが、これが神領興行令と抱き合わせで発令されたこと、鎮西名主職安堵令撤廃後も神領興行政策そのものは継続されていくことに注目したい[51]。やはり、ここでも公武徳政政策の展開が鎮西名主職安堵令の消長と関わっているのである。

以上、あくまでも見通しを述べたにすぎないが、いずれにせよ、こうした方針が採られたことは、再び御家人制に少なからぬ影響を与えたと考えられる。少なくとも、仁治以前から代々御家人役を勤仕してきた者のみに御家人の資格が許されるわけであり、逆に御家人身分を主張しようとする者は、仁治以前に遡る御家人役勤仕の実績を示さなければならなくなる。次の史料はそうした状況を反映するものと考えられる。

【史料九】[52]

美作国御家人久世左衛門尉頼連法師法名道智代子息唯観与二大炊寮雑掌覚証一相論下司・公文両職事、道智越訴之処、両方申詞子細雖レ多、所詮、道智曾祖父貞平、入二文治五年景時軍兵注文一以降、勤二仕御家人役一之条、寛喜・寛元・建長・弘長・文永・弘安関東幷六波羅数通御教書分明也、雖レ為二本所進止之職一、無二殊罪科一者、不レ可二改易一之条、天福・寛元被二定置一畢、然則、於二道智一者、如レ元安二堵両職一、任二先例一、可レ勤二仕年貢已下課役・関東御家人役一由、可レ相二触寮家一之状、依レ仰執達如レ件、

正応五年八月十日（一二九二）

陸奥守（北条宣時）　御判

相模守（北条貞時）　御判

越後守殿（北条兼時）

丹波守殿（北条盛房）

傍線部にあるように御家人役勤仕の実績が重代にわたることが強調されている点に注目したい。そして、このように仁治以前から御家人として御家人役を勤仕していた、すなわち「御家人役勤仕証明書」を手にしていた者の実態は、非御家人の「御家人予備軍」化を促した方針変更が宝治二年（一二四八）だったことをふまえれば、ほとんどが建久の御家人交名に登録された「確立」期の御家人の末裔たちばかりであったのではなかろうか。（補註4）『沙汰未練書』に見える、鎌倉末期の次のような御家人規定も、このような流れの中で理解できると考えられる。

【史料一〇】[53]

一御家人トハ　往昔以来、為二開発領主一、賜二武家御下文一人事也、開発領主トハ、根本私領也、又本領トモ云、

一非御家人トハ　其身者雖レ為レ侍、不レ知二行当役勤仕之地一人事也、

一本秩トハ　地頭御家人先祖俗姓也、縦近年申二給安堵一、雖レ令レ勤二仕関東・六波羅御公事一、不レ帯二将軍家本御下文一者、糺二明本秩一之時、皆以非御家人也、但、帯二惣領本御下文一者、庶子等雖レ不レ帯、惣領同、

結局、十三世紀後半以降の御家人制は、再び限定的性格を帯びるようになったと考えられる。

おわりに

最後に、本章で述べきたことを簡単にまとめておく。

①鎌倉幕府は、限定された御家人集団のみに大番役以下の御家人役を課す方針を採っていたが、非御家人の中でもすすんで御家人役を勤仕しようとする者があった。

②十三世紀半ば、幕府は右のような非御家人の一部にも「御家人役勤仕証明書」を与える方針転換を示した。この結果、御家人化の可能性をはらんだ「御家人予備軍」が生み出されることとなり、こうした存在を内に含み込むことによって、鎌倉中期の御家人制は「開放」的なものに変質したと考えられる。

③十三世紀後半になると、幕府は仁治以前から御家人役を勤仕してきた者のみを御家人と認める方針を採るに至る。この方針は②で登場した「御家人予備軍」を御家人から排除する結果をもたらしたと考えられ、御家人制は再び「限定」的なものに変質した。

要は、御家人制が「限定的→開放的→限定的」と鎌倉期を通じて変質を続けたことを主張したいわけであるが、問題はこうした変質をもたらした要因として何を想定するかということである。十三世紀後半の「開放的→限定的」と

いう変化については、御家人所領取り戻しの盛行との関連を想定してみたが、十三世紀半ばの「限定的→開放的」という変化については今のところ、明確な見通しは持ち合わせていない。この場合、具体的には非御家人に対しても「御家人役勤仕証明書」を与えるという政策変更【史料五】が何を契機としたものであるかを究明することがポイントとなろう。

また、御家人制の性格変化がもたらしたであろう政治的・社会的影響についても目を向ける必要があろう。この点について、鎌倉幕府の軍事動員方法との関連を考えた(54)が、同様の考察を諸方面に広げていかなくてはなるまい。

註

(1) 本書第三部第一章第二節参照。

(2) 五味克夫「鎌倉御家人の番役勤仕について（一）」（『史学雑誌』六三―九号、一九五四年）二八頁参照。また本書第一部第一章註(63)(64)も参照。

(3) 『吾妻鏡』文治三年（一一八七）九月十三日条。

(4) 前掲註(2)五味論文二八頁、『吾妻鏡』建久三年（一一九二）六月二十日条参照。

(5) 田中稔「鎌倉初期の政治過程」（同『鎌倉幕府御家人制度の研究』〔吉川弘文館、一九九一年〕所収。初出は一九六三年）一〇二〜一〇四頁参照。

(6) 石井進『石井進著作集第一巻　日本中世国家史の研究』（岩波書店、二〇〇四年。初出は一九七〇年）三五四〜三六五頁参照。

(7) 川合康『源平合戦の虚像を剝ぐ』（講談社、一九九六年）一五一〜一五二・一七六〜一七九頁参照。

(8) 前掲註(6)石井著書三六八頁。

(9) 覆勘状については、川添昭二「覆勘状について」（同『中世九州地域史料の研究』〔法政大学出版局、一九九六年〕所収。初出は一九七一年）参照。

(10) 弘安徳政の全体的な理解は、村井章介「安達泰盛の政治的立場」（同『中世の国家と在地社会』〔校倉書房、二〇〇五年〕

所収。初出は一九八八年）および同『北条時宗と蒙古襲来』（日本放送出版協会、二〇〇一年）に拠る。

(11) 佐藤進一「鎌倉幕府政治の専制化について」（同『日本中世史論集』〔岩波書店、一九九〇年〕所収。初出は一九五五年）九七〜一〇〇頁。網野善彦・上横手雅敬も同様の見解をとる。網野善彦『日本の歴史一〇　蒙古襲来』（小学館、一九七四年）二三三〜二三四頁、上横手雅敬「弘安の神領興行令をめぐって」（同『鎌倉時代政治史研究』〔吉川弘文館、一九九一年〕所収。初出は一九七六年）二四三〜二四四頁参照。

(12) 村井章介「神々の戦争」（同『中世の国家と在地社会』〔前掲註(10)〕所収。原論文「蒙古襲来と鎮西探題の成立」初出は一九七八年）二六六頁参照。

(13) 本書第三部第二章第一節第2項でも、鎮西名主職安堵令の意義についてふれた。

(14) 『吾妻鏡』嘉禎三年（一二三七）三月二十一日条。

(15) 三田武繁「京都大番役と主従制の展開」（同『鎌倉幕府体制成立史の研究』〔吉川弘文館、二〇〇七年〕所収。原論文「京都大番役と主従制の発展」初出は一九八九年）二一九頁参照。

(16) 『吾妻鏡』宝治二年（一二四八）正月二十五日条。

(17) 前掲註(2)五味論文二九〜三一頁参照。ただし、五味「鎌倉幕府の御家人体制」（『歴史教育』一一―七号、一九六三年）一六〜一七頁においては、前掲註(2)論文とは違った見解を示し、むしろ本章で後に述べるところと同趣旨になっている。しかし、この見解の変化について五味氏自身はふれていない。

(18) 「深堀家文書」文応元年（一二六〇）八月七日北条時茂挙状（鎌⑫八五四四号）。

(19) 「比志島文書」弘長四年（一二六四）正月二日島津忠時覆勘状（鎌⑫九〇三七号）。

(20) 「都甲文書」弘長二年（一二六二）正月九日北条時茂挙状（鎌⑫八七五九号）。

(21) 前掲註(2)五味論文三一頁参照。

(22) 前掲註(9)川添論文一八〜一九頁参照。

(23) 大番役のシステム（勤仕形態・覆勘状発給システムなど）を含めて再検討する必要があろう。それを全面的に展開する余裕はないが、五味氏の言う第一形式および第二形式の覆勘状の関係については、次の史料が参考になる（「来島文書」暦仁二年〔一二三九〕正月四日武藤資能覆勘状、鎌⑧五三七一号）。

京都大番役令二勤仕一給候了、今者可下令二帰国一給上候、且此由可レ令レ注二進-言-上関東一候也、恐々謹言、

正月四日　　前豊前守（花押）

大嶋二郎殿

この文書自体はいわゆる第二形式の覆勘状であるが、ここで「可レ令レ注二進-言-上関東一」とされているものが、具体的にはいわゆる第一形式の覆勘状にあたるのではなかろうか。今後検討を深めたい。

(24) この点については、前掲註(15)三田論文二一六～二一七頁ですでに指摘されている。河内祥輔「朝廷・幕府体制の成立と構造」（水林彪・金子修一・渡辺節夫編『王権のコスモロジー』〈弘文堂、一九九八年〉所収）は、これを非御家人の御家人化につなげる三田氏の論旨を批判し、幕府は非御家人たちの「御家人に募る」主張を否定しているとして、「証明書の交付の原則禁止という趣旨を一応は盛り込んだ」ことを重視する（八三～八四頁註(41)参照）。しかし、「於二平均一者難レ被レ聴レ之、依二其仁体一可レ有二用捨一」とあるように、一般原則（傍線部）を述べた上で例外規定（波線部）を提示するという構文となっており、最初に述べられる一般原則そのものはこの時初めて定立されたものではなく、これまでの原則の再確認にとどまるので、幕府の発令意図としては、この時初めて提示された例外規定の方に注目すべきであろう。

(25) 「朽木文書」正慶元年（一三三二）九月二十三日関東下知状案（鎌㊶三一八五〇号）。

(26) 前年宝治元年（一二四七）に宝治合戦が勃発し、北条氏の勝利に帰したことなどが考慮されよう。また、後述するように十三世紀後半になると、仁治年間に御家人役勤仕の画期が置かれるようになるが、これも泰時の施策の不易化と関連させて考えられよう。このように鎌倉幕府政治史の動向、とくに得宗専制の展開とあわせて論ずべき問題が多い。なお、「其仁体」として、具体的にはどのような非御家人が想定されるかについては、本書第一部第四章第二節第1項および同章（補註）参照。

(27) 橋本道範「荘園公領制再編成の一前提」（大山喬平教授退官記念会編『日本社会の史的構造　古代・中世』〈思文閣出版、一九九七年〉所収）参照。

(28) 「東寺百合文書ヰ9（3）」弘長二年（一二六二）五月十九日若狭国守護又代藤原宗数書状案（鎌⑫八八一七号）。

(29) この直前、末武名主職は乗蓮から中原氏女に交替しているが、乗蓮解任の理由は「去年収納最中、語二-入守護使一、致二若干之費一了、今年又向二勧農節一、引二-入同使一致二土民煩一」というものであった（「東寺百合文書ア17」弘長二年（一二六二）

四月八日菩提院行遍御教書案、鎌⑫八七九三号）。このことから、この当時の守護代と乗蓮の間に何らかの関係があったことがうかがわれる。【史料八】は、関連史料が不足しているためはっきりした状況は不明ながら、末武名作麦に関する乗蓮と脇袋範継（中原氏女夫）との係争を、乗蓮の訴えをうけた守護代が調停しようとしているものと考えられるが、右の想定からすれば、ここにおける守護代は乗蓮に肩入れしていた可能性もある。

(30)「祇園社記　神領部二」正安元年（一二九九）十二月二十三日六波羅下知状案（鎌㉗二〇三四四号）によれば、建久三年（一一九二）の丹波国御家人交名が「本御家人注文」と呼ばれていることが知られる。

(31) 前掲註(6)石井著書三六三頁参照。

(32)「多田神社文書」文暦二年（一二三五）閏六月五日関東御教書案（鎌⑦四七七六号）。

(33)「祇園社記　神領部二」正安元年（一二九九）十二月二十三日六波羅下知状案（鎌㉗二〇三四四号）。

(34)「中山法華経寺所蔵『双紙要文』紙背文書」五月一日倫長等連署書状（鎌⑩七一三三号）、「薩藩旧記雑録前編　新田宮観樹院文書」文保元年（一三一七）七月晦日薩摩国御家人交名注文（鎌㉞二六二八九号）。ただし、前者は建長ごろの文書と推定されているが（石井進「紙背文書の世界」〈同『中世史を考える』〈校倉書房、一九九一年〉所収。初出は一九六九年〉）、大田文の調進を命じたもので、「田文不レ候者、可下令レ注二文国御家人一給上」という内容で、必ずしもこの時期に御家人交名が作成されたことを示すものではない。後者も、交名中に「中俣弥四郎入道跡」など「某跡」記載の者を含み、本章で想定している御家人交名とは性格をやや異にするもののようである。

(35) 青山幹哉「鎌倉幕府の『御恩』と『奉公』」（『信濃』三九―一一号、一九八七年）一四頁参照。

(36) このような「限定的→開放的」という御家人制の性格変化は「某跡」を単位とする御家人役賦課方式の登場とも関連すると考えられるが、ここではその指摘のみに止める。なお、この御家人役賦課方式については、福田豊彦「『六条八幡宮造営注文』と鎌倉幕府の御家人制」（同『中世成立期の軍制と内乱』〈吉川弘文館、一九九五年〉所収。初出は一九九三年）および石井進「中世の古文書を読む」（国立歴史民俗博物館編『新しい史料学を求めて』〈吉川弘文館、一九九七年〉所収）参照。

(37)「尊経閣古文書纂　石清水文書」文永十一年（一二七四）六月十九日関東下知状（鎌⑮一一六七七号）。

(38)「九条家文書」永仁三年（一二九五）九月十二日関東下知状案（鎌㉕一八九〇〇号）。

(39) 西谷正浩「公家権門における家産体制の変容」（同『日本中世の所有構造』〈塙書房、二〇〇六年〉所収。原論文「公家領

荘園の変容」初出は一九九八年）二〇八～二〇九頁参照。
(40)「祇園社記　神領部二」正安元年（一二九九）十二月二十三日六波羅下知状案（鎌㉗二〇三四四号）。
(41)「見聞筆記拾三」元応元年（一三一九）七月七日関東下知状（鎌㉟二七〇八九号）。
(42)鎌倉幕府追加法六八条および二一〇条のこと。これについては本書第三部第一章第一節参照。
(43)筧雅博「鎌倉幕府掌論」（『三浦古文化』五〇号、一九九二年）参照。
(44)のちに室町幕府が、西国御家人の基準を「仁治」に求めていることも参考になる（室町幕府追加法六五条）。本書第三部第二章第三節第2項参照。
(45)「東寺百合文書メ19」建治二年（一二七六）六月日若狭国御家人重申状（鎌⑯一二三八三号）。
(46)「東寺百合文書イ10」建治二年（一二七六）十月日若狭国太良荘末武名名主藤原氏女陳状（若狭国太良荘史料集成編纂委員会編『若狭国太良荘史料集成　第一巻』〔小浜市、二〇〇一年〕一九九号）。
(47)鎌倉幕府追加法四三三条。
(48)さらに言えば、海津一朗氏が主張する「公武徳政」の展開とも関連するであろう（同『中世の変革と徳政』〔吉川弘文館、一九九四年〕）。
(49)前掲註(12)村井論文二六六～二六七頁および本書第三部第二章第一節第2項参照。
(50)前掲註(11)網野著書三〇四～三〇五頁および上横手論文二五〇～二五二頁。
(51)前掲註(10)村井論文一七〇頁。
(52)「多田神社文書」正応五年（一二九二）八月十日関東御教書案（鎌㉓一七九八〇号）。同様の事例として、「東寺百合文書せ　武家御教書幷達六」嘉元四年（一三〇六）十一月七日六波羅下知状（鎌㉚二二七六五号）では「文治以来相続御家人役勤仕支証」と見える。
(53)佐藤進一・池内義資編『中世法制史料集第二巻　室町幕府法』（岩波書店、一九五七年）付録一より。なお、鎌倉幕府追加法六〇九条や六三九条に見える御家人規定もこれに通じるものと思われる。
(54)本書第三部第二章第一節第2項参照。

（補註1）　本章で提示した私見に対しては、山本博也氏から、①大番役が御家人のみに課される役となったこと、②十三世紀半ばに非御家人による大番役勤仕が一部認められたこと、③十三世紀後半、幕府は仁治年間以前から御家人役を勤仕してきた者のみを御家人と認める方針を採るに至ったことの三点について批判をいただいた（山本「大番役と御家人制」『日本歴史』七〇二号、二〇〇六年）。これらのうち、①がもっとも核心的な批判と考えられるが、それは御成敗式目第三条（【史料一】）の解釈に発するものであった。本章の行論にとって重要な論点を含む問題なので、以下に若干のコメントを付しておく。

【史料一】傍線部について、私見は「所々下司庄官以下」の非御家人に大番役を賦課することを禁じたものとみて、大番役勤仕は御家人に限定されていると考えたのであるが、山本氏は国司・領家に敵対する御家人に大番役を賦課することを禁じたものとみて、この部分から大番役勤仕が御家人のみに限定されていたとは言えないとする。

山本氏が右の解釈に至った根拠は、傍線部中の「所々の下司庄官以下その名を御家人に仮り」という表現にあった。すなわち、山本氏は「〇〇を仮り」という表現を鎌倉幕府法などから収集・分析し、それが「〇〇であること自体は事実であって、ただ〇〇であることの権利・権威の濫用だと、幕府当局から見られているもの」（傍点高橋）と帰納、その結果、当該部分の「所々下司庄官以下」は御家人であると判断したのであった。

しかし、〇〇に相当する部分が常に事実である、とは限られないであろう。このことは、山本氏も取り上げている『吾妻鏡』建仁三年（一二〇三）九月二日条にみえる「仮二姿於女人一、雖レ遁二出戦場一」という表現からもうかがうことができる。山本氏は「女の姿をしているという事実があって、そのことを利用して」（傍点高橋）と解釈するが、この部分は「事実として女性でないにもかかわらず、その姿に仮装して」と解釈する方が自然であろう。「仮」は「借」にも通じると考えられるが、これらが帯びる「本来のものではない」というニュアンスにも配慮する必要があろう。

その上で、御成敗式目第三条の当該部分「所々下司庄官以下」をなお御家人と見るとすると、この直前にも「雖レ為二重代之御家人一、無二当時之所帯一者、不レ能二駈催一」とあり、御家人に関する規定が並ぶことになる。山本氏は「守護が御家人に大番催促をしてはいけない場合を二つ示しているのである」とするが、同じ対象を「重代之御家人」「所々下司庄官以下」と言い換えるのはやや不自然ではなかろうか。やはり後者は非御家人と判断して、彼らに対する大番催促を禁止するのが当該部分であると考えたい。

なお、山本氏は「高野山文書又続宝簡集百一」建久八年（一一九七）八月十九日関東御教書案（鎌②九三四号）に見える「堪二器量一之輩」を非御家人と判断して、非御家人による自主的な大番役勤仕は幕府も認めていたとするが、これは「存二家人儀一輩」（『吾妻鏡』建久三年六月二十日条）と同様、御家人を指していると考えられる（本書第三部第一章第一節第2項参照）。また、本章第一節第2項で、鎌倉幕府が非御家人による大番役勤仕を排除しようとしている事例として掲げた『吾妻鏡』嘉禎三年（一二三七）三月二十一日条【史料四】について、山本氏は私見と異なり、「犯罪者・無法者が（京都市中に）横行している」ことを取り締まろうとするものと解釈するが、「相交」を「（京都市中に）横行している」とは理解できず、文脈から判断して、「京都警衛事」＝京都大番役に「不法の輩」が「相交」わっていると見るべきであろう。むしろここから「京都大番役に携わってはいけない者がいる」という幕府の認識を読み取ることができ、これまでの行論からすれば、それが非御家人ということになる。

（補註2）河内祥輔氏は、【史料八】傍線部について新たな解釈を提示している（河内「御家人身分の認定について」『鎌倉遺文研究』七号、二〇〇一年）。すなわち、従来この部分は「宮河乗蓮（＝辻入道）は凡下の出自であったが、御家人とみなされるようになった」と解釈されてきたのであるが、河内氏は「辻入道殿ハ凡下輩なりといへとん」と読まれてきた部分を「辻入道殿ハ凡下輩なりと候へとん、付二御公事ニ一、関東之前々御教書ニも、御家人とこそなし下候へ」と読み替えることによって、「宮河乗蓮は凡下の出自である」とは乗蓮の論敵脇袋範継の発言・認識にすぎず、幕府の認識は乗蓮を御家人とする点で一貫していたとして、宮河乗蓮父子の事例は非御家人の御家人化の事例とはみなしえないとしたのであった。

問題の【史料八】は案文であり、「い」「候」ともに微妙な形をしているので、従来の読み、河内氏の読みのいずれが正しいか、にわかには判断し得ないのが正直なところである。ただし、河内氏に従って「候」と読むとしても、従来の解釈がただちに排除されるとも考えがたい。

また、河内氏の解釈を認めるとしても、これが直接的には守護代自身の発言であることには注意を要しよう。前掲註(29)で述べたように、当時の守護代と乗蓮との間には密接な関係が予想され、守護代は乗蓮が有利になるような発言をしている可能性が高い。こうした守護代の発言をもって幕府当局の認識とみなすわけにはいくまい（幕府と「幕府方」（河内論文三頁）を同一視はできない）。

私見は、宮河乗蓮が幕府によって御家人と認められるようになった、もしくは認められていたと主張するものではなく、周囲の人間によって御家人とみなされるような状況が生まれていたことに注目するものである。

（補註3）　七海雅人氏は『吾妻鏡』宝治二年（一二四八）正月二十五日条にみえる決定について、前掲註(24)河内論文と同じく、「西国名主庄官等類」に対する覆勘状の給付が限定されたことに重点を置き（七海「鎌倉幕府御家人制の展開過程」〈同『鎌倉幕府御家人制の展開』〈吉川弘文館、二〇〇一年〉所収。初出は一九九九年〉二九七頁註(42)）、「御家人の追加認定を認めない幕府の基本姿勢が……再度確認された」（傍点高橋）とする（同前二七六頁）。その上で、「御家人予備軍」が生み出される点に注目する私見に対して、①「御家人予備軍」は恒常的に生み出される存在なのか（あくまでも例外的存在ではないのか）、②「御家人予備軍」は御家人役勤仕証明書を手にしても非御家人にとどまったままなのか（宝治二年正月の決定により御家人に編入された可能性があるのではないか）、という疑問点を提示した（同前二九七頁註(42)）。①については、宮河乗蓮をはじめ本章第二節第1項に取り上げた諸事例の検討により、少なからぬ非御家人が御家人役勤仕証明書を手にしていたとみられることから、不断に再生産されていたと判断できよう。②については、むしろこのような曖昧な存在が登場する点に鎌倉時代中期の御家人制の特徴、「開放的性格」を認めるべきだと考えている。

ところで、七海氏は、十三世紀前半に西国・九州御家人に、「安堵状に代替しうる証文」として「関東御教書型証文」が幕府から発給されていたことを見出し、宝治二年正月二十五日の政策転換、すなわち「御家人制の無秩序な拡大を規制する政策への転換」（傍点高橋）の結果、その発給は停止されたとも指摘している（同「鎌倉幕府の譲与安堵」前掲七海著書三六頁）。宝治二年正月二十五日の決定が、再確認なのか、政策転換なのか、解釈が揺れているようである。また、「関東御教書型証文」の妥当性はとりあえずおくとして、七海氏は『吾妻鏡』宝治二年正月二十五日以前の御家人制はむしろ（無秩序な）拡大傾向にあったと見ているようであるが、そのような事実は認めることはできないと思う。なお、清水亮「鎌倉幕府御家人役賦課制度の展開と『関東御領』」（同『鎌倉幕府御家人制の政治史的研究』〈校倉書房、二〇〇七年〉所収）註(53)および秋山哲雄「御家人制研究の現状と課題」（北条氏研究会編『北条時宗の時代』〈八木書店、二〇〇八年〉所収）は、七海氏の見解と私見の整理・調整を試みている。

（補註4）　これは河内氏が言われる、御家人制における「頼朝の秩序」（前掲註(24)河内論文七八頁）と同じ認識である。河内氏はそれが鎌倉時代を終始一貫するとみるのに対して、私見は十三世紀半ばにその「弛緩」をみる点で見解を異にする。

たしかに、頼朝時代の状況がその後の御家人制のあり方に大きな影響を与え続けているのは事実である（前掲註(36)石井論文参照）が、「頼朝の秩序」がとくに喧伝され出すのは、河内氏が挙げられた諸事例を見ても、十三世紀後半以降のことなのではなかろうか。その意味で、十三世紀後半以降に御家人制の「蒔き直し」が図られたとする方が実情にあっているように思われる。

また、全てが「結局のところ、頼朝時代に行き着く」（前掲註(24)河内論文七〇頁）わけでもなかったようである。十三世紀後半以降の御家人認定基準を示す史料として著名な弘安十年（一二八七）五月の鎌倉幕府追加法六〇九条および正応六年（一二九三）五月の同六三九条は、それぞれ「祖父母」ないし「曾祖父」の時に下文を与えられた者の子孫を自動的に御家人と認めるものであるが、いずれも頼朝の時代（鎌倉時代初頭）までは遡りえないように思われる。むしろ、本章第二節第1項で指摘した仁治年間（一二四〇年代初頭）と接点を持つ認定基準と見られる。こうしたズレが生じるのも、「頼朝の秩序」が鎌倉時代を一貫するものではなく、十三世紀後半以降に御家人制の蒔き直しが行なわれた結果とする方が理解しやすいのではなかろうか。

第三章　御家人役研究の一視角

はじめに

鎌倉幕府は御家人制と呼ばれる主従関係を機軸にした組織であった。この組織は、主人である鎌倉殿による御恩と、従者である御家人たちによる奉公のやりとりによって成り立っていたと言えよう。

御家人制の基本をこのように単純化すれば、それはサービスやモノを媒介とした互酬関係の一つに位置づけられることになるが、やりとりされるモノやサービスの実態やそのやりとりのあり方を具体的に明らかにしていけば、組織としての鎌倉幕府の特質を導き出すことができるのではなかろうか。本章ではこうした関心にもとづいて、御家人の側から鎌倉殿へ提供されるモノやサービス、すなわち御家人役[1]に注目してみたい。

一口に御家人役といってもさまざまな課役があるので[2]、まずはこれを整理・分類することが必要となろう。その先鞭をつけたのが青山幹哉氏[3]であった。青山氏は、充行（新恩給与）の対象という観点から、御家人役の間の「価値」序列を見出すなど、御家人役の分類を提起し、役の起源から御家人役の分類を試みた。また、飯沼賢治氏の研究[4]も見逃せない。学会報告の要旨という形であるため、その詳細は詳らかにしえないが、御家人役（「関東公事」）を恒例公事・臨時公事・関東請負公事に分類した上で、それぞれについて賦課対象の違いに注目する。すなわち、賦課の範囲が地頭・御家人にとどまるものと、地頭・御家人を通じてさらに百姓にまで及ぶものがあったことを指摘する。基準の立て方によって、御家人役はさまざまに分類されようが、本章ではまず飯沼氏が指摘した「賦課の範囲」という点に注目したい。同じ御家人役でありながらも、賦課の対象が御家人にとどまるものと、御家人を超えてさらに百姓層にまで及ぶ（本章ではこれを、御家人役の「在地転嫁」ととらえることとする）ものがあることは、御家人役それぞれに質の違いがあることを示唆していよう。さらに、在地転嫁される御家人役の存在は、御家人制という組織が、鎌倉殿と御家人の間のみで完結する互酬関係にとどまらなかったことを意味しており、鎌倉幕府の性格を考える上でも重要な論点を提供すると考えられる。

そこで、どのような御家人役が在地転嫁されたのかを確認し、そうなるに至った由来について考えてみたい。こうした作業の積み重ねは、青山氏によって提起された御家人役の分類という方法の作業仮説としての有効性を裏づけることにもなろう。

一　文永六年太良荘の相論

まず取り上げたいのは文永六年（一二六九）若狭国太良荘において地頭と雑掌との間で争われた相論である。(5) 言うまでもなく当荘は東寺領荘園であり、有力な在庁官人稲庭時貞没落後は東国御家人が地頭として入部していた。(6) 文永六年当時は若狭四郎入道定蓮（島津忠清）が地頭であり、この相論で彼と争った雑掌が有名な定宴であった。それまでも地頭と雑掌とは所務をめぐって争っており、とくに寛元・宝治年間の相論では、定宴の活躍により東寺が一定の勝利を納め、荘務再建を推し進めたことはとくに有名である。(7)

今、われわれが問題にしようとしている文永六年の相論の契機は若狭定蓮による京都大番役勤仕にあった。この年の二月、それまで「走湯造営」を口実として大番役を忌避してきた定蓮に対して、あらためて大番役勤仕が命じられたのであった。(8)

結局彼はこの年の四月二日から七月七日まで、ほぼ三ヵ月間の番役を勤めたが、(9)問題はその際に段別二五〇文の課役を「大番雑事」の名目で太良荘に賦課しようとしたことにあり、(10)これに抗議した定宴が開田准后法助法親王を通じて六波羅探題に提訴したのが一連の相論の始まりであった。

連絡・取次文書を除き、この相論の訴陳状として現存するのは以下の四通である。(11)

①雑掌第一訴状　文永六年五月二十八日雑掌申状案
②地頭第一陳状　同年七月二十三日地頭代陳状案
③雑掌第二訴状　同年八月二日雑掌重申状案
④雑掌第三訴状　同年八月十六日雑掌重申状案

三問三答が行なわれたと思われるが、地頭側の第二・第三陳状は現存しない。以下順を追って両者の主張を概観していこう。

雑掌側の主張の基本は大番用途段別賦課の不当性を糾弾することであるが、①第一訴状ではその主張の根拠として「件大番役事、若狭次郎兵衛忠季建久六年任二補当国守護一之以降、年紀七十五年之間、不レ勤二仕其役一」という、それまで大番役（用途）を負担したことがなかったという「旧例」を持ち出している。(12)

以上のような雑掌の提訴に対して地頭側はどのように対応したのだろうか。②第一陳状では「六波羅殿御教書案」が副進され、(13)たとえ勤仕しない前例があっても、「始自二関東幷六波羅殿一可レ令レ勤二仕彼役一之由於レ被二仰下一者、云二雑掌㆒、云㆓地頭㆒、何忝可㆑令㆓違背㆒哉」として、幕府の指令の絶対性を説き、その上で「就㆓大番勤仕㆒、充㆓催段別雑事等㆒之条、傍例也」という形で大番用途賦課を正当化する。

しかし、地頭側の右の陳弁は直ちに③第二訴状によって反駁される。すなわち雑掌は、地頭側の依拠する幕府の指令の権威は認めつつも、「可㆑守㆓護新院御所殿上口㆒之由、被㆓仰下㆒歟、其外可㆑充㆓段別課役㆒子細所㆑不㆑見也」として、地頭側の副進文書には大番役（新院御所殿上口の守護）を命じる文言はあっても、段別雑事の徴収に関してはなんら言及がない、そのような文書を段別雑事賦課の根拠とすることはできないとするのである。[14] もう一つ地頭が依拠した「傍例」についても、あらためて建久六年（一一九五）に若狭忠季が当国守護に補任されて以来の経緯にふれて、「人夫召仕」以外はなかったことを明らかにし、段別雑事の賦課・徴収が「傍例」ならざることを主張するのである。

ここまでは結局、大番用途不勤仕という「旧例」を根拠とする①第一訴状と同一レベルの主張が繰り返されているにすぎないが、③第二訴状ではさらに新たな論理が導入されることによって、その主張の強化が図られている。その論理は、③第二訴状に初めて副進された「一通　関東平均御下知状案 西国京都大番段別課役停止事 建長六年十月五箇条御下知内」に隠されている。ではそれはどのような下知なのだろうか。

【史料一】（鎌倉幕府追加法三〇〇条）[15]

関東御下知五箇条内　建長六年（一二五四）十月十二日

一、西国京都大番役事

新補地頭等、充㆓段別課役㆒之条、不㆑可㆑然、長門国大峰庄条々御下知内、可㆑充㆓彼用途㆒之由、被㆑載㆑之云々、縦其外間雖㆑有㆓如㆑然之御下知㆒、於㆓自今以後㆒者、前々夫役雑事之外、一向可㆑被㆓停止㆒也、以㆓此趣㆒可㆑被㆑加㆓下知㆒、

右の下知の趣旨が大番用途の段別賦課の禁止を命じたものであることは明らかであろう。どのような状況の下で発令されたものかは確定できないが、その形式から西国沙汰に関して関東から六波羅へ伝達された五ヵ条の指令の一つであることが推測され、それなりに一般性をもった規範であったと思われる。太良荘の雑掌は相論の過程でこの規範を「発見」し、自己の主張を強化するものとして③第二訴状に盛り込んだのであった。ここに至って雑掌側は、「旧例」のみならず、幕府法をも根拠として大番用途の段別賦課の不当性を主張し得るに至ったのである。

以上③第二訴状まで見てきたわけだが、雑掌側の主張が順調に発展してきていることがわかる。先にも述べたように、これに対する地頭側の第二陳状は現存していないが、おそらく陳弁があったものと思われ、それに対して雑掌側の④第三訴状が出されている。ここで注目されるのは、それまで順調に発展してきた雑掌側の主張に一種の変調が見られることである。この変調とはいったい何であり、それは何に由来するのであろうか。まずは、やや長いが、この④第三訴状の全文を引用し、右の問題に迫っていきたい。

【史料二】

(端裏書)「□　□被レ仰間、重申状案　文永六年八月十六」

□狭国太良庄大番役事、自二往昔一之以降、百姓等不レ勤二‐仕彼役一之由、令二訴申一之処、地頭代令二承伏一之上者、不レ及二子細一歟、雖レ然、為二別御計一、可レ勤二夫役雑事一之旨、於レ被二仰下一者、争雑掌可二支□一哉、所詮、可レ有二上裁一哉、但如二西国平均御下知状一者、被レ停二‐止段別課役一畢、其色目銭三百文歟、是偏百姓安堵之御計也、而地頭違二‐背彼御下知一、切二‐充段別二百五十文一之条、太無道也、所詮、任二御下知状一、止二段別之名一、大番勤仕之間、可レ号二日別雑事一歟、大番役者自二四月二日一至二七月七日一、九十五箇日歟、其間自二知行所領一、召二‐上百姓一召二‐仕之一、以二其次一、云レ馬、云二人数一、任二見在一百姓等可レ勤二日別雑事一歟、其故者、糠・藁・薪・雑采(マヽ)等、百姓所持之物也、運上彼物等、於レ致二沙汰一者、更不レ可レ有二百姓之費一、而於レ充二責難レ得之銭一者、百姓侘傺之甚、不便次第也、其上大番已令レ勤仕一畢、此条難レ治無レ極哉、爰四郎入道分知行所領当国十八箇所也、其田数三百四十三町余歟、被レ分二充彼田数於九十五箇日一、而日別雑事可レ有二御徴下一歟、云二馬之員一、云二人数一、百姓等番役之間、依レ被二召仕一、皆令レ見知一、此条尤可レ有二御計一哉、抑地頭知行所領十八箇所田数等事、雑掌申状定及二御不審一歟、早仰二地頭一、可レ被レ召二彼田数注文一歟、及二如二此之御沙汰一者、御成敗令二延引一歟、先止二地頭之譴責一、可レ相レ待二御裁許一旨、忩欲レ被レ申下御教書一、仍重言上如レ件、

文永六年八月十六日
（一二六九）

　　　　　　　　　　雑掌定宴申状

大きく見ると、この④第三訴状は三つの部分から構成されている。すなわち地頭の非法を訴えた前段、次に「段別雑事」ではなく「日別雑事」とすべきことを主張する中段（四行目の「所詮……」以下）。そして太良荘だけでなく地頭所領一八ヵ所に雑事を割り充てるべきことを主張する後段（八行目の「爰四郎入道」以下）。先に見た③第二訴状までの雑掌側の主張が貫徹されれば、中段や後段は不要と思われるものではないことに注意しておきたい。

次に最も大きな問題をはらんでいると思われる前段を見ることにしよう。ここでまず注目されるのが「段別雑事」の賦課その「特別の仰せがある場合にはどうして（大番役の）夫役雑事勤仕を拒否しましょうか」という言い分である。中段や後段の主張はこれにつながるものと思われるが、それはさておき、③第二訴状までの主張からすれば、トーンダウンの感は否めない。それまでの主張を貫徹しえない状況が生じつつあることが推測される。

しかし雑掌は、やはり「西国平均御下知状」を引き、地頭による段別二五〇文の徴収は不当とするのである。この二つの主張はどのように理解すればよいのだろうか。その鍵は波線を付した「其色目銭三百文歟」という文言の解釈

にかかっているようだ。

まず「色目」という用語について、『日本国語大辞典』を引くと、その第二項に「土地・物品などの種類・数量などを詳細に記した目録」という意味が掲げられている。これを念頭に入れ、若干の推測をまじえて先の文言を解釈し直すと、「大番役として負担すべき物品を書き上げた目録の集計値を、銭に換算すると三〇〇文である」となるのではないだろうか。このように解釈すると、当該部分の雑掌の主張も整合的に理解できるように思われる。すなわち、あくまで雑掌は大番役の「段別賦課」を拒否するのであって、三〇〇文相当の雑事には応じる、と主張しているのである。言い換えるならば、大番役が直接、在地に転嫁されるのを嫌っているのである。

たしかに、右のように考えると、追加法三〇〇条を引きながら中段や後段のような主張をすることが整合的に理解できるのだが、ここで問題になるのは三〇〇文という額である。この数字はどこから出てくるのであろうか。太良荘における文永六年相論の関連史料からはこの三〇〇文の出所を摑むことはできない。そこで大番役という関係から探っていくと、次の史料に目が止まる。

【史料三】（鎌倉幕府追加法三三三条）

文応元年（一二六〇）十二月廿五日戊午、京上所役事有二其沙汰一、今日被レ定レ法云々、

一、京上役事 付大番役

諸国御家人、恣云二銭貨一、云二夫駄一、充二巨多用途於貧民等一、致二呵法譴責於諸庄一之間、百姓等及二侘傺一不二安堵一由、遍有二其聞一、然則於二大番役一者、自今以後、段別銭参百文、此上五町別官駄一疋、人夫二人可レ充三催之一、於二此外一者、一向可レ令二停止一也、令レ定三下員数一以後、於二日来沙汰所々一者、就二此員数一不レ可二加増一也、

右の史料が、御家人達による不当な課役賦課・徴収の制限という形をとりながらも、大番役に際して段別三〇〇文

の銭以下の賦課・徴収を公認するものであることは明らかであろう。またほぼ同様な規定がすぐ後の弘長新制の一項として掲げられている（鎌倉幕府追加法三六九条）ことから、これが一般性をもった規範であることも明らかである。そして先に掲げておいた【史料一】を考えあわせると、この間における大番用途の在地転嫁について、幕府の基本政策が「禁止」から「（制限付）公認」へと転換されていることも注目される。

さらに注目されるのは、そこで公認された額が他ならぬ三〇〇文であったことである。このことと太良荘雑掌の④第三訴状の文言の額との一致を単なる偶然として見過ごすことができるだろうか。やはり両者の間に何らかの関連を想定する方が自然であろう。この鎌倉幕府追加法三三三条（【史料三】）は大番役の経費を在地に転嫁しようとする御家人達にとっては絶好の法令である。そして、かつては若狭国守護を勤めたこともある有力御家人若狭氏が、武家新制にも立項されたこの法令を知らなかったはずはあるまい。確実な史料的裏付けには欠けるが、私は次のような想定を提示したい。すなわち、追加法三〇〇条を論拠とする③第二訴状を受けた地頭側は、それに対抗すべく追加法三三三条を前面に押し立てた第二陳状を提出した、と。[16]そして、このような第二陳状を受け取っていたからこそ、雑掌側の④第三訴状に「其色目銭三百文歟」なる文言が現れることになったのではなかろうか。

ただし、そのように想定した場合、次のような矛盾が生じる。すなわち、追加法三三三条（【史料三】）は大番用途の段別三〇〇文の賦課を認めた法令であるのに、雑掌はそれを、その総額を三〇〇文相当と規制した法令として理解していたことになってしまうのである。ただこれは、意図的か否かはともかくとして、雑掌の誤解として処理できそうである。すなわち、【史料二】の四行目に「段別之名」とあるように、雑掌は「段別銭」というのを単なる名目と考えている（もしくは「考えようとしていた」）ふしがある。だから雑掌は追加法三三三条を、「段別に三〇〇文を徴収すべし」ではなく、「段別銭の名目で（総額）三〇〇文相当の物品を徴収すべし」と理解していたことになる。法文の正確な解釈からすれば歪曲にすぎないのだが、雑掌がそれなりに追加法三三三条を理解して、地頭側の主張に対抗しようとしている姿が浮かんでこよう。

右のように考えることによって初めて、先に指摘しておいた「変調」が理解されるように思う。「変調」の引き金は追加法三三三条にあったのである。

この文永六年の相論の結果を明示する史料はない。ただし、注目されることに、この後二度、同じ太良荘で大番用途の徴収をめぐる相論が起きている。一つは文永十一年（一二七四）[17]、もう一つは弘安八年（一二八五）[18]に起こっている。これらについて、安田元久氏は次のように述べている。[19]

この相論（文永六年の相論…高橋注）の結末は明らかでないが、五年後に再び大番役用途銭のことについて六波羅に訴訟せんとしたとき、定宴が供僧中に送った書状に、

六波羅へ可被訴申事に候、六波羅訴訟も奉行人をすかさす候へハ不事行候、前々沙汰之時も御年貢内立用仕候き、此由を可有御用候、

と述べて居り、ここに言う前々沙汰の時が文永六年であるならば、奉行人にとり入って勝訴を収めたものと推定されるのである。

しかし、安田氏の取り上げた文永十一年の相論は「一色田」という特殊な田地に対する大番用途賦課が問題となっているのであり、文永六年のそれとは同列に論じることはできない。また、もし文永六年の相論で雑掌側が勝訴を収めていたとするならば、その事実を前面に押し出すべきと考えられるのに、弘安八年の相論で雑掌が論拠としたのは若狭忠季および中条家長の時（ともに文永六年以前）には用途を負担しなかったという「先例」だけであって、文永六年訴訟の際に援用された鎌倉幕府追加法三〇〇条が言及されないばかりでなく、文永六年に相論があった事実さえ無

視されている。このような雑掌側の態度を考える場合、文永六年の相論では雑掌は勝訴を収められなかったと判断すべきではなかろうか。

ともあれ、太良荘における一連の大番用途をめぐる相論を検討した結果、大番用途の在地転嫁を公認した追加法三三三条（【史料三】）の意外な影響力をそこから看取しえるように思われる。

二　鎌倉幕府追加法三三三条

前節では太良荘における文永六年の訴訟というごく限定された場面に鎌倉幕府追加法三三三条の影響力を読みとったのであるが、もう少し視野を拡げて、この法の影響を吟味してみたい。

まず事実の問題として、追加法三三三条にみるように大番用途の在地転嫁がなされていたか否かを確認しておきたい。

【史料四】[20]

□渡上野国新田庄下江田村赤堀内在家壱宇・□□町肆段小直銭事

　□佰漆拾貫文者、

右□□在家者、妙阿自二養祖父新田下野前司入道一、于レ今相伝私領也、而今年癸丑十二月廿壱日、限二直銭佰漆拾貫文一、所レ令二沽却一也、田山堺別紙載レ之、彼田在家壱段在レ之、一年中御公事鎌倉大番用途百文□□、可レ被レ致二沙汰一候、此外於二京都大番役一者、被充□時随二分限一、可レ致二其沙汰一、此外公私万雑公事、一□□可レ有レ之、（後略）

右は上野国新田荘内における正和二年（一三一三）の田在家等の売券である。ここで売買されている田在家には鎌倉大番用途（百文）と京都大番役がかかっていることがわかり、それらが在地転嫁されているかの如くである。しかし注意しなければならないのは、ここでこれらの用途を負担しなくてはならないのは買主であって、それが在地に転嫁されるとは明記されていないことである。このような売券は御家人の所領売買に際してしばしば認められるものであるが、これを大番用途の在地転嫁の証拠と即断することはできない。

【史料五】[21]

大和国平田庄地頭代行政申、同国当麻庄住人忠行法師抑㆓留大番用途㆒由事、重申状具書謹進上候、子細以㆓通益・頼成㆒令㆓言上㆒候、以㆓此旨㆒可㆑有㆓御披露㆒候、恐惶謹言、

七月九日　　丹波守平（北条）盛房［花押］
越後守平（北条）兼時［花押］

進上　右馬権頭入道殿

平田荘と当麻荘とは近隣荘園であるから、おそらく忠行法師は平田荘に出作するなどして同荘内に名主職や作職を有していたのであろう。そうした忠行法師から地頭代は大番用途を徴収しようとしているのだから、これは大番用途が在地転嫁されようとしている事例とみなしえよう。

右のように大番用途の在地転嫁を確認するのは必ずしも容易なことではないが、ともかくも【史料五】のような例は他にもいくつかあり[22]、大番用途の在地転嫁は実際に行なわれていたと判断できる。

次に鎌倉幕府追加法三三三条や大番用途の在地転嫁についての当時の人々の意識は如何なるものであったかを考えてみたい。それに関して、まず右に挙げた【史料五】は示唆的である。すなわち平田荘地頭代は忠行法師による大番用途対捍を六波羅探題に訴えたのであるが、大番用途の在地転嫁を政策として認めていたのが当の幕府だから、これ

は当然と言えよう。問題は地頭代の訴えを受けた六波羅探題がこの事件を公家側[23]に申し入れて、その解決を図っていることである。この事実は大番用途の在地転嫁については公家側も合意を与えていたことを示唆する。次の史料は、この点について一つの解答を与えてくれる。

【史料六[24]】

（端裏書）「第三度公文所幷御教書案」

重注文

」

紀伊国阿氏河庄上村間事

宗親重請文甚無二其謂一、廿余ヶ条非法事、（中略）次八条篝屋役事、被レ准二大番一之上、土民何可二難渋一哉、但大番役事、為二撫民一、於二六波羅殿一、平均被レ定二用途之分限一了、固可レ守二其法一歟、（後略）

紀伊国阿氏河荘において有名な片仮名申状が作成されたのは建治元年（一二七五）十月のことであったが、河野通明氏の研究[25]によれば、この年は春から地頭と百姓との対立が発生しており、三月には百姓達は逃散を敢行し、本家円満院に対して地頭の非法を訴えた。円満院は地頭に対して尋問を行ない、地頭からは請文が提出されてきた。円満院ではこの地頭請文を配下の公文所に検討させた[26]が、右はその回答の一節である。ここで直接対象となっているのは篝屋役であるが、それは大番役に准じるものであって、そうであるが故に土民は拒否できない、としている。ここから、大番役の在地転嫁が荘園領主レベルでの合意を得ていたことは明らかである。右史料にみられる「其法」とは追加法三三三条に準じるもの、もしくは追加法三三三条そのものの可能性がある。

さらに人々の意識を探るに際しては次の史料も参考として挙げたい。

【史料七[27]】

沙弥寂心謹弁申

国景男申売田京上役間事

件京上役者、存二先例一守二傍例一、一国平均所レ令二充催一之間、如レ此令二支配一者也、而此国景男令レ難二渋其役一之間、点二定作毛一立レ札之処、無二左右一抜二棄点札一、任二自由一令レ苅二取作毛一之間、且令レ償二其役一、且為レ誡二狼藉一、所レ取二置質物一也、寂心全無二過失一者也、且売田京上役事、不レ限二当国餘所一、皆以或如二平民一取レ之、或増二平民一充レ之、傍例如レ此、其上当国先度大番之時、於二売田一者一切不レ違二平民一、然而可百姓等見二聞傍例一之間、不レ及二訴訟一歟、而今国景男抜二棄点札一、苅二取作毛一致二狼藉一之上、剰申二訴訟一之条、存外事也、早如二傍例一、任二先例一可レ充二取其役一之由、欲レ被二仰下一矣、仍粗言上如レ件、

関連史料に欠けるので明確なことは言えないが、千葉氏が関与した地域の事例であろう。(28) 沙弥寂心はおそらく国御家人であって、彼が徴収しようとした「京上役」に国景男が応じようとしないことが訴えられている。国景男がどういう身分の人物か、ここに見える「京上役」を大番役（用途）と読み替えてよいか、「売田京上役」という限定された賦課であることなど、留保しなければならないことも多いが、注目すべきは傍線部であって、大番役に際して百姓が何らかの用途を負担していたことは明らかであるし、また百姓等がこれに対して「不レ及二訴訟一」とあることも注意される。そしてこの事実が、売田京上役を「一国平均」に割り当てる論拠とされている点も見逃し得ない。

以上、追加法三三三条の規定、すなわち大番用途の在地転嫁が事実として確認されるばかりでなく、それが公武両支配者層の了解事項となっていたこと、さらに被支配者層（百姓等）も合意していた可能性があることを見てきた。追加法三三三条は文永六年（一二六九）の太良荘にとどまらない大きな影響力を当時の社会に与えていたと見なすべきであろう。

三　御家人役と在地転嫁

前節では追加法三三三条の大きな影響力、大番用途の在地転嫁が広く認められていたことを確認したわけだが、それが鎌倉時代当初からの原則ではなかったことにも注意しなければならない。すなわち【史料一】として挙げた追加法三〇〇条に明らかな如く、大番用途の在地転嫁を禁止する動きもあったのである。事実としては大番用途の在地転嫁の禁止が幕府成立以来の原則であって、(補註1)それが鎌倉中期になって変更されたと考えるべきなのである。(29)

ところで、大番役はふつう御家人役に分類される課役である。御家人役とは、第一義的には鎌倉殿に対するその従者(御家人)による奉仕と理解されるが、ここで問題としたいのは、そうした奉仕は何によって支えられていたのか、ということである。今まで見てきた大番役に即して言えば、当初は御家人の私的な負担で(具体的には地頭得分などからの供出という形で)支えられてきたが、鎌倉中期以降になってその負担が百姓等にも転嫁(在地転嫁)されるようになった、と捉えられる。

このようなあり方は、御家人役一般についてあてはまるのであろうか。また、それ以外の負担方式はなかったのだろうか。

その手がかりとして、まず幕府の法令を見る。追加法に御家人役関係の規定が散見するので、いくつか例を挙げてみよう。

【史料八】(鎌倉幕府追加法三四〇〜三四三条)

奉行侍所
一、放生会的立役事
一、同会随兵役事
一、若宮流鏑馬役事
一、二所御参詣随兵役事
以前条々、就二巡役一被二催促一之時、充二課彼用途於百姓一之由、有二其聞一、於二自今以後一者、永停二止其儀一、以二地頭得分一、可レ令二勤仕一之旨、遍可レ相二触御家人等一之由、可レ被レ仰二侍所奉行人等一也、

【史料九】（鎌倉幕府追加法三六一～三六二条）
一、修理替物用途事
一、垸飯役事
両条、自今以後、充二課百姓一事停二止之一、以二地頭得分一、可レ致二其沙汰一、又私分同可レ守二此儀一、且於二垸飯一者、用二麁菜一可レ止二高盛一也、次政所・問注所・小侍所小舎人、御厩力者等、酒肴正月中止二毎日之儀一、可レ為二三ヶ日一也、

ともに弘長新制（弘長元年〔一二六一〕二月二十日）の条文である。【史料八】の役はいずれも軍役に準じる奉仕である点で、大番役に通じる性格を持つが、その用途の在地転嫁が禁じられている点は興味深い。【史料九】の修理替物用途や垸飯用途はその後も在地転嫁が一貫して禁じられていることが確認できる。[30] いずれにしろ、その負担の在地転嫁が禁じられ、地頭得分から捻出すべきものであるとする点では共通している。[31]

結論を言えば、幕府法に見える御家人役規定はいずれも右のパターンを踏襲しているのであり、[32] 以下に見るように

個々の役の徴収の際にもその姿勢が打ち出されている。

【史料一〇】[33]

安嘉門院御所造営之間、門・築垣一向為二関東御訪一可レ被二作進一之由、被二仰下一也、仍用途料を、神泉苑用途徴下之時、所レ漏之処々ニ、被二配分一也、石見国乙吉保銭伍百文、以二地頭得分内一、来三月中沙二汰一上駿河守（北条重時）許一、可レ令レ取二返抄一、保司之不レ可レ煩二土民一之状、依レ仰執達如レ件、

寛喜三年（一二三一）十一月十二日

武蔵守（北条泰時）（花押）

相模守（北条時房）（花押）

傍線部のような文言をもった配符として他に正嘉二年（一二五八）三月の勝長寿院供養御布施用途徴収のものがある。[34] いずれも大規模な飢饉の最中や直後ということで、「撫民」のためにことさら傍線部のような文言が付されたとも考えられようが、今まで見てきた経緯をも考えあわせて、これを御家人役の在地転嫁の禁止原則の発露と見なしたい。

以上の考察を集約すると、次のような結論が得られそうである。すなわち、御家人役は、本来は在地転嫁を禁じられており、[補註2] 御家人達の私的得分の中で賄うべきであった、そのような中で鎌倉中期から大番役（とそれに准じる篝屋番役）は在地転嫁が認められるようになった、と。その場合、大番役は国家的な公事であったため、その負担が在地にまで転嫁されるのが許容されたという説明づけが可能である。

しかし、右のような分類では説明しきれない御家人役がいくつか存在する。現在のところ、走湯山造営用途・将軍上洛用途の二つをその事例として指摘できる。それらについて明確な位置づけを与えることはできないが、とりあえず事例をみていこう。

まず走湯山造営用途については、次に掲げる備後国大田荘における地頭・雑掌相論に対する嘉元四年（一三〇六）の幕府裁許状の一節を見ておきたい。

【史料一一】(35)

一、走湯山造営用途事

右、当庄者、無二臨時役一之条、顕然也、而信連（太田）以二所務相論宿意一、充二平民百姓一、責三取彼用途二之上、召三出百姓於六波羅一、被二召籠一之条、無レ謂之由、雑掌申之処、於二彼役一者、諸国平均役也、非二地頭新儀一之旨、信連陳レ之、如二雑掌所レ進建久御下知一者、大番役事、依二件役一、不レ可レ致二庄家煩一、守二次第一可レ勤二其役一云々、如二弘安御下知一者、大番役事、御免之上、可二糺返一之処、募二警固役一之由、令レ申之条、無レ謂云々、建久御下知者、為二本司兼隆等役一、不レ可レ懸二百姓一之由、有二所見一之旨、雑掌雖レ申レ之、対二本司一雑掌申給之上、為二大番役事一歟、彼役猶不レ被二免許一、不レ可レ致二百姓煩一之由被レ載者、寄二事於左右一、不レ可レ致二非拠沙汰一由也、次弘安御下知者、被レ停三止大番役二之条、分明之旨、雑掌雖レ称レ之、是又為二大番事一之上、如レ状者、不レ被レ停三止彼役二之条、顕然也、如レ此公事為二平均役一之間、可レ充二百姓一之条、旁無二異儀一、然則雑掌訴訟非二沙汰之限一、次当相論者、走湯山造営奉行可レ致二沙汰一之処、隠二密先日沙汰篇一、於二引付一申二子細一之条、雑掌難レ遁二一事両様咎一之由、信連雖レ申レ之、先日沙汰次第、載二雑掌訴状一之上、経二評定一、与三奪所務一具二之間、非二雑掌之奸曲一、仍非二沙汰之限一矣、

地頭太田信連が走湯山造営用途を平民百姓に充てた、すなわち在地転嫁したことの可否が争われている。その非を衝こうとした雑掌側が持ち出した二つの文書のうち、「弘安御下知」は管見に入らなかったものの、「建久御下知」は現存し、嘉元四年時点における幕府当局の解釈にも興味深いものがあるが(36)、とりあえずここで確認しておきたいのは、

走湯山造営用途に関する幕府の見解である。すなわち、傍線を付しておいた如く幕府はそれを「平均役」とみなし、その在地転嫁を容認しているのである。ここで言う「平均役」が、伊勢役夫工米のように一国内の荘園・公領を論ぜずに賦課されるいわゆる「一国平均役」と同一とは思われないが、先に掲げた【史料七】にも同種の用法がみられ、ともに御家人役の在地転嫁を支える言辞となっている点で注目される。

また、薩摩国谷山郡においても、走湯山造営用途が在地に転嫁されているのではないかと思われる事例が存在する(37)。

以上のような走湯山造営用途の在地転嫁をどのように考えるか。収集した史料も少なく、確答はできないが、これも役の性格を考える必要があるだろう。すなわち、走湯山の造営事業そのものは幕府成立以前に遡る可能性があろう。いわば、既存の事業が、幕府に取り込まれ御家人役として再編されたことが予想され、その経緯の中に走湯山造営用途の在地転嫁を導く論理があったのではないか。また走湯山造営事業そのものの性格を考慮する必要もあろう。本書第一章第四節で指摘したように、これが東国という鎌倉幕府固有の政治領域に関わる役であった可能性もある。現段階では実証性に乏しい推測にとどまるが、検討を要すべき問題と思う。

もう一つ取り上げたいのが将軍上洛用途である。将軍上洛が実現したのは建久元年（一一九〇）・同六年（一一九五）と暦仁元年（一二三八）の三回であるが、未遂に終わった計画も含めればその回数は増える(38)。そして、そのいずれについても将軍の宿所の建設や滞在費などが問題になっているのだが、そうした用途は明らかに在地に転嫁されている。

【史料一二】(39)

御上洛間百姓等所役事、段別百文・五町別官駄一疋・夫二人可レ充二行之一、（至レ畠者、以二一町一可レ准二田一町一）、此外不レ可レ成二民之煩一、

但有二逃散之輩一者、相二触在所一、可レ令レ勤二其役一之状、依レ仰執達如レ件、

弘長三年（一二六三）六月廿三日　武蔵守（北条長時）

陸奥左近大夫将監殿《(北条時茂)》　相模守《(北条政村)》

この年の上洛は十月に予定されていたが、夏の諸国大風を理由に中止になってしまい、その間に徴収されていた「御京上役」も百姓に返却すべきことが命じられている[40]。どの範囲の百姓に賦課されたかは明らかにし得ないが、少なくとも将軍上洛の経費が現実に在地転嫁されていたことは明らかである。

この場合は、将軍という「公」的な人物の京上とは「公」的な行為だったからこそ、その負担が在地に転嫁されたのだと説明することも可能であろう[41]。しかし、その在地転嫁が確認されるのは正嘉二年（一二五八）の上洛計画の時[42]からであって、暦仁元年の上洛の際には、その在京用途は地頭の負担とされていたことが知られている[43]。すなわち、本来の将軍上洛は在地転嫁を伴わない御家人役によって支えられていて、それがのちに、【史料一二】に見られるように、在地転嫁されるようになった、と考えることもできるのである。もしそうならば、第二節で見た大番役と同じような経緯をたどったと言えよう。

以上、在地転嫁されていた可能性のある御家人役を二つ挙げた。史料の収集が不十分であり、他にも同様な事例が存在する可能性[補註3]も残されているが、いずれにせよ「在地転嫁の有無」という観点からすれば、御家人役は多様性を示すことは了解いただけると思う。

おわりに

最後に、本章で述べたところをまとめると以下のようになる。

①若狭国太良荘における文永六年訴訟には、大番役（用途）の在地転嫁を公認した鎌倉幕府追加法三三三条の影響を認めることができる。
②追加法三三三条の影響は、①のケースばかりではなく、当時の社会に広く認めることができる。
③その負担の在地転嫁は、御家人役一般に認められていたわけではない。
④在地転嫁を認められた御家人役であっても、鎌倉期の途中から認められるようになったものもある。

先にも少しふれたことであるが、御家人役とは鎌倉殿に対するその従者（御家人）による奉仕と定義づけられるが、周知の如くその内容は一様ではない。もちろん、多様なものが「御家人役」として一括されていることの意義も大きいのだが、逆に個々の役の差異を明らかにしていく作業も、御家人役を集約する存在である「鎌倉殿」という権力の構成を考える上では不可欠のものと考えられる。

こうした観点に立つ場合、私役（将軍に対する直接奉公）か公役（朝廷からの委任もしくは従来からの公役を御家人役として賦課したもの）かとする分類、恒常的か臨時役かとする分類のいずれかによることが、これまでは一般的であったように思われる[44]。この方向を精緻化したのが青山幹哉氏の研究である[45]。青山説の要点は、本章「はじめに」でもふれたように、その起源によって御家人役を、Ⅰ武士の機能によるもの、Ⅱ統治機能を行使するためのもの、Ⅲ鎌倉殿の必要によるものの三つに分類したことにある。ただし氏も認めるとおり、この分類は便宜的・理念的なものであって、さまざまな御家人役を截然とは分類できないという問題性をも抱えており、この点では青山氏以前の研究・分類方法も同様である。截然とは分類できないところに御家人役の特性があると言えばそれまでであるが、分類するからにはそれなりにクリアーな基準を導入する必要はあろう。そうした意味で、本章で追求してきた「在地転嫁の有無」という視点は、御家人役を分類する上で有効な基準を提供するものと思われる。

そもそも鎌倉幕府は、既存の荘園公領制に寄生する形で発展してきた権力であり、荘園領主層との共存に努め、地頭の非法を厳しく糾弾する姿勢をとったことは周知のことである。鎌倉時代のはじめに地頭の権限・権益が太政官符や宣旨などで定められた理由も、そうした幕府の協調的な政治姿勢に求められる[46]。そのような幕府にとって、荘園領主層の権益の侵害につながりかねない御家人役の在地転嫁を認めることは、かなり大きな意味を持つことであったと思われる。「在地転嫁の有無」を基準にすることは、明確かつ有意義な分類を可能にするのではなかろうか。

また「在地転嫁の有無」を基準に御家人役を分類した上で大切なのは、分類された役それぞれの意味づけを行なうことであるが、おそらくこの作業は、青山氏が試みたように、「役の起源」という筋からなされるべきであろう。ただ、ここで注意しなければならないのは、右に列挙した④の特徴である。同じ役であっても、時によって在地転嫁されたり禁止されたり（もちろんその逆のケースもありうる）というような変化を示すのである。実はこのことはすでに牧健二氏が指摘していた特徴でもある[47]。ここに「（御家人）役の起源」という視点に、政治史や社会の動向といった要素を加味することが要請されるのである。私も大番役についてこの作業を試みたが[48]、それ以外の役についてもその必要があることは言うまでもない。このような作業が近年の筧雅博氏の研究成果[49]との接点を生むことになると考える。

以上、問題点を指摘するに終始したが、いずれも自分自身の研究課題と自覚し、とりあえずは筆をおきたい。

註

（1）　御家人役については、京都大番役や鎌倉番役などの軍役と、「関東御公事」と称される経済的負担に分けて考えられることもある（安田元久「『関東御公事』考」〈御家人制研究会編『御家人制の研究』〈吉川弘文館、一九八一年〉所収〉等参照）が、本章では両者を一括して「御家人役」として考える。

（2）　七海雅人『鎌倉幕府御家人制の展開』（吉川弘文館、二〇〇一年）第二章「鎌倉幕府の御家人役負担体系」参照。

（3）　青山幹哉「鎌倉幕府の『御恩』と『奉公』」（『信濃』三九―一一号、一九八七年）参照。

（4） 飯沼賢司「関東公事考」（『古文書研究』二六号、一九八六年）参照。

（5） この相論については、高橋慎一朗「京都大番役と御家人の村落支配」（『日本歴史』五七五号、一九九六年）も、本章と同様の関心から分析を加えている。あわせて参照されたい。

（6） 太良荘の概要については網野善彦『中世荘園の様相』（塙書房、一九六六年／〈著作集〉岩波書店、二〇〇八年）、太良荘の地頭の系譜については田中稔「鎌倉幕府御家人制度の一考察」（同『鎌倉幕府御家人制度の研究』〈吉川弘文館、一九九一年〉所収。初出は一九六〇年）参照。

（7） 工藤敬一「太良荘の定宴と歓心」（同『荘園の人々』〈教育社、一九七八年〉所収）等参照。

（8） 「東寺百合文書ヱ4」文永六年（一二六九）二月二十四日六波羅御教書案（鎌⑭一〇三八九号）。

（9） 「東寺百合文書ヱ127」（文永六年〈一二六九〉七月二十一日）若狭国太良保地頭代陳状案（鎌⑭一〇四六二号）に「去自二四月二日一至二七月七日一令二勤仕一畢」とある。

（10） 「東寺百合文書ヱ11」文永六年（一二六九）四月日太良保雑事段別充物配符案（鎌⑭一〇四三二号）。その内訳は、馬草（一〇〇文）・糠（四〇文）・薪（五〇文）・炭（五〇文）・雑菜三種（一〇文）となっている。

（11） それぞれの引用典拠は以下の通り。①「東寺百合文書な15」（鎌⑭一〇四四三号）、②「東寺百合文書ヱ127」（鎌⑭一〇四六二号）、③「東寺百合文書ヱ9」（鎌⑭一〇四六七号）、④「東寺百合文書な16」（鎌⑭一〇四七六号）。

（12） 前掲註（10）の配符案は、この①雑掌第一訴状の副進文書「段別充銭注文案」に該当しよう。なお、「農業最中」「世間艱難折節」に大番用途を賦課されたことも非難の対象となっているが、これは大番用途賦課そのものの不当性をつく主張ではない。

（13） 若狭定蓮に大番勤仕を命じた前掲註（8）史料が、ここで副進された「六波羅殿御教書案」に該当するのであろう。

（14） 前掲註（8）史料の本文のみ抜き出せば、「若狭次郎兵衛入道跡大番役事、可レ令レ参二勤役所新院御所殿上口一之由、被レ載二関東御注文一了、而寄二事於走湯造営一、雖レ被レ申二子細一、不レ及二六波羅沙汰一歟、所詮、任下被二仰下一之旨上、不日企二上洛一、可レ被二勤仕一也、仍執達如レ件」とあり、たしかに大番用途賦課・徴収に関する言及はない。

（15） この鎌倉幕府追加法は「東寺百合文書ヱ3」建長六年（一二五四）十月十二日関東下知状案（鎌⑪七八一二号）としても伝わっている。同じ東寺百合文書のヱ函に納められていること、およびその内容などから、これが③雑掌第二訴状に副進された「関東平均御下知案」に相当することは間違いなかろう。

(16) 前掲註(5)高橋論文は、私見と異なり、鎌倉幕府追加法三三三条はこの相論に持ち出されなかったと見ている。

(17) 関連史料は「東寺百合文書ェ122」文永十一年（一二七四）十月十九日定宴書状案（鎌⑮一一七三二号）、「東寺百合文書ェ10」文永十一年十月二十四日定宴書状（鎌⑮一一七三八号）。

(18) 関連史料は「東寺百合文書な29（2）」弘安八年（一二八五）九月六日法印某書状（鎌⑳一五六九一号）、「東寺百合文書な29（1）」弘安八年九月日若狭太良荘雑掌解土代（鎌⑳一五六九二号）。

(19) 安田元久「荘官的領主制の形成」（同『日本初期封建制の基礎研究』〔山川出版社、一九七六年〕所収。初出は一九五五年）三六九頁参照。

(20) 「岡部福蔵氏所蔵文書」正和二年（一三一三）十二月二十一日妙阿田地売券（鎌㉜二五〇八五号）。

(21) 「『勘仲記』永仁二年正月記紙背文書」七月五日六波羅御教書（鎌㉓一七九六四号）。なお鎌㉒一七〇六三号・㉓一七三八三号は同一の文書と思われる。

(22) 「和田文書」文永九年（一二七二）四月二十九日大宅某書下案（鎌⑭一一〇一九号）、「播磨松原神社文書」正安二年（一三〇〇）四月日小野幸員・任耀和与状案（鎌㉗二〇四三〇号）等参照。

(23) 【史料五】は正応年間のものと推定されているが、この当時西園寺家の家司として「右馬権頭入道」が確認され、武家との取次に当たっていることが知られる（「春日神社文書」建治二年〔一二七六〕七月二十六日関東御教書〔鎌⑯一二四二九号〕、『公衡公記』弘安十一年〔一二八八〕正月二十日条等）。もし【史料五】の宛所の「右馬権頭入道」がそれと同一人物であれば、この問題は西園寺家を通じて朝廷（当時の治天は後深草院もしくは伏見天皇）に持ち込まれたことになる。ただし、平田荘・当麻荘ともに近衛家領であること、この文書が料紙となっている『勘仲記』の記主勘解由小路兼仲は近衛家の家司を勤めており、その日記の料紙の多くも近衛家関係の文書が用いられていることなどを考えると、この問題が近衛家に持ち込まれた可能性もある。ただし、その場合は宛所の「右馬権頭入道」が何者かはわからない。いずれにせよ、この問題が「右馬権頭入道」を通じて公家側に伝えられたことは間違いなかろう。

(24) 「高野山文書又続宝簡集七九」建治元年（一二七五）三月十四日円満院公文所注進状幷御教書案（仲村研編『紀伊国阿氐河荘史料二』〔吉川弘文館、一九七八年〕二一八号）参照。

(25) 河野「阿氏河荘をめぐる寂楽寺と円満院」（寺院史研究会編『中世寺院史の研究 上』〈法蔵館、一九八八年〉所収）二四八〜二五八頁参照。

(26) 前掲註(25)河野論文では、これを東寺公文所とするが、円満院配下の公文所と考えるべきであろう。高橋典幸「阿弖河荘の建治相論」（鎌倉遺文研究会編『鎌倉遺文研究Ⅱ 鎌倉時代の社会と文化』〈東京堂出版、一九九九年〉所収）九〜一〇頁参照。

(27) 「中山法華経寺所蔵『破禅抄』七紙背文書」年月日不詳沙彌寂心陳状（鎌⑬九二六六号）。

(28) 石井進「紙背文書の世界」（同『石井進著作集第七巻 中世史料論の現在』〈岩波書店、二〇〇五年〉所収。原論文初出は一九六九年）等によれば、中山法華経寺所蔵の日蓮遺文紙背文書には下総・武蔵・伊賀・肥前小城郡関係の文書が含まれているという。前掲註(5)高橋論文では、この史料の舞台を伊賀国内の守護領と推定している。

(29) 大番用途の賦課原則の変更やその意義については、本書第三部第一章第一節参照。

(30) 垸飯用途……弘長元年（一二六一）二月三十日（鎌倉幕府追加法四〇〇条）、正応三年（一二九〇）某月二十三日（同前追加法六二三条）、年月日不明（同前追加法七四〇条）。修理替物用途……正応三年某月二十三日（同前追加法六二二条）、嘉元二年（一三〇四）二月十二日（同前追加法七一〇条）、年月日不明（同前七三九・七四二条）参照。

(31) 盛本昌広氏は、垸飯役に関する専論「鎌倉幕府垸飯の負担構造」（同『日本中世の贈与と負担』〈校倉書房、一九九七年〉所収。初出は一九九五年）の中で、農民への負担転嫁が追加法によって繰り返し幕府から禁止されていたものの、実際には転嫁は恒例化していた、と述べている（三五頁）。私も実態としてはそのようなものであり、だからこそ禁令がたびたび発令されなければならなかったと考えているが、盛本氏の史料解釈には若干の疑問を感じる。すなわち、氏は「上野長楽寺文書」文保二年（一三一八）十月六日新田義貞在家畠売券（鎌㉟二六八〇三号）を素材として、垸飯用途などが百姓に転嫁されていたとするが、この史料は本文に掲げた【史料四】と同種のものであって、これをもって在地転嫁がなされたとは論じ得ないのである。大番役以外の御家人役も、実態としては在地転嫁されていたと推測されるが、それを証する確たる材料には欠けるのである。

(32) 鎌倉幕府追加法三九八〜四〇四・六二一〜六二四・七一〇・七三九〜七四三条参照。

(33) 「長府毛利文書」寛喜三年（一二三一）十一月十二日関東御教書（鎌⑥四二四三号）。

(34)「長府毛利文書」正嘉二年（一二五八）三月十八日関東御教書（鎌⑪八一九八号）、「周布吉兵衛所蔵文書」正嘉二年三月十八日関東御教書案（『萩藩閥閲録』三巻一二一―一号）。
(35)「高野山文書宝簡集一一」嘉元四年（一三〇六）九月七日関東下知状（鎌㉚二二七二二号）。
(36)「高野山文書宝簡集七」建久六年（一一九五）六月五日関東下知状（鎌②七九四号）。なお、この文書の解釈については本書第三部第一章第一節第2項参照。
(37)「薩摩山田文書」弘安二年（一二七九）五月九日北条時宗・大仏宗宣連署奉書案（鎌⑱一三五八六号）。すなわち、同所地頭である大隅土用熊丸が同郡郡司の走湯山造営用途対捍を訴えている。それ以前に土用熊丸が幕府から走湯山造営用途を催促されている（「薩摩山田文書」弘安元年〔一二七八〕七月三十日関東御教書案〔鎌⑰一三一三六号〕）ことから、地頭土用熊丸は走湯山造営用途を郡司に「転嫁」していたことになる。ただし、当時地頭は所務権を喪失しており、また谷山郡司自身御家人でもあるから（五味克夫「薩摩の御家人について」〔『鹿大史学』六号、一九五八年〕一八頁参照）、これを走湯山造営用途の在地転嫁とみなしうるか、なお検討を要する。
(38) 上杉和彦「鎌倉将軍上洛とその周辺」（『古代文化』四三号、一九九一年）参照。
(39)『吾妻鏡』弘長三年（一二六三）六月二十三日条。
(40)『吾妻鏡』弘長三年（一二六三）八月二十五日条。
(41) 前掲註(38)上杉論文では、将軍上洛を「公武両政権にとって意味のある政治行為」とし、そこに「広い意味では、朝廷の公事としての性格」を読み取る。
(42)『吾妻鏡』正嘉二年（一二五八）三月二十日条。
(43)「肥前龍造寺文書」嘉禎四年（一二三八）七月二十六日関東御教書案（鎌⑦五二八〇号）、「肥前石志文書」嘉禎四年七月二十六日関東御教書案（鎌⑦五二八一号）。ともに「御在京之間御雑事料銭」を「地頭役」として納入すべきことを命じている。ここで言う「地頭役」を地頭得分の内からの支出と考えたい。
(44) その代表的な研究として五味克夫「鎌倉御家人の番役勤仕について（二）」（『史学雑誌』六三―一〇号、一九五四年）が挙げられる。
(45) 前掲註(3)青山論文参照。

(46) 五味文彦『武士と文士の中世史』(東京大学出版会、一九九二年)参照。

(47) 牧健二『日本封建制度成立史』(弘文堂、一九三五年)参照。同書一四〇頁に「鎌倉殿の有する特権が、法律と慣行とにより て漸次拡張せらるゝときは、之に伴ふて御家人全体の奉公義務が多方面となった」とされている。この部分のみを見れば御家人役の種類の増加のみを言うかの如くであるが、その前段をも参照すれば御家人役の内容(性格)の変化も念頭におかれていると考えられる。また、そうした変化の原因を鎌倉殿の地位の変化に求めている点も見逃せない。ただし、見通しとして述べられるにとどまっており、その具体的な検討はなされていない。

(48) 本書第三部第一章第一節参照。

(49) 筧雅博「鎌倉幕府掌論」(『三浦古文化』五〇号、一九九二年)参照。氏の主張は多岐にわたるが、特に注目されるのは、御家人役賦課の範囲や対象といった空間的な差異のみならず、時間的な差異に注目している点である。きわめて魅力的な見解であるが、管見の限り、筧氏のこの指摘に対応するような研究成果は未だない。

(補註1) 「大番用途の在地転嫁の禁止が幕府成立以来の原則」としたのは不正確であった。管見の限り、大番用途の在地転嫁禁止が明言されるのは建長六年(一二五四)十月を初見とする(鎌倉幕府追加法三〇〇条、本章【史料一】)。それ以前については、在地転嫁の禁止・許可いずれも明らかではない。おそらく、それ以前の幕府には、御家人による大番用途の調達方法そのものについて関心がなかったものと思われる((補註2)参照)。

(補註2) 「御家人役は、本来は在地転嫁を禁じられており」としたのは不正確であった。御家人役の在地転嫁禁止が明文化され始めるのは十三世紀半ば以降のことである(本章【史料一〇】は例外的に早い時期の史料であるが、そこに見える在地転嫁禁止規定については、当時の寛喜の飢饉の影響が考えられる)。この点について上杉和彦氏は、この時期になって一国平均役をはじめとするさまざまな臨時公事賦課による百姓層の没落に対する懸念が幕府内で高まった結果、幕府固有の公事賦課に対する抑制策として御家人役の在地転嫁が禁止されるようになったと解釈する(上杉「国家的収取体制と鎌倉幕府」〔『歴史学研究』六五七号、一九九四年〕、同「中世国家財政構造と鎌倉幕府」〔『歴史学研究』六九〇号、一九九六年〕参照)。なぜ十三世紀半ばなのかという点については検討を深めなければならないが、幕府が御家人役の在地転嫁という問題を認識し始めたのは十三世紀半ば以降と考えるべきである。その結果、多くの御家人役については在地転嫁が認められなくなったにもかかわらず、京都大番役はその後、在地転嫁が一部認められるようになったことはやはり興味深い現象である。

（補註3）　七海雅人氏は、御家人役関係の史料を博捜した上で、「鶴岡八幡宮造営用途」と「召米」も在地転嫁の認められた御家人役として指摘する（前掲註（2）七海論文）。このうち、「召米」については、大石直正氏も指摘するように（大石「平泉と多賀国府」〔『中世都市研究』二号、一九九五年〕所収）、関東御領に固有の課役であり、御家人役とは異なると思われる。

第四章　武家政権と戦争・軍役

はじめに

本章では、これまでの考察もふまえて武家政権と軍役の問題を考えてみたい。ここで論点とするのは以下の三点である。

①武家政権が志向した軍役のあり方を戦争・紛争との関係を中心に見ていくこと。
②御家人役も含めて、武家における収取＝役の問題を見ていくこと。
③南北朝・室町期までを対象に、軍役の収取と所領制度の関係を見通すこと。(1)

武家政権と収取の問題については、国家的収取という観点から上杉和彦氏による一連の研究があり、(2)鎌倉幕府が既存の国家的収取体制＝一国平均役徴収を保証する側面が明らかにされた。その一方で、武家政権が社会の暴力を集中・結集した存在であることも見落とすことはできない。(3)中世における「社会の暴力」は武士に体現されていたと考えられるが、治承・寿永内乱期に武士による荘園年貢の対捍や強奪がしばしば問題となったように、それは既存の収取秩序を阻害する側面も有していた。

もちろん武家政権はこうした「社会の暴力」をそのままの形で集中・結集していたわけではなかった。すなわち、武家政権が国家的組織として立ち現れるに際しては、このような暴力性の整序化・合理化が問題とならざるをえなかった。この点は、戦争・紛争時に武家政権が編成する武力（暴力の発現形態）のあり方に端的に認めることができると思われるが、ここでさらに注目されるのは、既存の収取体制との関係上それがどのように整除化・合理化されていき、そこからどのような収取秩序が生まれてくるのかということである。近年の中世戦争論の成果には目覚しいものがあるが、中でも戦争が秩序の破壊であると同時に新しい秩序形成の起点ともなったとする指摘(4)は重要で、本章でもその視点を共有・継承したいと考える。

以上のような問題関心のもと、本章では右の課題に対して以下の構成で応えていこうと考えている。

(1)　御家人論・御家人制論の展開。御家人制の本質は幕府の軍事組織たることにあり、幕府による在地暴力整序化の一つの産物であったと考えられる。これを念頭に御家人制の内部構造を考える。同時に御家人制形成の起点となった治承・寿永内乱やそれを根底で支えた在地の紛争状況の規定性を析出する。

(2)　鎌倉後期以降の新しい戦争状況に、御家人制という仕組みが対応しきれなくなったことを明らかにし、この状況に武家政権がどのように対処したかを、在地の状況もふまえて考察する。

(3)　こうした新しい在地暴力の整序化は何によってもたらされ、結果としてどのような秩序を導いたのかを考察する。

一　御家人制の成立

1　御家人役の構造

武家政権の成立により新たに生まれた収取関係として、鎌倉殿と御家人との間でやりとりされた御家人役がある。御家人の鎌倉殿に対する「奉公」がそれで、「主人に対する従者の原初的な奉仕関係の発展」と見られがちであるが、その内実はそれほど単純ではない。この点についてはすでに分析したところなので[5]、その概略を以下に記す。

御家人役は大きく恒例役と臨時役の二つに分類される[6]。そのうち、恒例役は垸飯用途や鎌倉番役、源頼朝の月忌用途、小舎人用途、修理替物用途などからなり、原則として鎌倉殿とその周辺を直接の対象とする奉仕・サービスである。そうした意味で、恒例役は「鎌倉殿―御家人という人的関係に密着した役」と評価できる。

一方、臨時役はさらに三つに分類される。

①京都大番役や宇都宮五月会頭役、諏訪社五月会御射山祭頭役などは武士の職能にもとづく役と言える[7]。これらの役は鎌倉幕府成立以前から存在していたが、鎌倉幕府は全国の武士を組織することによってあらためてこれらを御家人役として編成しなおしたと考えられ、武士層を組織して全国の治安維持・国家的軍務を専掌する軍事集団としての幕府の性格を反映する役と言える。

②鎌倉幕府はその成立と同時に鶴岡八幡宮を創建、伊豆走湯山造営についても当初から深く関わっていた。これらに関わる鶴岡造営用途や走湯山造営用途などは、鎌倉殿に対する直接の奉仕には分類できないし、次にみる朝廷に対する奉仕とも言えず、いわゆる「東国」、すなわち鎌倉幕府独自の政治領域に関する役と想定しておきたい。

③朝廷に対する御訪用途やそれに関連して御家人に拠出が求められた成功などは、関東請負公事とも指摘されているように[8]、幕府ないし鎌倉殿の朝廷に対する奉仕という側面が強い。朝廷に対する奉仕は寺社や貴族なども行なっていることから、これらは鎌倉殿の権門としての性格に対応する役と指摘できる。

以上のように、臨時役は「鎌倉殿を直接の奉仕対象としない役」として一括できる。抽象化すれば、鎌倉殿もしくは幕府が果たすべき職務という外的条件と「鎌倉殿―御家人」という人的関係が接触するところに成立する役と言えるが、それが右のように分類されるということは、臨時役がさまざまな契機から成り立っていることを示しており、それは鎌倉幕府の様々な側面を反映するものと考えられる。

さらに注目されるのは、それぞれの役に「重み」の違いが認められることである。たとえば、正月の御所垸飯役を寄子として勤仕することを求められた上野二郎跡は「宇都宮のさ月ゑにあたりて候へハ、かやうの役はつとめ候はぬよし」を申し立てている(9)。また、信濃国御家人が諏訪社御射山頭役に当たっていることにより、鎌倉番役を免ぜられるべきことを主張している事例も知られる(10)。いずれも恒例役（垸飯役・鎌倉番役）よりも臨時役（宇都宮社五月会・諏訪社御射山頭役）の方が優先されていることがわかる(11)。

「臨時役＝時々取るもの」だから「恒例役＝いつも取るもの」よりも優先されるというのはみやすい道理ではあるが、主人たる鎌倉殿の警護にあたる鎌倉番役が諏訪社御射山頭役などに優越しないのは、御家人制の本質を考えるに際して注目すべき事実であろう。

こうした優先・優越関係という視点を導入すると、さらに臨時役の中にも独特の構造があったことが浮かび上がってくる。

【史料一】(12)

一、神官等鎌倉参住時、当社神事等之事

右、二季御祭、春冬三月会、一切経会、五月会、六月臨時祭、九月会、彼神事之時者、神官等縦雖㆑参㆓住鎌倉㆒、可㆑被㆑差㆓下之㆒也、但依㆓大番以下重事㆒、在京之時者、任㆓先例㆒不㆑可㆑依㆓此儀㆒、

右は宇都宮家式条の一節で、鎌倉に「参住」(13)していても宇都宮社の祭礼を勤めなければならないとする傍線部は、

先の上野二郎跡の事例と通じるが、ここで注目したいのは波線部である。すなわち、京都大番役は、こうした宇都宮社の祭礼よりも優先されていたことが読み取れるのである。また、走湯山造営用途を割り当てられていることを理由に京都大番役について「子細」を申していた（おそらく免除を申し出ていたのであろう）若狭忠清に対して、六波羅はその申し出を認めず、あらためて速やかに大番役を勤仕すべきことを命じたことも知られている。[14] この六波羅の対応は、直接には京都大番役を命じる「関東御注文」に若狭忠季（忠清の父）跡が載っていたことによるもので、六波羅単独の判断として関東からの命令を覆すわけにはいかないというものであるが、少なくとも走湯山造営役が京都大番役に優越する役ではなかったことを読み取ることはできよう。

すなわち、先の分類によれば、臨時役②よりも臨時役①の方が優越し、臨時役①の中でも京都大番役がもっとも優先される役であったことが判明するのである。臨時役③との関係は判然としないが、京都大番役の優越性は動かないであろう。[15]

また、京都の各地に設置された篝屋の番役や篝屋に用途を提供することを定められた篝屋料所についても、他の一切の御家人役が免除されていた。[16] 篝屋役がとくに優先される役であったことを示しているが、実は篝屋役は京都大番役に準じるものとして理解されていたのであり、[17] この事例からも御家人役一般における京都大番役の優越性とでも言うべき構造が傍証されよう。

以上の御家人役を通じた検討から、御家人役はさまざまな契機を内包しながらも、京都大番役や篝屋番役など軍事力行使に関わる役が優越的な位置を占めていたことが判明した。次に問題とすべきは、なぜこうした軍事的な役が優越性を帯びるに至ったかということであるが、この点を検討するためには御家人制の成立過程に目を向ける必要がある。

2　御家人制の位置——御家人制の成立過程(1)

御家人制の起源は源頼朝の挙兵に呼応して蜂起した武士集団に求められる。こうした武士集団を核に、内乱の過程で頼朝に臣従する武士の数は飛躍的に増えていったと考えられるが、これがそのまま御家人制に結びついたわけではなく、建久年間に御家人制の再編が行なわれたことは諸氏の説くところである。(18)ただし、従来の議論はもっぱら御家人集団の編成方法の整備・強化に注目しているが、同時に「このような大規模な私兵集団＝鎌倉殿に集中化された武力を、内乱期はともかく、平時にまで持ち込む・平時にも維持することの正当性を幕府はどこに求めたか」という視角も追及されねばなるまい。この点についてもすでに論じたところなので、(19)まずその概略を示す。

注目すべきは、御家人制の再編が京都大番役の御家人役化と同時並行で進められたと考えられることである。すなわち、建久年間に武士層にあらためて御家人・非御家人の選択を迫った上で、御家人を選択した者に京都大番役勤仕が義務付けられたのである。(20)これ以前の大番役は鎌倉殿が「諸国在庁諸荘園下司惣押領使」を指揮して勤めるものとされており、(21)御家人に限定されてはいなかったが、この後は京都大番役に非御家人を催促してはならないなどと指示されていることを考えれば、(22)建久年間を境に京都大番役の勤仕が御家人に限定される＝京都大番役の御家人役化が進行したことは間違いなかろう。

おそらく頼朝は、御家人集団を単なる自らの従者集団・私兵としてではなく、京都大番役に象徴される国家的な軍務遂行主体と位置づけることによって、御家人集団の平時存続の正当化を図ったと考えられる。建久二年（一一九一）三月新制第一六条(23)では諸国の海陸盗賊の取締りが鎌倉殿（「前右近衛大将源朝臣」）に命じられているのみであったのが、寛喜三年十一月新制第三二条(24)になると、御家人たち（「左近衛権中将藤原頼経朝臣郎従等」）もその主体として位置づけら

れていることは、右の経過を反映した変化であると考えられる。(25)

国家的軍務が特定の人間の請負とされることは、すでに平氏の段階で確認されるが、(26)その担い手として鎌倉殿の従者集団＝御家人が国家的に位置づけられたことは鎌倉幕府段階での新しい事態であり、ここに御家人制成立の最大の特徴を認めるべきであろう。

実際、『吾妻鏡』などでは御家人（制）をこのような国家的軍務遂行集団とみなす幕閣指導者の言説をしばしば見出すことができるが、(27)それにとどまらず御家人個々においてもそうした点にアイデンティティを求めていたことがうかがわれる。例えば、播磨福井保宿院村地頭代は、対立する同保預所を「自身私用之計也」とするのに対し、地頭は「京都・関東恒例臨時御公事重役無二其暇一」であるとして自身の立場を強調するのであるが、具体的には南都北京守護や熊野発向・海上警固・流人送迎などの国家的軍務に従事していることを列挙している。(28)この場合は「地頭」の立場として語られているが、ここに挙げられている役は地頭のみに限られるものではないから、こうした主張は御家人一般に共通するものと考えてよかろう。

さらに、朝廷・荘園領主たちも御家人（制）のそうした位置づけに合意を与えていたことは、先に見た新制の文言の変化からもうかがえるところであるが、前項との関連で御家人役に則してこの点を確認すれば、京都大番役と篝屋番役は、その用途の在地転嫁が荘園領主によっても認められていたことが注目される。(29)御家人役は一般に在地転嫁が禁止されていたが、その背景には年貢公事収取の不調を懸念する荘園領主側の意向をみてとることができる。(30)そうした一般的情勢の中で、京都大番役と篝屋番役用途については、上限つきながらも在地転嫁が当の荘園領主によっても認められていたことは、荘園領主もこれらの役の遂行に象徴される御家人（制）の国家的軍務遂行主体という位置づけに合意を与えていたことを示すと考えられよう。

以上のように、御家人制は治承・寿永内乱という戦争状況の中から生み出されてきたばかりでなく、国家の軍事警察を専掌する集団としての属性を付与され平時への定着が図られたのであり、そうした意味でも戦争・紛争状況と密接に連関した特殊軍事集団と位置づけることができよう。これが実際に国家的軍事組織として有効なものであったことは、興福寺領山城国大隅荘と石清水八幡宮領同国薪荘との境界相論に端を発する嘉禎年間の興福寺衆徒の蜂起が、朝廷の依頼を受けた幕府による御家人軍の動員・配備によって鎮圧されたという著名な事例(31)からも明らかであろう。

3　御家人集団の連帯性――御家人制の成立過程(2)

前項では御家人制の成立を国家史的視点で捉えたが、それのみでは事の半面を見失う恐れがある。すなわち、それを支えた下からの動きも視野におさめる必要があろう。その手がかりとして、ここでは御家人集団の連帯性の問題を検討したい。

【史料二】(32)

京都大番役事、以二関東御教書一、自二守護所殿一被レ加二催促一候之間、道証依レ為二重代御家人一、可二勤仕一之由、令二承伏一候之処、乍レ居二住東大寺領一、号二関東御家人一、欲レ勤二大番役一之条、其咎称レ不レ軽、為二黒田庄預所蔵人法橋之沙汰一、以二数多之使一、焼二失道証幷所従等之住宅一候之上、被レ点二定作田一候、且去年之比、道証非二御家人一之由、預所令レ申候之間、七ヶ度申二賜六波羅殿御教書一、於二京都一欲レ遂二対決一候之処、預所遁二申其節一、今寄二事於大番役承伏一、焼二失住宅一令レ点二定作田一候之間、永令二侘傺一候畢、傍輩之迷、争可下令二見放一給上候哉、尤可レ有二御申沙汰一候、恐々謹言、

七月廿日　　沙弥道証

謹上　御家人御中

正確な年代は不明であるが、寛元・宝治年間の頃、重代御家人として大番役勤仕を承伏してしまったために、寺領内に御家人の存在を認めない荘園領主東大寺によって住宅焼失や作毛点定などの圧迫を受けた伊賀国黒田荘の道証なる人物は、「(伊賀国) 御家人御中」に対して救済を求めている。これがその後どのような展開を見せたかは定かではないが、これとほぼ同じ時期、若狭国では実際に国御家人集団が没落した国御家人の救済に立ち上がり、荘園領主や承久の乱後新たに国内に乗り込んできた東国御家人たちによって不当に没収ないし侵略された国御家人の所職回復を求めて、「若狭国御家人」として申状を提出している。(33) これらの事例は御家人集団の連帯性をよく示している。

問題はこの連帯性が何に由来するかということである。それを御家人というフラットな身分集団に帰属することに発する「傍輩」意識に求める見解(34)もあるが、それが一方で排除をともなう連帯でもあったことに注意したい。すなわち、若狭国御家人による没落国御家人所職回復運動は、同国太良荘末武名の知行をめぐる宮河乗蓮・藤原氏女父子と中原氏女の争い(35)にも呼び込まれ、そこでは国御家人たちは中原氏女を支持・擁護する一方で、彼女と対立する宮河乗蓮父子を「非御家人」として排除する形をとっている。(36) この相論の過程で宮河乗蓮父子は「不レ相二交御家人一」とも言われており、(37) 若狭国御家人がその集団から宮河乗蓮父子を排除しようとしていることは明らかである。

そもそも若狭国御家人は、国衙在庁官人を中心とするいくつかの族縁集団から成り立っていたことが指摘されているが、(38) その直接の母体は治承四年（一一八〇）末に近江の反平氏勢力に呼応して蜂起した「(若狭国) 有勢之在庁」(39) たちに求めることができよう。すなわち、治承・寿永内乱の中で反平氏として立ち上がった有力国衙在庁を中心とした武士集団が、鎌倉幕府の成立とともに「御家人」と認定されたのであろう。同様の事例は越後国御家人についても認められるようである。越後国御家人については、北信濃や甲斐の武士団の庶流および越後国在庁官人から構成されており、いずれも治承・寿永内乱期に木曾義仲に従って越後城氏と戦った面々の子孫であることが明らかにされている。[40]おそらく、越後城氏と対立・競合関係にあった武士集団が内乱を契機に結集し、その結びつきが母体になって越後国御家人集団が形成されていったと考えられる。

近年の研究は、治承・寿永内乱の根底に、それ以前から在地に存在した領主間の競合・結集状況を見出しつつあり、[41]右でふれた若狭や越後の国御家人の形成過程を考えあわせるならば、御家人制の成立にあたってもこうした領主間の競合・結集状況が持ち込まれた可能性が高い。すなわち、御家人制の成立は、在地における領主間の競合・結集状況を前提とし、そのうちの特定の武士団・領主たちを御家人として組織するという偏差をともなった過程をたどったのではなかろうか。もちろん、建久年間における「御家人制の再編」では、こうした偏差を解消する努力が払われたであろうが、それはけっして解消し尽くされるものではなく、御家人制の内に、一定の変容を受けながらも脈々と流れ込んでいたと考えられる。[42]

このように考えれば、御家人の連帯性として現象する事態も、実は在地における領主間の競合・結集状況に根ざしたものであり、それ故にこそ排除をともなった連帯であったと理解されるのである。

こうした点は、御家人制によって担われた幕府による軍務遂行過程にもみてとることができる。例えば、建仁元年（一二〇一）に越後で発生した城資盛の反乱は御家人軍が投入されて鎮圧されたが、[43]ここで注目されるのは、「当参之輩」の派遣も検討されたにもかかわらず、「越後国御家人等」に鎮圧が命じられていることである。事件発生地の御家人が動員されるのは当然のことではあるが、先にみた越後国御家人の形成過程を考えあわせれば、越後国御家人集団と城氏武士団との間に潜在する競合状況に立脚した軍事動員・軍務遂行と理解することができよう。

また仁治から建長年間にかけての高野山領紀伊国名手荘と粉河寺領同国丹生屋村との用水相論に端を発する堺相論

の経過も興味深い。当初は朝廷による審理の下にあったこの相論は、両者が武力衝突を引き起こしたこともあり、幕府に持ち込まれ、結局幕府が朝廷の判決の強制執行にあたることになる。すなわち、六波羅の施行を受けた紀伊国惣官および守護代に率いられた紀伊国御家人たちが紛争現地に臨み、「用水中分之料」を設置したのである。(44) 御家人制がまさに国家的軍事・検断機構として機能している好例であるが、この強制執行は、名手荘側に「用水中分之料」を破壊されて、簡単に覆されてしまう。その背景として、①名手荘に対する紀伊国有力御家人湯浅氏の支援があったこと、②惣官・守護代とともに強制執行にあたった国御家人は、湯浅氏を含まない、紀伊国衙南部の武士たちであったことが指摘されている。(45) 湯浅氏や湯浅党の御家人化の経緯や御家人としての立場には他の国御家人とは異なる特殊なものがあったことなどを考慮すれば、(46) 右の一連の事件の経過から、国衙を中心とした武士集団と湯浅党という二つの領主間の対立・競合関係が御家人制による国家的軍務・検断遂行を制約していることを読みとることができよう。

以上、本項では、御家人制は軍事的契機から強力に編成されたものでありながら、実態としては在地の複雑な競合状況を抱え込んでおり、御家人制を手段とする鎌倉幕府による国家的軍務遂行もこのような在地における領主間の競合・結集状況に依拠ないし制約されたものであったことを指摘した。

二　御家人制の矛盾

1　回路としての京都大番役

前節第3項では地域における偏差や国御家人内部における偏差を指摘したが、御家人制には鎌倉殿から所領安堵を受ける御家人とそうでない御家人という偏差も内包されていた。従来から御家人制の根本的な矛盾と指摘されてきたものだが、この矛盾はとくに西国御家人に顕著に見られた。

【史料三】（鎌倉幕府追加法六八条）

一、西国御家人所領事

右、西国御家人者、自㆓右大将家御時㆒、守護人等注㆓交名㆒、雖㆑令㆑催㆓勤大番以下課役㆒、給㆓関東御下文㆒、令㆑領㆓知所職㆒之輩者不㆑幾、依㆑為㆓重代之所帯㆒、随㆓便宜㆒、或給㆓本家領家之下知㆒、或以㆓寺社惣官之下文㆒、令㆓相伝㆒歟、（下略）

右は、天福二年（一二三四）に発令された鎌倉幕府法の有名な一節であるが、「関東御下文」を持たない西国御家人たちにとっては、御家人交名に記載されることとともに、御家人役勤仕が御家人身分を構成する根拠であったことがわかる。(47)

こうした御家人役勤仕が御家人身分を証明する手段となる状況は、御家人以外の人々が御家人の称号を獲得するためにすすんで御家人役を勤める「御家人役所望」という事態をもたらしたようである。例えば、丹波国宮田荘では荘官らが御家人と称して荘園領主と対立する事件が十三世紀後半以降頻発したが、その中で下司寂仏・公文観円は「為㆓非職之身㆒動望㆓御家人役㆒」と言われている。(48)

そうした御家人役としてしばしば現れるのが京都大番役であり、非御家人たちが京都大番役勤仕に向かった理由が注目される。一つには、第一節第3項で検討したように、これが最も優越的な御家人役であったこととも関係しようが、より現実的には京都大番役の賦課・勤仕形態と関係があろう。

京都大番役以外の御家人役の賦課・催促や勤仕の実態はあまりよくわからないのが現状であるが、室町時代のように地頭御家人役を守護が取りまとめていたような状況は鎌倉時代には想定しにくい。それに対して、京都大番役は少なくとも西国では守護が管国の御家人を指揮して勤仕することが明確に規定されていた。そこでは御家人以外の者を動員してはならないとする幕府の規制も明記され、再三にわたって指示されているが[49]、現実にはかなり守護の裁量に委ねられていたようである。例えば、越前守護大内惟義は越前国御家人を動員して京都大番役を勤仕するとしながら[50]、現実には「全以不レ知二弓箭一、然間無下勤二大番一之例上」とあるような者まで動員しようとしたことが知られている[51]。

御家人役を勤仕する機会を求めていた人々にとっては、このような京都大番役の賦課・催促、勤仕をめぐる実態は絶好の機会だったはずである。すなわち、守護と結託することによって京都大番役勤仕の実績を積む可能性が開かれていたのである。鎌倉時代末の事例であるが、越中国の武士岡成又二郎景光らは、自らが独立した御家人であることを証明するために、「大番催促状」を受けていることを主張したが、その主張は「近年為レ称二御家人一、恣誘二取守護代状一」と批判されている[52]。守護（代）と非御家人との結託を示すよい例であろう。また、先にふれた丹波国宮田荘で御家人役の勤仕を望んでいた公文観円は、のちに荘園領主に謝罪して「すこ方《(守護)》よりふけやく《(武家役)》をさいそくせられ候を、きんしつかまつり候」と起請文を提出している[53]ことから、あるいはこれもまた守護と結託して、おそらくは京都大番役を勤仕した可能性がある。

幕府当局がこうした異分子を大番役勤仕の場から排除しようとしていたことはこれまで繰り返し指摘したところであるが、十三世紀半ばになると、その態度に微妙な変化が現れる。すなわち、宝治二年（一二四八）正月に、「募二御家人一」として京都大番役を勤仕している「西国名主庄官等」＝非御家人が存在することを認識した上で、「其仁躰」によっては「請取」＝覆勘状（京都大番役勤仕証明書）を与えてもよいことを決定しているのである[54]。「請取」を与えられることによって「其仁躰」がそのまま御家人と認められたか否かについての判断には慎重を期さねばならないが、ここから、御家人役の中でもとくに京都大番役は、守護を媒介にすることによって、御家人化を望む人々にとって御家人身分に接近する回路として機能していたことがうかがえよう。(55)

2 「御家人役所望」の背景

右にみた宝治二年（一二四八）正月の幕府の決定は、御家人役を負担してまでも御家人化を望む人々が例外的な存在ではなかったことをうかがわせるが、実例によれば、御家人化を望もうとしている人々の大半が西国荘園の下司や公文、名主であることがわかる。(56)

問題は御家人化を望んだ理由であるが、彼らの多くが荘園領主と所職相論を起こしており、それを有利に運ぶために御家人身分を主張しようとしていることから、荘園領主との関係で自己の立場を強化するために御家人化を望んだ側面が大きいことは認めねばならない。しかし、それは両刃の剣でもあった。東大寺や高野山といった、とくに寺領荘園の領主は、荘官層の御家人化を嫌い、前掲【史料二】のように彼らに圧迫を加え、領内から追放している事例さえあり、(57)単純な御家人化志向は自己の存立基盤そのものを失う可能性もあったことにも注意しなければならない。

ところで、第一節第3項で分析した御家人制の内実とその機能をふまえれば、彼らの御家人化の動きについて別の光を当てられそうである。十三世紀後半以降の悪党事件頻発に対して、幕府は「相＝尋地頭御家人＝」という手段で悪党検挙を行なおうとしていたことが知られる。(58)同様の方法は、御家人に対する譲与安堵に際しても、当該御家人による知行の実否を近隣の地頭御家人に確認するという形でも認めることができる。(59)これらは幕府による地域秩序維持機能が御家人制に依拠していたことを示しているが、その御家人制が第一節第3項で検討したように、領主間の競合・結集状況に規定されたものであることを考えると、在地の人々にとっては、国御家人集団との距離が自らの地位・立場を保持ないしは向上させるポイントとなっていた状況が想定される。ここに「西国名主庄官等」の御家人化志向の根拠が認められるのではなかろうか。すなわち、彼らがとくに京都大番役の勤仕に向かった理由も、これが国御家人による共同勤仕であり、そのメンバーシップを可視的に確認するという点で効果的であったことが考えられるのである。

また、御家人所領をめぐる当時の社会情勢にも目を向ける必要があろう。第一節第3項でふれた若狭国の宮河乗蓮の場合は、荘園領主との関係というよりも、御家人領を確保するために御家人化を図ったと見られる。すなわち、本来は「凡下之仁」であった乗蓮は、国御家人出羽房雲厳の「継聟」という偶然的契機によってではあるが、御家人領末武名を手に入れており、その知行の正当性を得るために御家人身分を目ざしたと考えられるのである。(60)

すでに十三世紀前半から、御家人所領が本来の知行者たるべき御家人の手から流出していることは問題となっていた。(61)これが誰の手に渡っていたかはさまざまであろうが、少なからぬ部分がさまざまな経緯で、宮河乗蓮のような「非御家人幷凡下之仁」のもとに流出していたのでなかろうか。(62)

その一方で、御家人役の確保という見地から鎌倉幕府は御家人所領の確保に積極的であった(63)から、御家人所領の新たな知行者になった「非御家人幷凡下之仁」が、それを安定的に確保していくためには、それにふさわしい振る舞いをせねばならなかった。それが所領に応じた御家人役の勤仕であり、さらに進んで御家人身分の獲得が目指されたのではなかろうか。これに関連して、御家人領の知行をめぐって「於㆓侍品之仁㆒者、雖㆑為㆓何輩㆒、可㆑令㆑勤㆓仕当役㆒歟之由、其沙汰畢」(64)とする認識が見られたことは注目に値する。若狭国末武名をめぐる相論の過程で両当事者宮河乗蓮父子・中原氏女ともに罪科ありとされたため、荘園領主東寺は「侍身分の人間であれば、御家人役さえ勤仕するのであれば誰でも御家人領末武名を知行してもよかろう」と判断して、第三者である順良房なるものに末武名を与えたというのである。この認識・判断は結局否定されるのであるが、ここから御家人領の入手・その確保という動機が非御家人たちによる御家人役勤仕という現象を導いていった可能性を読み取れよう。

以上、本節では非御家人による御家人役勤仕・御家人化志向の理由として、これまでの検討をふまえて、①国御家人集団という在地における秩序維持集団に参画していくメリット、②非御家人による御家人所領入手・知行の正当性確保の二点を、新たに指摘した。

3　御家人制の桎梏

第1・第2項でみてきたように、鎌倉幕府の軍事動員（京都大番役）は御家人をその対象としながらも、実際にはその周囲に少なからぬ御家人以外の人々をも含みこみながら展開していた。こうした状態がその後どのように推移したかを考えるに際しても注目されるのは、御家人層の周縁部に位置した非御家人の動向である。とくに前項で指摘したように、彼らが従来の御家人に代わって新たに御家人所領を入手し、御家人役を勤仕しようとする存在であるとすれば、その処遇＝彼らを安定的に体制に組み込めるか否かは今後の幕府の体制を左右する可能性をはらんでいたと考えられる。(補註1)

しかし、すでに分析したように(65)、文永年間以降には、このような周縁的存在はあらためて非御家人と判定されていく。すなわち、鎌倉幕府は十三世紀半ばの段階ではこうした周縁的存在に対しても何らかの対応をとる姿勢を見せながらも、結果的には彼らを御家人制に位置づけられなかったのである。

その理由として十三世紀後半に盛行する御家人所領の取り戻し政策、いわゆる徳政令との関わりを、すでに指摘したところである(66)。所領問題をめぐって荘園領主層と利害の調整がはかられた可能性が想定されるわけで、いわば御家人制にとっては外的な要因が作用したと考えられるのである。その一方でこれまでは、御家人制の内的要因が、その拡大を阻んだとみられてきた。すなわち、御家人制の拡大は、旧来の御家人層の特権の侵害にもなったため、彼らの反発を招いたとするものである(67)。この点についても、本章でのこれまでの行論から、別の角度から光をあてられそうである。

すでに何度かふれた宮河乗蓮は、御家人役勤仕の実績を積み重ね、実際に「御家人」と見なされるような状況を作り出しながらも最終的には非御家人と判断されてしまうのであるが(68)、その過程で若狭国御家人が団結して乗蓮排除にまわっていることが注目される(69)。いわば若狭国御家人の連帯性が宮河乗蓮の御家人化を阻んだとも言えるわけで、ここに第一節第3項で指摘した御家人制に内在する在地における領主間の競合・結集状況の規定性を看取することができる(補註2)。御家人制は鎌倉幕府の組織でありながら、幕府の恣意のみをもってしては左右できなかったのである。

その結果は鎌倉幕府追加法六〇九条・六三九条や『沙汰未練書』の規定に明らかで、御家人身分にとっては祖父母や曾祖父の代に遡る由緒や「本秩」が決め手となり、結局、御家人は鎌倉幕府創設期に参画した武士団の子孫に限定されることになるのである。すなわち、御家人制は現実の主従関係や御家人役負担といった収取関係と離れた硬直化した身分と化したのである。

ここで注目したいのは、追加法六〇九条や六三九条にあるように、由緒さえあれば所領を持っていない者でさえ御家人と認めるとされたことである。いわゆる無足の御家人である。鎌倉幕府自身、「抑雖レ為二重代之御家人一、無二当時之所帯一者不レ能二駈催一」(御成敗式目第三条)と述べているように、無足の御家人は軍事的には無用の存在に過ぎなかった。

本来、国家的な軍事組織たることを名目に編成された御家人制は、鎌倉後期には無足の御家人を抱え込まざるをえないという構造矛盾を呈していた。しかしこの時期に幕府が負うべき軍事的課題の比重は、異国警固や悪党問題など、むしろ増大していた。こうした現実に直面する諸課題に対応する＝武力発動の手段としては、御家人制は既に桎梏とさえなっていたと判断されよう。

4　在地に遍在する武力と御家人制

前項で「御家人制の桎梏」と表現したのは、御家人制が新たに有効な武力を組織しえなくなっていたという意味であり、当時の社会に有効な武力そのものがなくなっていたことを意味しない。本項ではまず、十三世紀後半から南北朝期までを視野に入れて、御家人層以外の武力のあり方を見ておくことにしたい。

まず、この時期を象徴する武力として取り上げねばならないのは悪党である。近年の研究は「悪党」は反体制勢力を示す統制用語であることを強調しているが[70]、彼らの実際の行動様式＝武力発動のあり方に注目すると、「相語」という形で近隣の領主たちの連携・結合から成り立っていたことがうかがわれる[71]。『峯相記』によれば、こうした悪党たちの結合は「山ゴシ」とか「契約」といった富を媒介とするものとして現象していたことが指摘されている。

もう一つ注目したいのは荘官・沙汰人層の武力である。この時期、村落住民自らが武装・団結して境界相論や悪党と戦ったことが知られている。近年、こうした動きは村落フェーデにもとづくものとして注目されているが[72]、それらが多く荘官・沙汰人層に率いられたものであったことを見落とすことはできない[73]。まず村落の武力（村落フェーデ）の体現者として荘官・沙汰人層が注目される。

ただし、彼らが率いたのは村落の武力ばかりではなかった。丹波国大山荘沙汰人藤原家安は独自に他所から人勢と兵粮米を調達して厳増一派の乱入を撃退しているし[74]、伊予国弓削島荘所務代官弁房承誉は讃岐国悪党の乱入に際して、自ら兵粮米と数百人の軍勢を調達してこれを防いだ功績により、所務代官に任じられたと述べている。[75] また、南北朝期の事例になるが、播磨国矢野荘では観応年間に垂水法橋以下の乱入を受けた際、荘官・荘民の共同戦線でこれを撃退したことが知られているが、この時公文藤原清胤の下には「他所よりみつきせい（見継勢）」が参戦したとされている。[76] また、後述するように別の史料によれば、この時藤原清胤は独自に兵粮米も供出していた。

以上の事例からも、当時の荘官・沙汰人層は独自に外部兵力と兵粮を調達しうる実力を備えていたことがうかがえる。おそらくは独自に調達された兵粮を原資として外部兵力が動員されたのであろうが、兵粮を文字通りのそれと理解する必要もなかろう。これらの史料は荘園領主に対して自己の功績をアピールする性格のものなので「兵粮」と表現されたまでで、要は外部兵力を調達するために提供された富に他ならない。すなわち、その本質は先にみた『峯相記』の語る「山ゴシ」や「契約」と異なるところはない。[77] とするならば、兵粮＝富を媒介としたこのような武力結合のあり方は、悪党の武力のあり方と一致していると言えよう。実は、この二つ武力は実態としては同じものであり、一方が「悪党」として反荘園領主的な立場をとり、一方は荘家ないし村落の防衛のために（結果として）親荘園領主的な立場をとるために、史料上での表現が異なったに過ぎないのではなかろうか。

このように、在地の武力の体現者・担い手として荘官・沙汰人層があらためて注目されるのであるが、おそらく彼らこそが、第2項や第3項で指摘した「西国名主庄官等」「非御家人幷凡下之仁」に重なっているのであろう。第3項の冒頭で提示した御家人制の周縁部の存在を安定的に体制に組み込みうるか否かという課題は、こうした在地の武力を幕府が組織できるかどうかという問題に繋がっていたのであるが、結局彼らを非御家人として切り捨てざるをえなかったことは、御家人制という手段ではその道が閉ざされていたことを意味していよう。

さらに重要なのは、こうした在地の武力の体現者たる荘官・沙汰人層は、御家人をはじめとする武士をも巻き込んで新たな武士団結合を生み出しつつあったことである。とくに悪党たちの活動に顕著なように、それが既存の御家人・非御家人という枠組みを乗り越えて展開していることに注意したい。著名な紀伊国の荒川悪党を例に取ると、源為時を中心とした荒川荘近隣の殿原層ばかりでなく、御家人調月氏をも含みこんで紀ノ川中流域・那賀郡東半部の在地領主結合の様相を呈していたことが指摘されている(78)。

注目すべきは、こうした新たな武士団結合の展開が、旧来の武士団の競合・結集状況に規定された御家人制的秩序を相対化する可能性をはらんでいたことである。第一節第3項で指摘したように鎌倉幕府による軍務遂行はこうした御家人制的秩序に依拠したものであったから、新たな武士団結合の展開により、御家人制的秩序が相対化されることは、鎌倉幕府の軍務遂行に一種の機能不全をもたらしたことを予想させる。実際、武家使節による黒田悪党鎮圧が不調に終わった背景に、使節遵行にあたった御家人服部氏・柘植氏と黒田悪党との間に結託があったことも指摘されている(79)。このように考えれば、鎌倉時代後半の幕府検断の機能不全は構造的なものであった可能性も指摘できる。

以上、京都大番役という回路が非御家人にも実質上開かれていたことにより、御家人制には新たな秩序を生み出す可能性も秘められていたが、御家人制成立期以来の在地の論理に規定された限界を有していたこと、その一方で御家人制的秩序では捕捉できない、そしてその秩序を相対化する新たな武力結合が在地では展開しつつあったことを指摘した。

三　軍役と南北朝期荘園制

1　異国警固の二つの方向

十三世紀後半以降の異国警固という対外戦争状況の継続は、軍事力の恒常的強化をともなったと考えられるが、鎌倉幕府はこれにどのように対処したのかが問題となる。その点で注目されるのは、建治・弘安年間に各国の大田文が調進されたことである。その目的は、「且注㆓分地頭・御家人㆒」(80)とあるように、まずは固有の軍事組織たる御家人を掌握し直すことにあった。それが単に御家人交名の注進ではなく大田文調進という形をとったのは、御家人たちの軍役負担基盤としての所領を把握する意図に発するものであったことを示している。

その際、但馬国大田文に「又雖〔不脱カ〕㆑帯㆓地頭職㆒〔　　〕本自令㆑勤㆓仕御家人役㆒来輩注㆓分之㆒」(81)とあるように、地頭職所持者以外でこれまで御家人役を勤仕してきた者とその所領・所職がとりわけ注目されており、そうした所領・所職については「御家人役勤仕之地」（上賀陽荘公文職）や「御家人役勤仕職」（土野荘公文職）との記載が見える。これは幕府当局が御家人役の勤仕と御家人知行の所領とを統一的に認識・把握していたことを示していよう。

「御家人役勤仕之地」なる概念は、天福・寛元年間の鎌倉幕府追加法六八条・二一〇条に起因するもので、この「天福・寛元法」を根拠とした相論が継起していく中で形成・蓄積されていったと考えられるが(82)、異国警固を契機とした大田文作成はこの概念を全面的に定着させることになったのではないだろうか。これは、すでに説かれているように、御家人制という鎌倉殿との人身関係による軍事組織全てを所領支配に基礎づけようとする動きであり(83)、そうした意味で、第二節第1項冒頭で言及した御家人制内部に存在した根本的な偏差（鎌倉殿による所領安堵の有無）を克服する方向性を示す動きであったと言えよう。

ただし、この動きは当該の人物が御家人であるか否かをあらためて問い直すことにもつながり、御家人認定をめぐる相論がこの時期以降集中する結果を招いたと考えられる。その過程で御家人制に内在する「在地の論理」が作動し、御家人制がかえって硬直化したものとなったことは第二節第3項でみた通りである。

その一方で、異国警固最大の課題はともかくも「増㆓士卒之員数㆒[84]」ことであったから、右のような「御家人制の桎梏」という状況を前提にするならば、第二節第4項で指摘した御家人制の外側に広がる武力を何らかの方法で取り込むことも企図されたに違いない。

その方法も、この時期の大田文調進令にみてとることができる。大田文であるから、地頭御家人ばかりでなく荘園領主の把握も当然のことであるが、紀伊国三上荘勢田郷では荘園領主の由緒が不明であるために地頭が設置されたという[85]。これは他の時期の大田文調進令にはみえない措置であり、この時の荘園領主の把握が特別の意味を持っていたことをうかがわせる。

結論から言えば、鎌倉幕府は御家人以外の武力を「本所一円地住人」という位相で捕捉しようとしていたと考えられる[86]。すなわち、形式上荘園領主（「本所」）を通じて＝荘園領主の責任の下、その荘園の「住人」を供出させるという手段をとったのである。次に掲げる幕府の指令は、そのことをよく表わしている。

【史料四】[87]

条々内

□本所一円地事

不㆑差㆓下代官㆒、不㆑従㆓守護之催㆒、不㆑致㆓合戦㆒者、可㆑被㆑補㆓地頭㆒之由、可㆑経㆓奏聞㆒之旨、被㆑仰㆓六波羅㆒了、

且可㆓注申㆒之由、可㆑相㆓触守護人㆒、

（中略）

弘安九年閏十二月二十八日

すなわち、本所一円地の戦争不参加に対しては、その住人そのものを処罰するのではなく、当該「本所一円地」に

地頭を補任するとしていることから、いわば荘園領主に圧力をかけることで、在地の武力の動員を図っていたと考えられるのである。

そのためには、個々の所領について責任を取るべき荘園領主が明らかにされていなければならない。そのための大田文調査だったのである。紀伊国三上荘勢田郷は、こうした責任を取りうる荘園領主（「本所」）の不在と見なされて地頭が補任されたと理解される。

以上のような軍事動員体制は、国家的軍務の鎌倉幕府と荘園（「本所一円地」）領主層による分掌とも評価できよう。それまで国家的軍務を、その遂行手段も含めて独占的に請け負うことに存立基盤を置いてきた鎌倉幕府にとって、これは自らの存在理由を問われかねない事態、ある種の後退とさえとられかねない事態である。しかし、現実はその逆であったというべきで、幕府の要請の前では荘園年貢さえ兵粮米として点定されてしまう状況(88)を考えれば、幕府の軍事動員体制は本所一円地を前提としたもの、荘園制を組み込んだものに発展したと考えられ、その意味でモンゴル襲来・異国警固を契機として鎌倉幕府による荘園制の軍事的支配が進んだとみるべきである。もちろん、このような事態は荘園領主層に少なからぬ衝撃を与えるものであったが、すでに彼らはそれに異を唱えうる状況にはなかったようである(89)。

しかし、実際の動員を受けるのは在地であり、彼らがこうした支配を受け入れたか否か、またこの「本所一円地住人」の動員という方法自体が在地の武力を編成するのに有効な手段であったかどうかを検証するためには、動員の実態に目を向ける必要がある。ただし、鎌倉時代後半の異国警固番役期には、意外なことに、それを伝える史料はほとんどないので、次項では続く南北朝期にまで視野を広げて、この問題を検討することにしたい。

2　荘園領主と在地武力

「本所一円地住人」動員の実態を見る前に、当該期の荘園領主と在地の武力との関係をみておこう。

第二節第4項でもふれたように、伊予国弓削嶋荘の所務代官に承誉が任じられた[90]ように、荘園領主も積極的に在地の武力を体現する人々を荘官や沙汰人に起用していた。この時期の荘官や名主職の補任状・請文にしばしば軍忠や荘家警固が見えることは、荘園領主も彼らの発揮する武力に期待していたことを示している。次に掲げるのはそうした所務代官が提出した請文の一節である。

【史料五】[91]

一、庄家警固事、於二細々警固等一者、可レ為二預所沙汰一、若語二数十人軍勢一、及二巨多兵粮一者、三ヶ日中立二飛脚一可レ申二入子細於寺家一、且可レ執二進百姓等証判之状一、其時被レ下二寺家御使一、被レ決二実否一可レ預二御訪一者也、以二少事煩一称二莫太一、失二公平一申二私曲一者、速可レ被レ処二罪科一矣、

傍線部のような状況は、第二節第4項で析出した、この時期の荘官・沙汰人層に固有の兵粮＝富を媒介とした武力結合そのものである。荘園領主はその兵粮＝富を「御訪」として負担することで、彼らによって体現される武力を荘家警固に利用しようとしていることが分かる。このような場合、「御訪」の具体的な中味は年貢からの控除であった[92]。

このように兵粮米を年貢より控除することによって、荘園領主は在地の武力を組織しえていたとも評価できる。もちろん、あくまで荘官・沙汰人層の武力結合が先行し、荘園領主は状況によってそれを追認するという関係にあったことは言うまでもないことであるが、富を媒介とした荘官・沙汰人層の武力結合にとって荘家の有する年貢の魅力は大きかったと思われる。荘園年貢は彼らが「悪党」として狙っていたものでもあり、荘家警固は合法的にそれにアプ

ローチする手段でもあったわけである。逆に荘園領主の側から見れば、これは悪党を自らの体制・システムの中に内化してしまうことでもあった[93]。このように、荘園年貢という富と荘官・沙汰人層に体現される武力とを結合するという点で、当該期の荘家は在地の武力を結集する核となっていたと位置づけられよう。

3　武家政権と本所、荘官・沙汰人層

南北朝内乱を戦い抜くために、室町幕府が旧来の御家人以外の武力を取り込もうとしていたことは、軍勢催促状に「縦雖レ為二非職輩一、致二軍忠一者、就二注進一可レ有二恩賞一[94]」などとあることから明らかであるが、彼らをそのまま鎌倉幕府のように御家人として組織することはもはやできなかった。しかし彼らは有効な武力であり、内乱という状況下で彼らが敵方に組織されてしまうことは室町幕府の死活問題にもつながりかねなかった。そうした事態を避け、彼らを自らの陣営に繋ぎ止めておくにはどうしたらよいか。これは、前代の異国警固とは異なる南北朝内乱という固有の戦争状況の課題であった。

【史料六[95]】

自二去々年初冬一、世上令二動乱一、市津全分不レ立之間、米穀等不レ及二于沽却一、用途依レ為二難得一、乍レ歎相二待静謐期一之処、弥随二于日一両御方之軍勢等日夜朝夕上路刻、令レ乱二入于庄家一、牛馬已下資財等不レ知二其数一、至二于米・大豆等一者悉令二負運一、雖レ及二散々呵責一、依レ無下可二隠置一所上、無代仁被二運取一之間、所詮可レ及二餓死一之上者、於二向後一者令レ会二向于一所一、捨二身命一問答仕、可二防申一之由令二同心合力一、連日依二警固仕一、雖レ停二無窮之乱妨一、於二面々費一者凡不レ可二勝計一、其後守護・国司在国之間、可レ為二静謐一歟之由相存之処、或時者可レ出二軍勢一、或時者可二兵粮米・馬物具等沙汰一、不レ然者称二御敵一召二取其身一可レ焼二払家々一之旨風聞之間、為レ遁二当難一、廻二種々秘

計一以二様々方便一令二誘防一、如レ形成二安堵思一、

美濃国大井荘は東海道の要衝に位置したため、南北朝内乱勃発の当初からさまざまな軍勢の往来するところとなり、その間に物資の略奪のみならず、軍事動員を受けていたことが、荘家から領主東大寺に対してしたためられた右の申状の一節からもうかがえるが、ここで注目したいのは傍線部である。すなわち、軍事動員に応じなかった場合は敵とみなして殲滅するという脅迫、暴力剝き出しの強制動員が行なわれていたことである。おそらく現実に行なわれ、当座もっとも効果があったのはこの方法であったろう。しかし剝き出しの暴力・強制のみによって、彼らを繋ぎ止めておくことも出来ないし、潜在的に敵方に走りうる荘官・沙汰人層一般を抑制するには、室町幕府が行使しうる直接の暴力は限定的なものに過ぎなかったであろう。

こうした暴力的支配を合理化し、かつその不足を補うものとして持ち出されてきたのが荘園領主（「本所」）であった。

【史料七】[96]

長門・周防両国神領被レ止二軍役一事

石清水八幡宮領長門国垣生庄・周防国遠石庄・得善保・同室積庄等軍役事、近日当社幷宝塔院造営最中、依レ為二触穢一、固所レ被レ止二軍陣役一也、向後可レ被レ止二其責一之状、依レ仰執達如レ件、

永和元年（一三七六）七月二日　　武蔵守（細川頼之）判

大内介（弘世）入道殿

石清水社および宝塔院造営中につき、触穢を避けるために石清水八幡宮領に対する軍役を室町幕府が免除した史料であるが、これ以前に室町幕府が石清水八幡宮領にとくに軍役を命じた形跡はない。ここから、当時の荘園は潜在的

に室町幕府に対して軍役を負担することが義務づけられていたことを読み取ることはできないだろうか。東寺領播磨国矢野荘でも軍役免除交渉が行なわれているが、その場合も軍役の賦課そのものは問題となっておらず、戦陣祈禱を行なうのと引き換えに軍役免除が認められたのであった(97)。

明確な規定は見つけられないが、当時の荘園は潜在的に室町幕府への軍役負担が義務付けられていたのであろう。これは異国警固体制下の「幕府による荘園制の軍事的支配」の継続ともみなされるが、当時の荘園領主層は異国警固当時とは違った意味で戦争と無縁でいられなかったことも確認しておきたい。

【史料八(98)】

廿二日　天晴、申刻参院、少時出御、有二申入事等一、其次仰云、武家今日有二申旨一、寺社本所領沙汰人已下有二凶徒与同輩一、已没二収其跡一、可二挙申入一之旨申レ之、就レ其勅答何様可レ被レ仰哉、寺社定競起歟、為〔無カ〕二後煩一之様、可二計沙汰一之旨、被レ仰条、可レ宜哉之由申入了、

勅答　貞和三十二廿三
寺社本所領下司以下住人等、与二同凶徒一跡事、可レ被レ挙二申其仁一之由被二聞食一了、無二人愁一様可レ有二計沙汰一哉、

右の申し入れは河内方面の南朝軍掃討のための軍勢派遣の直前になされたものである。この掃討軍は結果的に吉野まで攻め込み、南朝を賀名生まで追いやっていることからすると、かなり本格的な軍事作戦が企図されていたものと考えられるが、それに際して室町幕府は、荘官・沙汰人層（「本所領沙汰人已下」）が敵方に与同（「凶徒与同」）した場合は、その跡を没収し、武家として替わりの人間を推挙すると朝廷に申し入れていたのである。

たしかに右の申し入れは、異国警固に「不参」の本所一円地に対し地頭職を補任するという鎌倉幕府の申し入れ

【史料四】と軌を一にするものではある。しかし、ここで問題にされているのが荘官・沙汰人層の「凶徒与同」であることに注目したい。先にも述べたように当時の室町幕府の軍事的課題が、潜在的に敵方に走りうる彼らをいかにして自らの陣営に繋ぎ止めておくかということだったことを考えれば、幕府は荘園領主層を巻き込むことによって、彼らの「凶徒与同」を防止しようとしていたと考えられるのである。眼前の内乱である分、荘園領主たちに負わされた責任はより重いものであったのではなかろうか。

また、武家による荘官・沙汰人層の軍事動員に関わる負担が、軍役徴収主体である武家（守護）ではなく、年貢の控除によって（半分は）賄われるようになっていたことにも注意したい。[99] 現実の武力は荘官・沙汰人層によって担われ、その戦費は年貢によって賄われるというあり方は、前項でみた荘家警固の構造と同じである。すなわち、武家政権は荘官・沙汰人層の動員にあたって、荘園領主を形式上の責任者とするばかりでなく、荘園領主が発動していた荘家警固の構造を利用＝荘家を経由することによって、在地の武力を武家方へ吸引していたと考えられるのである。

それに対して、武家による軍事動員に応じることは、荘園領主にとっては自領の保全を幕府・武家から引き出す手立てともなっていたばかりでなく、[100] 荘官・沙汰人層にとっても当座の敵方措置という暴力を回避するとともに、荘内における自らの権利を荘園領主から引き出す手立てとなっていた。[101] さらに彼らの武家方従軍に対して荘園領主は年貢控除をもって応えながらも、一定の統制を加えようとしていたことなどを考えれば、[102] 武家、荘園領主、荘官・沙汰人層の間で軍事動員をめぐって一種の連携・均衡状況が形成されていたことをよみとることができ、この点に南北朝期における荘園制の存立構造を求められるのではないかと考えられる。

おわりに

武家政権による軍事動員のあり方を、鎌倉〜南北朝期を通して概観した。大きく言えば、それは二つのベクトルを持っていた。一つは、主従制を通じた軍事動員の強化という方向性で、中世後期まで見通せば、この方向が一貫して武家の軍事動員の基底に流れていたことは言を俟たないところである。が、それと同時に忘れてはならないのは、主従制によらない武力を調達してこなければならないという動機も働いていたことであり、ここに武家政権による〈収取〉問題が発生してくる要因がある。ただ単に主従制下にはない村落から武力を挑発するだけであれば、剝き出しの暴力なり、それに裏付けられた強制力を発揮すればすむことではある。問題は、こうした徴発をいかに合理化し秩序化するか、という点にかかってくる。

本章では、中世前期に即して言えば、前者が御家人制であり、後者が本所一円地住人の動員であるとの結論を得た。しかし、こうした秩序も長く安定するものではない。新たな戦争状況の展開とともに限界に達し、新たな秩序に取って代わられることになる。それが室町幕府の主従制の問題であり、南北朝期に続く室町期荘園制の問題になるのであろう。それらについて応えることは本章の域を超える問題であり、今後の検討課題としたいと思う。

註

（1）この論点については、本書第三部第一章・第二章も参照されたい。
（2）上杉和彦「国家的収取体制と鎌倉幕府」（『歴史学研究』六五七号、一九九四年）、同「中世国家財政と鎌倉幕府」（『歴史学研究』六九〇号、一九九六年）等参照。
（3）この点についての先行研究は厚いが、さしあたり海津一朗「中世社会における秩序と暴力」（『歴史学研究』五九九号、一九八九年）参照。

(4) この点については、川合康「治承・寿永の『戦争』と鎌倉幕府」（同『鎌倉幕府成立史の研究』〈校倉書房、二〇〇四年〉所収。初出は一九九一年）参照。

(5) 本書第一部第一章第四節参照。

(6) 筧雅博「鎌倉幕府掌論」（『三浦古文化』五〇号、一九九二年）参照。

(7) 青山幹哉「鎌倉幕府の『御恩』と『奉公』」（『信濃』三九—一一号、一九八七年）参照。

(8) 飯沼賢司「関東公事考」（『古文書研究』二六号、一九八六年）参照。

(9) 「中山法華経寺所蔵『天台肝要文十』紙背文書」年月日欠長専書状（鎌⑩七六八五号。端裏書より建長五年〈一二五三〉の文書と判断される）。

(10) 「信濃守矢文書」元応元年（一三一九）七月十二日関東下知状（鎌㉟二七〇九二号）。

(11) 本文で取り上げたのは、いずれも祭礼役の事例であるが、臨時役である蓮華王院造営用途が「おゝやけこと」と認識されていたこと（「中山法華経寺所蔵『天台肝要文九』紙背文書」十月十日胤氏書状〈鎌⑩七一三九号〉）は、臨時役の一般的な性格を示唆しているように思われる。

(12) 「宇都宮家式条」第七条（佐藤進一・池内義資・百瀬今朝雄編『中世法制史料集第三巻　武家家法Ⅰ』〈岩波書店、一九六五年〉）。

(13) 「参」という表現から、鎌倉番役等の御家人役勤仕のために鎌倉に滞在している状況が想定されているのであろう。

(14) 「東寺百合文書ェ4」文永六年（一二六九）二月二十四日六波羅御教書案（鎌⑭一〇三八九号）。

(15) 源頼朝の兄希義の供養料所とされた土佐国吾河郡が、鎌倉幕府から公事免除などの特権を与えられながらも、「京都大番役」だけは免除されなかったこと（『吾妻鏡』建久三年〈一一九二〉十月十五日条）なども、この想定を支持しよう。

(16) 「高野山文書又続宝簡集五七」正元元年（一二五九）十月日湯浅光信訴状案（鎌⑪八四二一号）、「永井直衛氏所蔵文書」嘉禎四年（一二三八）六月二十日六波羅御教書（鎌⑦五二五六号）参照。塚本とも子「鎌倉時代篝屋番役の研究」（『ヒストリア』二六号、一九七七年）も参照。

(17) 「高野山文書又続宝簡集七九」（建治元年〈一二七五〉）三月十四日円満院公文所注進状并御教書案（仲村研編『紀伊国阿

氏河荘史料二』〔吉川弘文館、一九七八年〕二二八号）。この文書の解釈については、高橋典幸「阿弖河荘の建治相論」（鎌倉遺文研究会編『鎌倉遺文研究Ⅱ　鎌倉時代の社会と文化』〔東京堂出版、一九九九年〕所収）九～一〇頁参照。

(18) 石井進「鎌倉幕府と国衙との関係の研究」第二章「幕府と国衙との一般的関係」（同『石井進著作集第一巻　日本中世国家史の研究』〔岩波書店、二〇〇四年〕所収。初出は一九七〇年）、田中稔「鎌倉初期の政治過程」（同『鎌倉幕府御家人制度の研究』〔吉川弘文館、一九九一年〕所収。初出は一九六三年）、川合康『源平合戦の虚像を剥ぐ』（講談社、一九九六年）等参照。

(19) 本書第一部第一章第三節第2項参照。

(20)『吾妻鏡』建久三年（一一九二）六月二十日条。

(21)『吾妻鏡』文治三年（一一八七）九月十三日条。

(22)「御成敗式目」第三条、鎌倉幕府追加法六八条、『吾妻鏡』嘉禎三年（一二三七）三月二十一日条等参照。

(23) 佐藤進一・百瀬今朝雄・笠松宏至編『中世法制史料集第六巻　公家法・公家家法・寺社法』（岩波書店、二〇〇五年）公家法四七条。

(24)『中世法制史料集第六巻　公家法・公家家法・寺社法』（前掲註(23)）公家法一八二条。

(25) こうした変化はすでに二代将軍源頼家襲封時に確認される。『吾妻鏡』正治元年（一一九九）二月六日条参照。この点については、すでに上横手雅敬「主従結合と鎌倉幕府」（同『日本中世国家史論考』〔塙書房、一九九四年〕所収。初出は一九七一年）二四六頁に指摘がある。

(26) 本書第一部第一章第二節第2項参照。

(27)『吾妻鏡』承元四年（一二一〇）六月三日条等参照。

(28)「神護寺文書」応長二年（一三一二）三月日播磨福井保宿院村地頭代澄心重申状（鎌㉜二四五五〇号）。

(29) 前掲註(17)参照。本書第一部第三章も参照されたい。

(30)『吾妻鏡』安貞元年（一二二七）二月十三日条等参照。

(31) 黒田俊雄「鎌倉時代の国家機構」（同『黒田俊雄著作集第一巻　権門体制論』〔法蔵館、一九九四年〕所収。初出は一九六七年）、海津一朗「鎌倉時代の国家権力と悪党」（悪党研究会編『悪党の中世』〔岩田書院、一九九八年〕所収）参照。

(32)「東大寺文書1―1―246」年未詳七月二十日道証書状案（鎌⑨六一六七号）。
(33)「東寺百合文書ノ1（4）」建長二年（一二五〇）六月日若狭国御家人等申状案（鎌⑨七二〇三号）参照。若狭国御家人の動きについては、網野善彦『海の国の中世』（平凡社、一九九七年）第二章「鎌倉幕府の成立と若狭の人々」参照。
(34)笠松宏至「中世の『傍輩』」（同『法と言葉の中世史』〔平凡社、一九八四年〕所収）参照。
(35)この相論の概要については橋本道範「荘園公領制再編成の一前提」（大山喬平教授退官記念会編『日本社会の史的構造古代・中世』〔思文閣出版、一九九七年〕所収）参照。なお本書第一部第二章第二節第2項参照。
(36)「東寺百合文書メ19」建治二年（一二七六）六月日若狭国御家人等重申状案（鎌⑯一二三八三号）参照。
(37)「東寺百合文書ア22」文永七年（一二七〇）閏九月日中原氏女重陳状（鎌⑭一〇七〇八号）。
(38)田中稔「鎌倉幕府御家人制度の一考察」（同『鎌倉幕府御家人制度の研究』〔前掲註(18)〕所収。初出は一九六〇年）、網野善彦「『若狭一二宮社務系図』―中世における婚姻関係の一考察」（同『日本中世史料学の課題』〔弘文堂、一九九六年〕所収。初出は一九七〇年）参照。
(39)『玉葉』治承四年（一一八〇）十一月二十八日条。
(40)高橋一樹「越後国頸城地域の御家人」（『上越市史研究』二号、一九九七年）参照。
(41)野口実『坂東武士団の成立と発展』（弘生書林、一九八二年）、海津一朗「鎌倉時代の郡秩序と領主制」（『千葉史学』一一号、一九八七年）、小川弘和『古代・中世国家と領主支配』（吉川弘文館、一九九七年）、川合康「治承・寿永の内乱と地域社会」（同『鎌倉幕府成立史の研究』〔前掲註(4)〕所収。初出は一九九九年）等参照。
(42)伊予国の武士河野氏は守護から独立して、伊予中央部の御家人の統率権を認められていたことが知られている（田中稔「鎌倉時代における伊予の地頭御家人について」〈同『鎌倉幕府御家人制度の研究』〔前掲註(18)〕所収。初出は一九六九年〉、川岡勉「武家権門の成立と西国領主」〈同『中世の地域権力と西国社会』〔清文堂、二〇〇六年〕所収。初出は一九九三年〉等参照）が、河野氏がこうした権限を握りえた背景として、これらの武士団と河野氏との結びつきがあり、この結びつきが鎌倉幕府成立後も解消されなかったことが想定される。それは、同じ伊予国御家人の中に、河野氏グループとそれ以外の武士・武士団という競合状況が持ち込まれたことを示唆するが、承久の乱に際して京方についた河野氏とは別に「国中不レ与二河野一之輩」が存在し、幕府が彼らに河野氏討伐を命じていること（『吾妻鏡』承久三年〔一二二一〕六月二十八日条）は、それを傍証しているように思われる。

(43)『吾妻鏡』建仁元年（一二〇一）四月二日・同三日・五月十四日条等参照。

(44)「高野山御影堂文書」建長六年（一二五四）七月六日紀伊国惣官藤原俊継・同守護代藤原基家・同国御家人等連署置文（鎌⑪七七七七号）。

(45)太田順三「鎌倉期の境相論と絵図」（荘園研究会編『荘園絵図の基礎的研究』〔三一書房、一九七八年〕所収）、小山靖憲「中世村落の展開と用水・堺相論」（同『中世村落と荘園絵図』〔東京大学出版会、一九八七年〕所収。初出は一九八一年）、高橋修「鎌倉後期における地域権力と幕府」（同『中世武士団と地域社会』〔清文堂、二〇〇〇年〕所収。初出は一九九二年）参照。

(46)「高野山文書又続宝簡集七八」徳治二年（一三〇七）八月日阿氏川荘地頭某陳状案（鎌㉚二三〇三七号）、高橋修『中世武士団と地域社会』（前掲註(45)）等参照。

(47)三田武繁「建久御家人交名ノート」（同『鎌倉幕府体制成立史の研究』〔吉川弘文館、二〇〇七年〕所収。初出は二〇〇六年）は建久年間における御家人交名の作成が京都大番役賦課と不可分の関係にあったと想定した上で、「従来の研究では、『守護人等』が『交名』を作成することと大番以下課役を勤仕することとの関係が顧慮されない場合もあった」（二六七頁）として本節の当該部分を指摘する（同様の指摘は同書二三〇頁にもみられる）。しかし、本節の当該部分は【史料三】として掲げた鎌倉幕府追加法六八条を意訳したにすぎず、むしろ本章第一節第2項で明らかにしたように、私見は御家人制の成立（再編成）と京都大番役の御家人化との密接な関係を説くものであり、御家人交名の作成を御家人制の再編成（の結果）と考えれば、三田氏の想定はむしろ私見と本質的に一致していると考えられ、とりたてて相違点が指摘される必要はないものと思われる。なお、本書第一部第一章註(69)も参照されたい。

(48)「近衛家文書」正和五年（一三一六）丹波国宮田荘雑掌良有重申状案。本文書を含む関連の「近衛家文書」は櫻井彦「（史料集）丹波国宮田荘関連史料」（同『悪党と地域社会の研究』〔校倉書房、二〇〇六年〕所収。初出は二〇〇四年）に翻刻されている。同書所収「丹波国宮田荘の悪党事件」、「隣接荘園との紛争と選択」（初出は二〇〇四年）も参照。

(49)御成敗式目第三条、鎌倉幕府追加法六八条、『吾妻鏡』嘉禎三年（一二三七）三月二十一日条等参照。

(50)「醍醐寺所蔵『諸尊道場観集』紙背文書」（建保二年〔一二一四〕）六月三十日大江親広書状（鎌補②六四八号）。本文書の

解釈については、田中稔「醍醐寺所蔵『諸尊道場観集』紙背文書（下）」（『醍醐寺文化財研究所紀要』七号、一九八五年）三七頁参照。

(51)「醍醐寺所蔵『諸尊道場観集』紙背文書」建保二年（一二一四）四月二十五日中原政康解（鎌補②六三〇号）。

(52)「朽木文書」正慶元年（一三三二）九月二十三日関東下知状（鎌㊶三一八五〇号）。

(53)「近衛家文書」文保二年（一三一八）三月二十四日丹波国宮田荘公文観円起請文案（『兵庫県史　史料編中世8』二九号）。

(54)『吾妻鏡』宝治二年（一二四八）正月二十五日条。

(55)本書第一部第二章第一節第2項参照。

(56)本書第一部第二章参照。

(57)「東大寺文書1―1―213」元久二年（一二〇五）七月日東大寺僧綱等連署寄進状（鎌③一五五七号）等参照。また石母田正『中世的世界の形成』（伊藤書店、一九四六年／東京大学出版会、一九五七年／岩波書店、一九八五年）第三章「源俊方」参照。

(58)鎌倉幕府追加法五三三条等参照。

(59)七海雅人「鎌倉幕府の譲与安堵」（同『鎌倉幕府御家人制の展開』〈吉川弘文館、一九九九年〉所収）「二　譲与安堵手続きの展開」参照。

(60)前掲註(35)参照。

(61)たとえば、若狭国で旧御家人跡興行が最初に問題となったのは寛元三年（一二四五）のことである。「東寺百合文書ノ1（3）」寛元三年六月日若狭国御家人申状参照。

(62)鎌倉幕府追加法五二九条によれば、「関東御領」がさまざまな経緯により「非御家人幷凡下之仁」の手に渡っている状況が指摘されている。これは鎌倉幕府直轄領としての「関東御領」についての現状分析と思われるが、同じような状況は御家人領一般についても推測できる。

(63)鎌倉幕府追加法六八条・二一〇条参照。また、本書第三部第一章第一節第1項参照。

(64)「東寺百合文書は134」（文永十一年〈一二七四〉七月九日定宴書状案（鎌⑮一一六八七号）。

(65)本書第一部第二章第二節参照。

(66) 本書第一部第二章第二節第2項参照。

(67) 村井章介「神々の戦争」（同『中世の国家と在地社会』〈校倉書房、二〇〇五年〉所収。原論文「蒙古襲来と鎮西探題の成立」初出は一九七八年）二六八頁参照。

(68) 本書第一部第二章第二節第2項参照。

(69) 「東寺百合文書メ19」建治二年（一二七六）六月日若狭国御家人等重申状案（鎌⑯一二三八三号）参照。

(70) 山陰加春夫「『悪党』に関する基礎的考察」（『日本史研究』一七八号、一九七七年）、近藤成一「悪党召し取りの構造」（永原慶二編『中世の発見』〈吉川弘文館、一九九三年〉所収）参照。

(71) たとえば、播磨国大部荘に苅田狼藉を行なった悪党は、同荘坂部村地頭代長尾備前房と同鹿野村地頭代家人円了法師祐真が結託し、安志卿房・林田法橋・堤五郎以下の近隣住人を語らった集団であった（「東大寺文書1―12―142（1）」元亨二年（一三二二）十月日東大寺衆徒解状案〈鎌㊱二八二一二号〉）。このような事例は枚挙に暇がない。

(72) 稲葉継陽「中世史における戦争と平和」（『日本史研究』四四〇号、一九九九年）参照。

(73) 第一節第3項でも取り上げた紀伊国丹生屋村と名手荘との境界相論で、武装した名手荘民を率いて実力行使に及んだのは「名手庄沙汰人百姓」であった（「高野山文書又続宝簡集二〇」正嘉元年（一二五七）八月日紀伊丹生屋村地頭品川清尚訴状〈鎌⑪八一三七号〉）。また、丹波国大山荘では荘民が団結して強盗人や悪党を撃退していたが、その中心には「沙汰人」藤原家安がいたことが指摘されている（大山喬平「荘園制と領主制」〈同『日本中世農村史の研究』〈岩波書店、一九七八年〉所収。初出は一九七〇年〉「五　村落領主」等参照）。

(74) 「東寺百合文書み11」正和五年（一三一六）二月日丹波国大山荘住人藤原家安申状（鎌㉝二五七五四号）。

(75) 「東寺百合文書ハ166（1）」元亨四年（一三二四）正月日承誉申状（鎌㊲二八六五〇号）。

(76) 「黒川古文化研究所所蔵文書」年月日欠某書状（『兵庫県史　史料編中世3』四号）。矢野荘における荘家警固については、高橋典幸「荘園制と悪党」（『国立歴史民俗博物館研究報告』一〇四集、二〇〇三年）でも検討を加えた。

(77) 兵粮についてのこのような理解については、小林一岳「南北朝の『戦争』と安全保障」（同『日本中世の一揆と戦争』〈校倉書房、二〇〇一年〉所収）に学んだ。

(78) 佐藤和彦「悪党　その時代と評価」（同『南北朝内乱史論』〈東京大学出版会、一九七九年〉所収。初出は一九六四年）、前掲註(45)高橋論文参照。
(79) 外岡慎一郎「使節遵行と在地社会」(『歴史学研究』六九〇号、一九九〇年)、清水亮「鎌倉期における武士団結合の展開と都鄙間交通」(同『鎌倉幕府御家人制の政治史的研究』〔校倉書房、二〇〇七年〕所収)参照。
(80) 「薩藩旧記雑録前編　権執印文書」弘安八年(一二八五)二月二十日関東御教書(鎌⑳一五四三六号)。
(81) 弘安八年(一二八五)十二月日但馬国大田文(鎌㉑一五七七四号)。但馬国大田文については『日高町史資料編』(解説中野栄夫執筆、一九八〇年)参照。
(82) 本書第三部第一章第一節参照。
(83) 佐藤進一「鎌倉幕府政治の専制化について」(同『日本中世史論集』〔岩波書店、一九九〇年〕所収。初出は一九五五年)参照。
(84) 「肥前実相院文書」正和元年(一三一二)十一月二十二日鎮西下知状(鎌㉜二四七〇六号)。
(85) 「紀伊薬王寺文書」永仁七年(一二九九)正月二十五日関東下知状案(鎌㉖一九九四三号)。
(86) 本書第三部第二章第一節第1項参照。
(87) 「八田スエノ氏旧蔵文書」弘安九年(一二八六)閏十二月二十八日関東式目(鎌㉑一六一一九号)。
(88) 「壬生官務日記抄」弘安四年(一二八一)七月六日条。
(89) 鎌倉幕府成立期、荘園領主から鎌倉幕府のもとに兵粮米停止や地頭職停止要求が次々と持ち込まれていた状況と比較されたい。
(90) 「東寺百合文書ハ166(1)」元亨四年(一三二四)正月日承誉申状(鎌㊲二八六五〇号)。
(91) 「東寺百合文書と78」暦応三年(一三四〇)正月二十三日法橋祐舜弓削島荘鯨方所務請文(南北〔中国・四国〕①九二六号)。
(92) 前掲註(77)小林論文第一節「荘園と地域安全保障」参照。小林論文でも取り上げられている「金沢文庫古文書」康永二年(一三四三)六月九日因幡国智土師郷上村年貢結解状(南北〔中国・四国〕②一二七一号)は、兵粮と年貢控除の関係についてたいへん示唆的である。康永元年に智土師郷は二度の悪党乱入の被害にあったらしく、その防衛費として「兵粮米」一二石九斗八升が年貢から控除されている。注目されるのは、この悪党防衛に際しては「用心人」や「見次勢」といった荘外の武力も動員されていることである。おそらくは、荘官・沙汰人層を通じて動員されたのであろうが、先の「兵粮米」には彼らの動員にあてられた部分もあったと考えられるが、これとは別に「用心人雇賃」や「見次勢酒肴雑事」といった経費が控除されている点が興味深い。むしろ、この部分にこそ「兵粮米」の本質が端無くも現われているように思われる。

(93) この点については、播磨国矢野荘の荘家警固を素材として論じた前掲註(76)高橋論文を参照されたい。

(94) 「周防阿曾沼文書」建武三年（一三三六）二月十六日足利直義軍勢催促状（南北［中国・四国］①二四九号）。

(95) 「東大寺文書　第一回採訪四」建武四年（一三三七）二月日美濃大井荘荘家等申状（『岐阜県史　史料編古代・中世3』美濃大井荘古文書三六七号）。

(96) 「松雲公採集遺編類纂六六」永和元年（一三七五）七月二日室町幕府管領奉書写（南北［中国・四国］⑥四一五二号）。

(97) 「東寺百合文書ノ50」応安三年（一三七〇）七月日東寺申状（『相生市史』第八巻上三一六号）、「東寺百合文書ム49」学衆方評定引付応安六年（一三七三）七月二十四日条（『相生市史』第七巻三三号）等参照。

(98) 『園太暦』貞和三年（一三四七）十二月二十二日条。この措置・方針が一過性のものではなかったことは、播磨国矢野荘公文藤原清胤が観応の擾乱で足利直義方に従ったため、その跡は守護に没収され武家の給人が付されるようになったことや、播磨国大部下荘公文職が「謀反与同」により闕所とされ、守護一族に給与されたことなどからうかがわれる。

(99) 辰田芳雄「守護役と年貢減免闘争」（同『中世東寺領荘園の支配と在地』〈校倉書房、二〇〇三年〉所収。初出は一九九三年）等参照。

(100) 「東大寺文書1―8―28」暦応三年（一三四〇）六月二十日大部荘雑掌暁賢申状（『小野市史　第四巻史料編Ⅰ』三九九号）参照。以下の叙述は本書第三部第二章第四節第2項参照。

(101) 「東京大学文学部所蔵東大寺文書」貞和二年（一三四六）五月日比丘尼覚心重申状案（『小野市史　第四巻史料編Ⅰ』四二三号）参照。

(102) 「醍醐寺文書」暦応三年（一三四〇）七月十三日橘範明請文（『大日本古文書　醍醐寺文書十三』二八六二号）参照。

（補註1） 旧稿発表後、清水亮氏はあらためて『吾妻鏡』宝治二年（一二四八）正月二十五日条をとりあげて、そこで京都大番役の覆勘状を与えられることになった「其仁体」とは、御家人所領を知行する非御家人を指していると積極的に主張している（清水「鎌倉幕府御家人役賦課制度の展開と『関東御領』」〈同『鎌倉幕府御家人制の政治史的研究』〈前掲註(79)〉所収。初出は二〇〇二年〉七九頁参照）。このように考えられれば、宝治二年正月二十五日の幕府の政策変更は「御家人領を知行する非御家人を安定的に体制に組み込む」ことそのものを目的とした措置だったと言えることになる。

私見では、「其仁体」に御家人所領を手に入れて知行していた非御家人が含まれていたことを指摘し、結果としてこの政策変更が彼らを安定的に体制に組み込む可能性をはらんでいたことに言及しながらも、それのみを対象とした措置とは考えきれず、その結果、この政策変更の理由についても「明確な見通しは持ち合わせていない」（本書第一部第二章「おわりに」参照）とせざるを得なかった。それに比べると、清水氏の見解はより一歩踏み込んでおり、政策変更の意図や内容がクリアーに示されることになる。

ただ「其仁体」を、御家人所領を知行する非御家人に限定できるかという点には疑問も残り、なお検討を深める必要がある。

（補註2）　清水亮氏は、鎌倉期の伊賀国黒田悪党に結集する武士団の動向を丹念に追って、個々の武士たちが、御家人・非御家人にかかわらずに領主連合を形成していく様子を明らかにし、御家人制という枠組みはむしろ相対化されていくことを主張する。その結果、鎌倉後期における御家人制の限定性強化についても、御家人制そのものの内的要因よりも、荘園領主の反発など外的要因に求めるべきことを指摘している（前掲註(79)清水論文参照）。本章第二節第4項でも、同じ黒田悪党などを素材としつつ、鎌倉後期には既存の御家人・非御家人という枠組みを乗り越えて新たな武士団結合が展開し、御家人制的秩序が相対化されていたことを指摘している。ただ、私見はその一方で、鎌倉後期の御家人制の限定化の要因としてなお旧来の在地領主間の競合・結集状況（御家人制的秩序。御家人制そのものの内的要因）の規定性を指摘しているのであり、そのことの論理矛盾が衝かれていると言えよう。

清水氏の指摘は実に的確なものであり、再検討の必要性を感じている。その際は、御家人個々の動きと御家人集団としての動きとの関係に慎重に留意したいと考えている。

第二部　御家人制の諸相

第一章　武士にとっての天皇

はじめに

武士が天皇をどのように認識していたかということは、たいへん興味深い問題であるが、御家人たち、すなわち「将軍を直接の忠誠対象とする武士たち」の天皇観を検討することは、この時代の政治史や政治構造の究明にとって大きな意義を有することと思われる。中世、ことに鎌倉時代の政治構造は幕府と朝廷との関係をいかに考えるかということに尽きるわけだが、幕府の下にあった武士たちの天皇に対する認識が、両者の関係を規定していた可能性も想定されるのである。

しかし、武士たちが直接天皇について語った言説はほとんど存在しないし、あっても断片的・個別的であり(1)、これをもとに武士の天皇観を論じることは難しい。そこで、本章では武士たちが天皇と接触する場、もしくは両者を結びつける回路に注目し、それを取り巻く諸関係を考察することによって、武士の天皇観に接近していきたいと考える。

ところで、近年の武士論の成果には著しいものがあるが(2)、武士と天皇（王権）との関係についても重要な提言がなされている。なかでも有力な論者の一人、髙橋昌明氏は王権を離れては武士はありえなかったとして、「武士を武士たらしめるのは王権」との見解を示すに至っている(3)。斬新かつ説得的な議論が展開されており、傾聴すべき見解であるが、本章の主題に即して考えるならば、武士の側から自律的に王権を捉え直す視点に乏しいことが気になるところである。その点で示唆的なのは、川合康氏の研究[4]である。これは、個々の武士ではなく、武家（政権）と天皇との関係に迫ったものであるが、武家政権による天皇へのアプローチの仕方を「武士社会独自の集団的特質」や「武士社会における内在的論理」から解き明かそうとする方法が採られている点は重要である。本章でもこの視角を継承し、武士と天皇とをつなぐ回路が武士の側に内在する要因からどのように導き出されてくるのかという点を明らかにしていきたい。

また、対象がただの武士ではなく、「将軍を直接の忠誠対象とする武士たち」、すなわち御家人層を念頭にしていることは、武士の天皇観を描くにあたって武家政権の影響を考慮すべきことを意味している。この点についても、行論の過程でふれていきたいと思う。

一 弓馬の家

1 「弓馬の家」の構造

中世の武士を語る際、よく言及されるのが「弓馬の士」という表現である。武士は戦士身分であるから、武芸の修練が第一とされたことは言うまでもなく、なかでも馬上の射芸（騎射）の技量がとくに求められていた。「弓馬の士」とは、こうした騎射に代表される武芸に秀でた存在としての武士像を象徴している[5]。ただし、優れた武芸を体得していることが、武士としての必要十分条件ではなかった。『今昔物語集』[6]によれば、藤原保昌は、「心太ク、手聞キ、強力ニシテ、思量ノ有ル」人物として「公モ兵ノ道ニ被仕ル」存在であったが、「家ヲ継ギタル兵」とは見なされていなかった。そして、彼の死後、子孫がなくその家が絶えてしまったのは、保昌が「兵ノ家」にあらずして武芸を施したからだ、とする語り伝えがあったことが記されている。この説話から、武士としての必要十分条件が「家ヲ継ギタル兵」にあったことがうかがえよう。すなわち、代々武芸を伝える「兵ノ家」の出身者こそが武士と見なされていたのである。「兵ノ家」とは「弓馬の家」とも言い換えられるが、武士の存立基盤は、社会的にはこうした武芸を伝える特定の家柄＝「弓馬の家」にあったのである。

一方、武士の側の自己認識を語るものとしては、次の史料が注目される。

【史料一】(7)

おほかたハ、すゐまてもあいたかひに思あいて、上の御くうしなとの事をも、たくま殿ニ申あハせてをハしまし候へく候、そせんなき下らうとも申候ハん事ニつきて、中なとあしくをハしまし候ハん事ハ、ないけともにあしく候也、

豊後大友氏一族内で所領をめぐる相論が起こり、彼らの母にあたる深妙なる尼が仲裁に入る。右はその際に彼女が書き与えた書状の一節であるが、傍線部にあるように、「祖先なき下臈ども」の言うことに惑わされて我ら大友一族が仲違いすることのないよう誡め置いている点が注目される。彼女にとって大友氏とは、祖先を有している点で、他の下々の人々とは区別される存在だったのである。

先に示した武士の存立基盤としての「弓馬の家」も、こうした祖先意識に立脚したものであった。すなわち、「弓馬の家」とは、ある特定の人格を祖先として仰ぎ、そうした人格の連続として認識されているのである。こうした「弓馬の家」を可視的に表現したのが、それぞれの家に伝えられた系図であった。南関東に盤踞した武士団武蔵七党

の一つ、横山氏に伝えられた「小野氏系図」[8]は、横山氏の歴代を書き上げるだけでなく、それぞれの事績についても詳しくふれている。たとえば、横山経兼については、「横山次郎大夫、従五位下」と通称・位階に続けて、彼が「八幡殿」＝源義家に従軍して、前九年合戦では先陣を承り、敵将安倍貞任の首を八寸の釘で懸けたことなどが記されている。このように、「小野氏系図」では総体として、横山氏歴代が源義家以来の源氏将軍に仕えてきたことが語られているのであるが、これこそ横山氏の祖先意識・系譜意識であって、「弓馬の家」としての横山氏は、そうした来歴・故事の積み重ねにより成り立っているのであった[9]。

系図はとくに武家社会において尊重されたとされるが[10]、それは右のような事情によるものであろう。もちろん、現在に伝わる古系図の多くが訴訟など特定の目的のために作成されたものであるという点や、武家においても系図がさかんに作られ出すのは鎌倉時代中期以降であるということには注意しなければならないが、戦場などにおける「氏文よみ」も系図と同様に武士の祖先意識や系譜意識を示すものとして注目される。

【史料二】[11]

御先祖八幡殿の後三年の合戦に鳥海の城落されし時、生年十六歳にて、右の眼を射させて、其矢をぬかずして、答の矢を射て敵をうち、名を後代にあげ、今は神と祝れたる鎌倉の権五郎景政が四代の末葉、大庭の庄司景房が子、相模国住人、大庭平太景能・同三郎景親とは我事にて候、

【史料三】[12]

桓武天皇十二代の後胤、平将軍将門に八代の末葉、刑部卿忠盛が孫、安芸守清盛が二男、安芸判官基盛とは我事也、

いずれも先祖の名前を述べ挙げ、家の来歴を語るものであるが、前者はそれに止まらず、先祖鎌倉権五郎景政が後

三年の合戦の折に活躍した故事をも語り合わせている点で、先にふれた「小野氏系図」との共通性が看取される。また、後者は、保元の乱の際に宇治橋守護のために大和路を南下中、崇徳院方に参じようとしていた宇野親治に遭遇した平基盛の「氏文よみ」であるが、これを受けて親治は「宣旨の御使の御家名ならびに御先祖のけいづつぶさにうけたまはりぬ」（傍点高橋）と答えて、自らの「氏文よみ」で応酬している。「氏文よみ」も系図と認識されていたことがうかがえる。

ここで注意したいのは、後者の事例のように、「氏文よみ」はしばしば天皇を始祖として語り始められるということである。基盛に応酬した宇野親治の「氏文よみ」も清和天皇から語り始められるものであった。この点は系図についてもあてはまることであり、先に紹介した「小野氏系図」もその始祖は敏達天皇とされている。

武家の始祖がしばしば天皇やそれに准じる摂関家の人々などに求められていることは、これまでもよく指摘されてきたことであり、目新しい事実ではない。ただ、本項で見てきた武士の存立基盤としての「弓馬の家」のあり方をふまえて考えなおしてみると、この事実はより重要な意味を帯びてくる。すなわち、「弓馬の家」とは強烈な祖先意識・系譜意識により成り立っているものであるが、その祖先・系譜の始原に天皇が位置づけられているのである。そして、そうした「弓馬の家」を離れては、武士は存立しえなかったのであるから、武士が武士である限り、言い換えれば彼が系図を記したり、「氏文よみ」を述べ挙げたりするたびに、天皇を意識せざるをえなかったのではないかと考えられる。それが武士たちの意識や行動に、具体的にはどのような影響を及ぼしたかが次の問題となるが、そもそも武士としての存立構造そのものの中に天皇との回路が埋め込まれていたことには注意しなくてはならない。

2　「将軍」の権威

前項では、武士と天皇との間の回路を成立させるものとして、祖先意識・系譜意識を構成要素とする「弓馬の家」を指摘した。このような「弓馬の家」に帰属することが武士としての必要十分条件であったわけだが、このことは武士の行動や意識が祖先意識や系譜意識に規制された可能性を示唆する。たとえば、当時の戦闘では騎馬武者同士の一騎打ちが理想とされたが、「あはぬ敵」として対戦が避けられることもあった。自分の祖先や系譜を相手のそれと比較して、それが釣り合わない対戦は家の恥として避けられたのだが[13]、これなどは、戦場における武士の行動が祖先意識・系譜意識によって規制されたものと考えることができよう。

さらに、戦闘やそれにまつわる場で、家ごとの故実が形成されていたことも大いに注目されよう。それは軍旗や箭の調製の仕方、笠標のつけ方から狩猟における箭祭餅の食し方に至るまでさまざまな面に及んでおり[14]、流鏑馬に至っては「各所㆓相伝㆒之家説、面々意巧不㆓一准㆒」[15]という状況であった。何より重要なことは、これらの故実・家説がある特定の先祖と結び付けられて伝えられていたことである。たとえば、下河辺行平は、通常は直垂の袖に付ける笠標を、冑の後ろに付けて源頼朝に献上したが、それは先駆けの功が後に続く味方の軍勢にわかりやすくするためであり、「是曩祖秀郷朝臣佳例」にもとづく「家様」であったという[16]。このような故実や家説は武士の祖先意識・系譜意識の産物であったと言えよう。

そして、こうした故実・家説をめぐって、しばしば武士同士の対立が起こっていることは[17]、これが各々の「弓馬の家」のアイデンティティとなっていたことを示している。武士の祖先意識・系譜意識は、「弓馬の家」に属する武士身分ばかりでなく、故実や家説という形をとってそれぞれの「弓馬の家」の独自性を主張する根拠ともなっていたのである。

以上、「弓馬の家」を支える祖先意識・系譜意識が、武士の意識や行動を規制し、「弓馬の家」の個性を織り成すものであったことを見てきたが、そこに先祖としての天皇の影はほとんど見えない。もちろん、右に検討してきたのは、戦場や武芸に関わる故実・家説の形成というきわめて偏った素材であり、そもそもそこに天皇が祖先として介在する余地は少ないのであるが、次に挙げる事例は武家社会における一般的な祖先意識の所在を示唆するものと考えられる。

鎌倉幕府草創期の文治三年（一一八七）十一月、畠山重忠に謀叛の嫌疑がかけられ、重忠の真意を確かめるべく専使を派遣して重忠を鎌倉に召喚することとされた[18]。そうして派遣されたのが重忠の「弓馬友」の下河辺行平であったが、重忠は鎌倉召還を口実に謀殺されることを訝り、その場で自害しようとする。これに対して行平は次のように説得する。

【史料四[19]】

貴殿者不レ知二詐偽一之由自称、行平又誠心、々在レ公之条、争可レ異二貴殿一哉、可レ誅者亦非レ可レ怖之間、不レ可二偽度一也、貴殿将軍後胤也、行平四代将軍裔孫也、態令二露見一及二挑戦一之条、可レ有二其興一、時儀適撰二朋友一、行平為二使節一、是無二異儀一為下令二具参一之御計上者、

すなわち、①重忠の心が公にあることはわかっている、②もし誅殺しようというのであれば、恐るべきものはないのだから、重忠を騙すようなことはしない。（たとえそうであっても）それが露見してお互いに戦いあったほうが面白いではないか、③わざわざ親友である行平を使者とされたのは無事に重忠を鎌倉に連れて来るための頼朝の配慮である、この三点が行平による説得の論理であるが、このうち注目すべきは②である。「騙すぐらいなら、堂々と戦った方がよい」というこの発言は、傍線部にあるようにお互いに「将軍」の末裔であると言うことによってより説得的なものとなっている。すなわち、重忠は「将軍」平良文、行平は「四代将軍」藤原秀郷の子孫にあたっている。「将軍」の末裔である私たちが騙しあうことなどありえない、これが決め手となったのである。この結果、重忠は笑みを

もらし、「歓喜」して行平とともに鎌倉に向かって行った。

このエピソードが語るところは、彼らの強烈な祖先意識とともに、もっとも価値を置くべき＝行動規範とすべき権威ある祖先として、平良文や藤原秀郷といった「将軍」と呼ばれる人々があったことを示している。

このことは、源頼朝の征夷大将軍就任の意味を考えることにより、いっそう明らかになる。すなわち、平良文や藤原秀郷は個々の「弓馬の家」の故実・家説と結びつけられている祖先と重なってくるが、その権威は直接には彼らの系譜にない人々にまで共有されていた。とくに騎射芸については「秀郷流故実」として多くの人々に享受されていた。これは、藤原秀郷の個人的な英雄性によるばかりでなく、「四代将軍」と言われているように、その子孫が代々鎮守府将軍に任じられてきたことが大きいという[20]。鎮守府将軍は「狩猟世界の伝統をひく東国の軍事的統括者としての地位を表象する[21]」、あるいは「当時の武家社会における氏意識の中核に位置する[22]」官職であって、重忠の祖先「将軍」平良文も鎮守府将軍に任じられていたし、源氏にとっても曩祖源頼義が鎮守府将軍に任じられていたことが誇りとされていた。このように、当時の東国武家社会には、鎮守府将軍の子孫であることを誇りとする人々と、鎮守府将軍相伝の故実を尊重する風潮が存在していたのである。

右大将に就任することにより、王朝国家における位置づけを明確化することに成功した頼朝が、その後なぜ征夷大将軍就任を望んだかについてはこれまでも多くの議論が重ねられており、とくにそこでは「征夷大将軍」という官職が持つ意味が繰り返し問われる傾向にあった[23]。しかし、近年頼朝の征夷大将軍就任に関する史料が新たに紹介された結果、頼朝が望んだのは「征夷大将軍」ではなく、「大将軍」の称号であることが明らかになった[24]。この事実は、右に述べた東国武家社会の状況に頼朝の征夷大将軍就任の意味を解く鍵を求めようとする近年の研究傾向を裏書するもののように思われる。すなわち、鎮守府将軍がもっとも権威ある官職として尊重され、現に鎮守府将軍の末裔たることを栄誉とする人々が割拠している武家社会をあらたに統合していくためには、鎮守府将軍の権威を継承しながらも、それを超えるより高次の権威が求められたのであり、それが「大将軍」であったということになる。(25)

以上のような理解は、武家社会における一般的な祖先意識が奈辺にあったか——誰がもっとも権威ある祖先と見なされていたか——を間接的に示すものであろう。

3　「弓馬の家」と武家政権

以上、武士の存立基盤たる「弓馬の家」の論理を分析することによって、武士と天皇とを媒介する回路を見出したが、一方で、武士たちの意識や「弓馬の家」の性格を決定的に規定しているのは藤原秀郷や平良文などといった「将軍」と称される祖先たちであり、彼らと対比すれば、天皇は影の薄い祖先であったと考えられる。源頼朝が武家政権を創始するにあたって「大将軍」たることを望んだことからも、「弓馬の家」における「将軍」たちの強烈な権威をみて取ることができる。

そうした点では、武家政権のあり方は「弓馬の家」の論理＝武士たちの祖先意識・系譜意識に制約されていたと解釈されるのであるが、注意したいのは、武家政権の成立・展開によって右の関係に逆転現象が生じた可能性もあることである。すなわち、先にもふれたように、武家社会において系図がさかんに作られるのは鎌倉中期以降のことであるが、そうした系図類の多くは始祖を保元・平治の乱から治承・寿永内乱期に活躍した祖先に求めていることが指摘されている。(26)そして、そこで語られているのは、始祖たちの源氏将軍に対する武勲・忠誠（以下、これを「源氏将軍故事」と仮称する）なのである。この点は、始祖を天皇に求めている系図にも認められ、先に紹介した「小野氏系図」も、敏達天皇を始祖と仰ぎながらも、そこで語られているのは横山氏が源頼義以来源氏将軍に仕えてきた「源氏将軍故事」であった。横山氏と同じく武蔵七党の一つ、小代氏は中関白藤原道隆に遡る系図を伝える一方で、鎌倉末期に作成された小代伊重置文が示すのは、源頼朝に仕えた先祖たちの武勲や逸話＝「源氏将軍故事」である。(27)

こうした系図類のあり方は、自らの「弓馬の家」は、保元・平治の乱から治承・寿永内乱期に活躍した祖先に淵源し、かつ「源頼義以来の源氏将軍たちに奉仕することで成立した」という祖先意識・系譜意識を示唆する。前項でみた「将軍」たちに最高の権威を認める武士たちの価値観を前提とした場合、この間に彼らの祖先意識・系譜意識の組換え・再編が行なわれた可能性を指摘できるのではなかろうか。

もちろん、こうした組換え・再編を政治的意図にもとづく意識的な喧伝と判断することも可能である。現実に鎌倉幕府が実権を握っている状況下にあっては、源氏将軍との関わりで自らの「弓馬の家」の成り立ちをアピールすることは何かと好都合であろう。また、治承・寿永内乱期に従来の「武士」概念が拡大し、それまで武士とは認められなかった者たちにまで武士身分が階層拡大したとする近年の議論(28)をふまえるならば、右の現象は、組換えではなく、新しい武士の登場に対応した新しい祖先意識・系譜意識と捉えることもできよう。しかし、小山氏および結城氏をめぐる次の事例はそうした理解では説明できないのではなかろうか。

平安中期以来有力在庁として下野国に君臨し、鎌倉期にも下野守護を相伝した小山氏は、鎮守府将軍藤原秀郷の直接の子孫であることを家の誇りとしていた。承元三年（一二〇九）十二月、幕府が近国の守護に「守護補任御下文」を提出するよう命じた際、時の当主小山朝政は次のように言い放った。

【史料五】(29)

不レ帯二本御下文一、曩祖下野少掾豊沢為二当国押領使一、如二検断一之事一向執二行之一、秀郷朝臣天慶三年更賜二官符一之後、十三代数百歳奉行之間、無二片時中絶之例一、但右大将家(源頼朝)御時者、建久年中、亡父政光入道、就レ譲二与此職於

朝政㆒、賜㆓安堵御下文㆒許也、敢非㆓新恩之職㆒、

そして、御下文の代わりに藤原秀郷が賜った天慶の官符を進覧したという。小山氏の祖先意識・系譜意識と武家政権との関係を如実に示すエピソードと言えよう。

小山朝政の弟朝光は、頼朝より下総結城を与えられ結城氏を起こすが、その五代目にあたる結城親朝は南北朝初期の関東におけるキーパーソンとなっていた。すなわち、北畠顕家の戦死（延元三年・暦応元年〈一三三八〉五月）、新田義貞の戦死（同年閏七月）と相次ぐ南朝方の頽勢を挽回すべく、延元三年（一三三八）九月常陸に上陸した北畠親房は、その後足かけ五年間にわたって新たな南朝の拠点を形成すべく東国経営を試みる。その際、彼がもっとも力を注いだのが結城親朝の誘引であった。今に伝えられる大量の親朝宛て親房御教書などからは、態度を鮮明にしない親朝にいらだちながらも、懸命にその説得を試みる親房の姿が浮かび上がってくる。

次に引用するのは、そうした親房御教書の一節である。

【史料六[30]】

遠祖鎮守符《（マヽ）》将軍子息幾哉、就㆑中於㆓三流中㆒、小山今まてハ無㆓指事㆒候、長沼頗可㆑謂㆓散々式㆒歟、於㆑今者只一身被㆑相㆓続烈祖之美名㆒之上、争可㆑不㆑被㆓思入申㆒哉、且右幕下《（源頼朝）》時、被㆑精㆓撰人数㆒之日、足利不㆑加㆓其数㆒、彼時人数内ニてハ、一身被㆓相残㆒候歟、云㆓先蹤㆒、云㆓当時之義㆒、被㆑施㆓家門之光美㆒之段、非㆓近日㆒可㆑被㆑期㆓何日㆒候哉、

ここにみえる論理は、①秀郷流小山氏諸家の内、「烈祖之美名」を伝えているのは結城氏だけである、②「右幕下時、被㆑精㆓撰人数[31]㆒」のうち、生き残っているのも結城氏だけである、③そうした「先蹤」を伝えている結城氏は南朝に従って「家門之光美」とすべきである、という構成をとっている。結城親朝の家門意識と現状とを称揚し、もって南

朝方へ誘引しようとしているのであるが、その家門意識は、藤原秀郷流であること（①）とともに、源頼朝に精撰されたという「先蹤」（②）、すなわち「源氏将軍故事」から成り立っている。もちろん、これ自体は親房側の発言であるが、この論理で親朝を誘引しようとしていることを考えれば、これは親朝自身の家門意識を反映しているものと考えてよかろう。

ここで注目したいのは、やはり後者（②）である。もちろん、結城親朝の祖先意識・系譜意識から藤原秀郷の権威が消えているわけではない。また、結城氏が源頼朝の時代に小山氏から分流した家であるという事情も考慮しなければならないが、その家門意識を支える「先蹤」として「源氏将軍故事」が言及されている点は重要である。しかも、それが鎌倉幕府滅亡後に、源氏将軍の末裔にあらざる北畠親房の口から語られている点にも注意しなくてはならない。

結城氏の祖先意識・系譜意識は、武家政権と接触することによって、従来の藤原秀郷を基点としたものから、「源氏将軍故事」をもふまえたものとして組換え・再編成されたと考えるべきであろう。

先にも見たように、武家政権の成立は既存の「弓馬の家」の論理に規制されたものであったが、と同時に、その再編成をも促したのである。「弓馬の家」の存立にとって、武家政権の登場が大きな影響力をもったことは、天皇との関係も含めて、見逃しえない問題である。

二　官位と奉仕

1　回路としての官位

前節では「弓馬の家」を支えた祖先意識・系譜意識の中に、天皇と武士とをつなぐ回路を見出し、武士の天皇に対する意識が不断に再生産される根拠をここに求めた。しかし、この回路は「将軍」など他の祖先に対する意識や鎌倉幕府の成立により相対化され、きわめて陰の薄いものであった。しかも、この回路の向かう先は、あくまで過去の天皇であった。では、現在の天皇と武士とをつなぐ回路は存在しなかったのであろうか。

この点で注目されるのが官位の問題である。すでに律令制的な機能は失われつつあるとはいえ、中世においても官位の身分秩序標示機能は有効であった。すなわち、官位の有無が中世社会における侍・凡下身分を分かつ基準となっており[32]、武士も官位秩序と無縁な存在ではありえなかったのである。近年盛行している武家官位論[33]は、そうした官位秩序における武家政権の位置づけに議論が集中する傾向にあるが、官位を与えるのは究極的には現在の天皇であり、そうした意味で官位は現在の天皇と武士とをつなぐ回路と認めることができよう。

ところで、官位の身分秩序標示機能とは、それを帯びる人間が天皇を中心とする秩序の圏内の存在であることを示すものであるが、祖先意識・系譜意識に付着していた祖先にまつわる数々の故事や来歴にも、あるいは官軍として朝敵を追討した武勲であったり、あるいは天皇・院に滝口や北面として仕えてきた事実であったりなど、彼らが天皇を中心とする秩序の中で果たしてきた功績を語るものがあった。しかし、注意しておきたいのは、そうした功績は武士たちによる一方的な主張・喧伝であって、始祖が天皇に仮託された事例に象徴されるように、それらが事実であるか否かは厳密な意味では問われないのである。そうした意味で、祖先意識・系譜意識を媒介とした回路の向かうベクトルの方向は一方的であった。

それに対して、官位はあくまでも現在の天皇から与えられるものであって、過去の天皇に対する功績やそうした功績があるとする一方的な主張のみからは官位は発生しない。官位を得るためには、武士たちは天皇の御所を警固する大番役を勤めたり、その命令に従って南都北嶺の強訴の防御にあたったり、その求めに応じて成功銭を納めたりするなど、さまざまな奉仕をしなければならないのである。このように、官位を媒介とする回路は必然的に、現在の天皇に対する現実の奉仕という生きた関係を構築することを武士たちに要請する。このような回路は、もはや一方的なものとは言えない。

すなわち、官位を得るために、武士たちは現在の天皇に対し現実の奉仕を重ね、それによって「侍」身分としての存立の根拠を与えられていくのであるが、このようなあり方は、「はじめに」で紹介した「武士を武士たらしめるのは王権」とする髙橋昌明氏の主張(34)ときわめて整合的である。そして、源頼朝が、御家人の自由任官を禁止することによって、この回路に制約を加えようとしたにもかかわらず、現実には幕府を経由しない御家人の任官行為をとどめえなかったこと(35)や、天皇や院の御所の警固にあたる京都大番役が鎌倉幕府御家人役の中にあっても特殊な位置を占めていたこと(36)は、官位を媒介とした天皇と武士の回路が強力に作用したことをうかがわせ、髙橋氏の主張の妥当さを裏づけるもののようにも思われる。

その一方で、近年の武家官位論は、この回路の中に武家政権が介在したことに注目しさまざまな知見をもたらしているが、なかでも官位が取り結ぶ天皇と武士との関係を相対化する論点も提示されていることは注目に値する。たとえば、金子拓氏は南北朝・室町期の武家官位を検討して、①武家官位体系が公家のそれとは相対的に独立したものになりつつあったこととともに、②官位の授受が室町殿と武士との間で完結する行為となり、その中に天皇権威が入り込む余地がなくなっていったことを指摘している(37)。前節で見た「弓馬の家」の論理が武家政権の影響により再編されたと考えられることもふまえれば、官位を媒介とした関係についても武家政権の影響による変化を認めることは妥当であろう。ただ、天皇との関係の相対化は武家政権という外的要因との接触のみによって可能となったのであろうか。官位を求め、天皇に対する奉仕を積み重ねていく武士たちの行動そのものの中に、そのための論理が含まれていたのではなかろうか。項をあらためて、その可能性を探ってみたい。

2　京都大番役を支えるもの

前項で見たように、官位を媒介とする回路は天皇に対する現実の奉仕を随伴するものであったが、京都大番役はそうした奉仕の代表的なものである。その起源については、院政期、およそ白河院政の頃に、国衙の「譜第図」に登録された各国の武士が国単位に交替で上洛し御所の警固にあたったことに始まると推測されている(38)。

その後、京都大番役は平氏政権下でも、鎌倉幕府の下においても継承され、とくに鎌倉幕府はこれを御家人役の一つとして組織した。御家人役とは、主君鎌倉殿に対する従者御家人たちによる奉仕一般を指し、将軍御所の警固に当たる鎌倉番役や年頭の恒例行事垸飯役用途負担など、その内容は多岐にわたるが、この京都大番役に顕著なように、直接の奉仕対象が主君鎌倉殿に限定されない＝鎌倉殿と御家人との間で完結しない点に御家人役の特徴がある。さらに注意されるのは、さまざまな御家人役の中にも「重み」に違いがあること、とくに京都大番役はもっとも「重み」のある役として位置づけられていたとみなされることである(39)。こうした京都大番役の特殊性については、その奉仕対象＝天皇にその原因を求め、もって御家人に代表される武士たちの天皇に対する奉仕意識の高さの表れと理解することも、一見可能ではある。

ところで、鎌倉幕府のもとで御家人身分を保持するためには、①鎌倉殿から御家人と認められた本御下文を所持すること、②御家人役を勤仕することの二点が要件とされていたが、西国御家人の多くは鎌倉殿の見参に入ることなく、守護の交名注進のみによって御家人に認定されたという特殊事情のため、本御下文（①）を欠く場合が多く、御家人役勤仕の事実（②）をもって御家人身分の証拠と見なされていた。[40] すると、この状況を利用して、新たに御家人身分を獲得しようとする者が、「御家人役所望」と言われるように、[41] 自ら進んで御家人役を勤仕しようとするようになる。

このように御家人身分を求めて御家人役を「所望」する非御家人がけっして例外的な存在でなかったことは、それを禁ずる幕府の指令が度々発せられたことからもうかがえるが、注目すべきは、そうした御家人役は多くの場合、京都大番役だったことである。[42] なぜ、彼らは、数ある御家人役の中でも、とくに京都大番役に向かったのであろうか。

いくつか理由が考えられようが、ここでは京都大番役が、他の御家人役と違って、複数の武士（御家人）による共同勤仕だったことに注目したい。京都大番役の共同勤仕は、それを通じて、あるメンバーシップ（この場合は国御家人集団）を可視的に再確認する機能を果たしていた可能性があるのではなかろうか。

先に私は、御家人認定をめぐる若狭国御家人と凡下宮河乗蓮との葛藤を主たる素材として、御家人制が在地における武士集団の競合・結集状況に規定されていた可能性を指摘した。[43] すなわち、宮河乗蓮は凡下の身でありながら、関東御公事（京都大番役以外の経済的負担と考えられる）の勤仕を積み重ねることにより、守護代などから御家人と見なされるような状況を作り出しつつも、若狭国御家人集団の反対にあうなどして、結局御家人化しえなかった。[44] こうした経緯から、在地における武士集団とそれから疎外される武士・武士集団の存在を想定し、鎌倉幕府の御家人制は前者を御家人と認定することにより成り立っており、それは後者の非御家人化を必然とするものであったと考えた。

形式的には、御家人身分は鎌倉殿と御家人当事者との合意により成立する。そうした点で言えば、関東御公事を勤仕していた宮河乗蓮には、御家人としての資格が備わっていたともみなされよう。だが、実態として御家人制は在地における、右のような武士集団の競合・結集状況に規制されていたとすれば、乗蓮は御家人身分の構成要件を満たしていなかったと言わざるをえない。すなわち、何にもまして、他の御家人メンバーの合意と賛同が必要とされたのである。同様のことは鎌倉殿による安堵についても指摘がある。山本博也氏によれば、安堵とは本来、鎌倉殿と御家人との信頼関係にもとづいて行なわれるものであり、なんら現実的・物理的効力をともなうものではなかったこと、それが安堵として機能するには、当該人物を御家人と認め、彼に対する暴力を自己抑制する他の御家人たちの合意が必要であったことが指摘されている[45]。すなわち、御家人たちの合意というヨコの関係に整序されることによって初めて、鎌倉殿による安堵というタテの関係が存立しえたのである。御家人身分についても全く同じであって、このように考えるならば、「為二御家人役一自二正嘉元年一至二于建治二年一関東御教書案」を六通所持してタテの関係＝御家人身分の証としていても[46]、「不レ相二交御家人一」と言われて[47]ヨコの関係が欠如していた宮河乗蓮が最終的に御家人となりえなかったのは、当然の結果であった。

翻って、御家人化を望む者がなぜ京都大番役に向かったか、その理由も如上の行論から明らかであろう。すなわち、それが御家人役を勤める＝タテの関係を構築する機会であるとともに、他の御家人たちとの共同勤仕によってメンバーシップを認められる＝ヨコの関係を構築する場でもあったからであると考えられる。宮河乗蓮が経済的な関東御公事は勤仕できても、京都大番役は勤仕した形跡がないことは、この点で示唆的である。

おそらく、右のような関係は、鎌倉幕府成立以前の天皇と武士との間にも成り立っていたのであろう。たしかに、

「武士」たることの根拠は王権との接触により与えられたが、それは他の武士との関係を抜きにしては在地では効果を発揮しえなかったのではないか。すなわち、他の武士たちからも同じく武士であると認められることが必要であり、そのためにともに同じ働きをする。それが京都大番役に象徴される天皇への奉仕という形をとったのである。平安期の武士に固有の職務として他に、国司主催の大狩への参加や一宮などの祭祀における武芸奉仕等が指摘されているが(48)、これらも武士たちによる共同勤仕であったことは、こうした職務遂行を通じてメンバーシップを再確認することが彼ら武士にとっていかに重要なことであったかをうかがわせるものであろう。

以上のように考えるならば、そうした奉仕と密接な関係にある官位についても、新たな理解が可能となる。たしかに、それは天皇と武士との間をつなぐ回路であり、武士が官位を求めるということは、天皇に対する求心性を引き出すことにもなるが、それは同時に在地における他の武士たちとの関係を視野におさめた行動でもあったのである。官位もまた天皇と武士との間だけで完結するものではなく、他の武士たちとの関係の中ではじめて意味を発揮する記号だったと考えたい。

おわりに

以上、武士と天皇との回路として祖先意識・系譜意識、および官位を取り上げ、それらを成り立たせる諸関係について検討してきた。その結果、いずれも武士としての存立そのものに関わるものであることが明らかになった。すなわち、祖先意識・系譜意識とはそもそも武士の「弓馬の家」を支える論理であったし、官位も在地における武士集団の連帯・メンバーシップというヨコの関係から導き出されるものであった。いわば、武士としての存立を支える内在的論理の中に天皇との回路が見出されるわけであり、その意味で武士と天皇との関係は、あらためて「根深い」ものであったと言うことができよう。

しかし、それがけっして強固な結びつきではなかったことも、これまでの行論から明らかであろう。さらに、この回路は天皇に対する反発・軽視をも導くものであった。最後に、この点にふれて本章を閉じたいと思う。

たとえば、平将門は天皇に対する反逆者の筆頭として取り上げられる存在であるが、『将門記』によれば、彼は「伏して昭穆を案ふるに、将門すでに柏原帝王の五代の孫なり。たとひ永く半国を領せむに、あに非運と謂はんや」と述べ、朝廷に対する謀叛を合理化したという。[49]ここで彼の反逆を支えているのは「柏原天皇の五代の孫」という祖先意識・系譜意識そのものであった。また、上総介広常は「ナンデウ朝家ノ事ヲノミ身グルシク思ゾ。タヾ坂東ニテカクテアランニ、誰カハ引ハタラカサン」と述べ、頼朝の上洛を阻んだとされ、[50]東国武士たちの朝廷軽視、独立の気風を示すものと理解されてきた。[51]ここで、彼の朝廷軽視を支えているのは、「坂東」という存在であった。すなわち、頼朝を核に結集した武士たちの広汎な連帯状況が、朝廷に対する求心性を相対化させたのであった。ここに見られる構図は、官位という回路をモデルに見てきたタテの関係とヨコの関係の拮抗そのものである。

武士を天皇とつなぐ回路は、それが武士の存立そのものから導き出されるものであったため、天皇に対する求心性とともに反発の根拠ともなる、いわば「両刃の剣」であった。天皇に対する反発の論理が求心性と同根であったという点に、この時代における武士の置かれた特殊な状況を認めざるをえない。

註

（1）「ナンデウ朝家ノ事ヲノミ身グルシク思ゾ。タヾ坂東ニテカクテアランニ、誰カハ引ハタラカサン」と言い放った上総介広常（『愚管抄』巻第六）、「結句、御所トハ何ゾ。カタハライタノ言ヤ」として妙法院門跡御所の焼き討ちに至った佐々木道誉（『太平記』巻第二一「佐渡判官入道流刑事」）、「何ニ院ト云フカ、犬ト云フカ、犬ナラバ射テ落サン」と光厳院の車に対して矢を射掛けた土岐頼遠（同前巻第二三「土岐頼遠参合御幸致狼藉事付雲客下車事」）、「都ニ王ト云人ノマシマシテ、若干ノ所領ヲフサゲ、内裏院ノ御所ト云所ノ有テ、馬ヨリ下ル六借サヨ。若王ナクテ叶マシキ道理アラバ、以木造ルカ、以金鋳ルカシテ、生タル院、国王ヲバ、何方ヘモ皆流シ奉ラバヤ」という高師泰・師直兄弟の言動（同前巻二六「妙吉侍者事付秦始皇帝事」）等。引用はいずれも日本古典文学大系による。

(2) 近年の武士論の成果と課題については、元木泰雄「武士論研究の現状と課題」（『日本史研究』四二一号、一九九七年）参照。

(3) 髙橋昌明『武士の成立　武士像の創出』（東京大学出版会、一九九九年）四二・一三〇頁等参照。なお、こうした見解に対して、野口実「『鎌倉武士』の成立と武士論研究の現状」（『東北中世史研究会会報』一二号、二〇〇〇年）は王権の強調を戒め、武士社会の自力救済への着目を説いている。前掲註(2)元木論文も参照。

(4) 川合康「武家の天皇観」（同『鎌倉幕府成立史の研究』〔校倉書房、二〇〇四年〕所収。初出は一九九五年）。

(5) 武士に求められた技量や資質は狭義の武芸のみではなく、思慮深さや戦略的知識、威厳など、総合的な戦闘遂行能力であった。元木泰雄「『今昔物語集』における武士」（安田章編『鈴鹿本今昔物語集』〔京都大学出版局、一九九七年〕所収）参照。

(6) 『今昔物語集』巻二五「藤原保昌朝臣値盗人袴垂語第七」。

(7) 「肥後志賀文書」建長七年（一二五五）六月二十三日尼深妙書状（鎌⑪七八七七号）。

(8) 『続群書類従七上　系図部』所収。

(9) 「小野氏系図」については、入間田宣夫「鎌倉武士団における故実の伝承」（同『中世武士団の自己認識』〔三弥井書店、一九九八年〕所収。初出は一九九三年）、川合康「横山氏系図と源氏将軍伝承」（峰岸純夫・入間田宣夫・白根靖大編『中世武家系図の史料論　上巻』〔高志書院、二〇〇七年〕所収）参照。

(10) 石井進『日本の歴史一二　中世武士団』（小学館、一九七四年）参照。

(11) 『保元物語』中「白河殿攻め落す事」。引用は日本古典文学大系による。

(12) 『保元物語』上「官軍方々手分けの事」。引用は日本古典文学大系による。

(13) 石井進『日本の歴史七　鎌倉幕府』(中央公論社、一九六五年)、髙橋昌明「日本中世の戦闘」(前掲註(3)髙橋著書所収。初出は一九九七年) 参照。
(14) 河合正治「鎌倉武士団とその精神生活」(同『中世武家社会の研究』〈吉川弘文館、一九七三年〉所収) 参照。
(15) 『吾妻鏡』建久五年 (一一九四) 十月九日条。
(16) 『吾妻鏡』文治五年 (一一八九) 七月八日条。
(17) 『吾妻鏡』建久元年 (一一九〇) 九月十八日、建久四年八月九日、建久五年十月九日条等参照。
(18) 『吾妻鏡』文治三年 (一一八七) 十一月十五日条。
(19) 『吾妻鏡』文治三年 (一一八七) 十一月二十一日条。
(20) 野口実『武家の棟梁の条件』(中央公論社、一九九四年) 参照。
(21) 前掲註(20)野口著書七三頁参照。
(22) 前掲註(4)川合論文二四六頁参照。
(23) もちろん「頼朝が征夷大将軍を望んだ」とされることに疑義を呈する研究もあったことは見逃してはなるまい。ただ、その場合でも、「頼朝が征夷大将軍に就任した」という事実の説明はじゅうぶんにはなされなかったように思われる。藤本元啓「源頼朝の征夷大将軍補任に関する問題」(『軍事史学』二〇―二号、一九八四年)、柴田真一「源頼朝の征夷大将軍補任をめぐる二、三の問題」(横田健一先生古稀記念会編『文化史論叢 (下)』〈創元社、一九八七年〉所収)、北村拓「鎌倉幕府征夷大将軍の補任について」(今江廣道編『中世の史料と制度』〈続群書類従完成会、二〇〇五年〉所収) 等参照。
(24) 櫻井陽子「頼朝の征夷大将軍任官をめぐって」(『明月記研究』九号、二〇〇四年) 参照。櫻井氏によって紹介された『三槐荒涼抜書要』には『山槐記』逸文が含まれており、その建久三年 (一一九二) 七月九日条によれば、頼朝が朝廷に求めたのは「大将軍」であり、それを受けた朝廷が先例等を勘案して征夷大将軍補任を選択したことが明らかとなった。征夷大将軍をめぐるさまざまな言説は、頼朝以後の歴代鎌倉殿が征夷大将軍に任じられ続けた結果、二次的に付会されていったと考えるべきであり、頼朝段階で重要なのは「大将軍」という称号であった。
(25) 前掲註(4)川合論文、松薗斉「前右大将考」(『愛知学院大学文学部紀要』三〇号、二〇〇一年) 参照。ただし、頼朝の征夷大将軍就任に関しては、なお考慮すべき問題が残されているように思われる。すなわち前掲註(24)で言及した『山槐記』

逸文に頼朝は「申二改前大将之号一、可レ被レ仰二大将軍一」と奏請したとあるように、彼はただ単に「大将軍」号を求めただけでなく、「前大将之号」に替えてそれを要求したのである。すなわち、「大将軍」号はそれまでの「前大将」号に替わる、もしくはそれを凌駕するものとして要求されたのであり、「前大将」号がどのような意味を持つものであったのかということも検討しなければならない。また、意識的に「大将軍」号を請求したにもかかわらず、その後も頼朝は「前大将」号をも使い続けたという指摘（杉橋隆夫「鎌倉右大将家と征夷大将軍」〔『立命館史学』四号、一九八三年〕参照）もあわせて検討する必要がある。

(26) 奥田真啓「武士の氏族的精神の基礎問題（上）（下）」（『歴史地理』七三―五・七号、一九三九年）参照。

(27) 石井進「武士の置文と系図」（同『石井進著作集第五巻　鎌倉武士の実像』〔岩波書店、二〇〇五年〕所収。初出は一九八六年）参照。

(28) 川合康『源平合戦の虚像を剝ぐ』（講談社、一九九六年）、髙橋昌明「中世成立期における国家・社会と武力」（前掲註(3)髙橋著書所収。初出は一九九八年）参照。

(29) 『吾妻鏡』承元三年（一二〇九）十二月十五日条。

(30) 「結城古文書写」（延元五年〔一三四〇〕四月七日北畠親房御教書〔『白河市史　資料編二古代・中世』一六一号〕）。

(31) 『吾妻鏡』養和元年（一一八一）四月七日条に、御家人の中から、弓箭に達しかつ「御隔心」のない一一人を選抜して、毎夜頼朝寝所の近辺に伺候させたことが見え、建久四年（一一九三）三月二十一日条には、頼朝の那須野・三原狩倉進発にあたって、狩猟に馴れる者のうち、弓箭に達しかつ「御隔心」のない二二人を選抜して「踏馬衆」とし、とくに弓箭を持たせて随行させたことが見える。いずれにも結城朝光が含まれており、「右幕下時、被レ精二撰人数一」はこれらの事例を指しているのであろう。

(32) 田中稔「侍・凡下考」（同『鎌倉幕府御家人制度の研究』〔吉川弘文館、一九九一年〕所収。初出は一九七六年）参照。

(33) 『日本歴史』五七七号（一九九六年）は「官職と位階」をテーマとした特集号で、武家官位を扱った論考が四本も収められていることは、近年の研究動向を反映していよう。本章が対象とする中世前期における武家官位を扱った最近の研究としては以下のものが挙げられる。青山幹哉a「王朝官職からみる鎌倉幕府の秩序」（『年報中世史研究』一〇号、一九八五年）、同b「中世武士における官職の受容」（『日本歴史』五七七号、一九九六年）、上杉和彦「鎌倉幕府と官職制度」（同『日本中

世法体系成立史論』〈校倉書房、一九九六年〉所収。初出は一九九〇年）、金子拓a「鎌倉幕府・御家人と官位」（同『中世武家政権と政治秩序』〈吉川弘文館、一九九八年〉所収。初出は一九九三年）、同b「初期室町幕府・御家人と官位」（同前、初出は一九九四年）、同c「中期室町幕府・御家人と官位」（同前。初出は一九九四年）等。

(34)　前掲註(3)髙橋著書参照。

(35)　前掲註(33)青山a論文参照。

(36)　本書第一部第四章第一節第1項参照。京都大番役は他の御家人役よりも優越した役であったと考えられる。

(37)　前掲註(33)金子b・c論文参照。

(38)　石井進「院政時代」（同『石井進著作集第三巻　院政と平氏政権』〈岩波書店、二〇〇四年〉所収。初出は一九七〇年）参照。京都大番役の起源をめぐる最近の議論については、本書第一部第一章註(63)(64)も参照。

(39)　本書第一部第四章第一節第1項参照。

(40)　鎌倉幕府追加法六八条参照。

(41)　「近衛家文書」正和五年（一三一六）十月日丹波国宮田荘雑掌良有重申状案。櫻井彦「(史料集)丹波国宮田荘関連史料」(同『悪党と地域社会の研究』〈校倉書房、二〇〇六年〉所収。初出は二〇〇四年）参照。

(42)　御成敗式目第三条（貞永元年〈一二三二〉七月十日発令）、鎌倉幕府追加法六八条（天福二年〈一二三四〉五月一日発令）、『吾妻鏡』嘉禎三年（一二三七）三月二十一日条、『吾妻鏡』宝治二年（一二四八）正月二十五日条等参照。

(43)　本書第一部第四章第一節第3項参照。

(44)　宮河乗蓮の御家人化をめぐっては、橋本道範「荘園公領制再編成の一前提」（大山喬平教授退官記念会編『日本社会の史的構造　古代・中世』〈思文閣出版、一九九七年〉所収）、本書第一部第二章参照。

(45)　山本博也「頼朝と本領安堵」（石井進編『都と鄙の中世史』〈吉川弘文館、一九九二年〉所収）参照。

(46)　「東寺百合文書イ10」建治二年（一二七六）十月日太良荘末武名主藤原氏女陳状（若狭国太良荘史料集成編纂委員会編『若狭国太良荘史料集成　第一巻』〈小浜市、二〇〇一年〉一〇七号)。

(47)　「東寺百合文書ア22」文永七年（一二七〇）閏九月日中原時国息女重陳状（鎌⑭一〇七〇八号)。

(48)　石井進「中世成立期の軍制」（同『石井進著作集第五巻　鎌倉武士の実像』〈岩波書店、二〇〇五年〉所収。初出は一九八七年）参照。

(49)『将門記』。引用は日本思想大系による。

(50)『愚管抄』巻第六。引用は日本古典文学大系による。

(51) 河内祥輔『頼朝の時代』（平凡社、一九九〇年）は、広常の発言を、後白河院に取り入るために頼朝によって脚色されたフィクションとみている（二九四頁註(302)）。ただ、たとえフィクションであったとしても、このような話を持ち出すことが後白河院の歓心を買うのに有効であったことは、このフィクションに仕組まれた東国武士の独立の気風が現実的なものであったことを裏書しているように思われる。

第二章　鎌倉幕府と東海御家人
──東国御家人論序説──

はじめに

本章では、伊豆・駿河・遠江三ヵ国の御家人を「東海御家人」ととらえ、鎌倉幕府におけるその役割や位置づけを明らかにしたい。なお、「東海」という場合、三河・尾張・伊勢を含んだ、より広い地域を指すのが一般的であろうが、本章では右三ヵ国に限定して用いることとし、「東海三ヶ国」という表現をとることにする。

鎌倉殿の従者、すなわち御家人たちの全国的組織である御家人制が、守護・地頭制と並ぶ鎌倉幕府の人的支柱であったことは言うまでもないことであるが、その内部にさまざまな偏差を含んでいることもしばしば指摘されてきた。そうした偏差の一つとして御家人制の地域差が挙げられる。御家人の母体たる武士の存在形態も地域によりさまざまであり、また幕府との関わり方も地域によって差異があったから、それらが御家人制にも反映されたことはじゅうぶん予想されることであるが、この点に関する従来の議論には、東国御家人を「鑑《かがみ》」として論じる傾向があったように思われる。すなわち、西国御家人は、東国御家人に比べて人数も少なく、幕府から本御下文を与えられて本領を安堵されたり、地頭職に任じられたりする人間も僅かで、身分的に不安定な状況に置かれていたことが指摘されている。(2)

また、九州の御家人は、西国に比べると地頭職に任じられている者が多かったが、これは九州の武士の多くが治承・寿永内乱で平氏に与同していたため、いったん彼らの所領・所職が没収され、あらためて新恩として給与されるという形式がとられた結果であった。そして、彼らの上には〝正規の御家〟たる東国御家人が「惣地頭」として送り込まれ（東国御家人の「惣地頭」に対して、九州御家人たちは「小地頭」とも呼ばれた）、鎮西御家人は東国御家人の支配下に置かれることになったとされる。(3)これらの議論は、東国御家人のあり方を「鑑」とすることによって、西国や九州の御家人の特性を引き出すことには成功したと言えるが、逆に東国御家人そのものについては抽象化されてしまったため、かえってその内実を究明する視角が失われている点も見逃すことはできない。

地頭職を中心とする所領・所職給与を媒介とする特殊な主従関係である御家人制は、「敵方所領没収」をともなう東国における内乱の中で形成されたものであるから、(4)東国御家人を御家人制の典型（「鑑」）とすることは、その限りでは正しい前提であろう。しかし、この前提そのものについては、じゅうぶん検証されてこなかったというのが現状であろう。たとえば、「東国」といえば、漠然と鎌倉幕府の根拠地と見なされ、遠江以東の一五ヵ国（承久の乱の際に幕府側の軍事動員を受け、かつ鎌倉番役を勤仕することが定められていた国々）が想定されてきたわけであるが、この「東国」諸国の地域的・政治的位置づけの違いや、それにもとづく「東国」御家人それぞれの特徴などといった問題は、陸奥・出羽国を別とすれば、これまでは曖昧なままにされてきたように思われる。

ようやくこの一〇年ほどになって、東国御家人の実態についてもメスが入れられるようになってきている。いわゆる「六条八幡宮造営注文」(5)の紹介がそれに拍車をかけたことは間違いないことであるが、(6)各地の自治体史編纂が進み、関係史料の掘り起こし・収集が進んだことも、この間の新しい動向として見逃せないところである。

本章は、こうした最近の研究動向の驥尾に付して、これまで広く東国御家人の一部と考えられていた伊豆・駿河・

遠江国の御家人について、その地域性を考察しようとするモノグラフである。静岡県下においても各自治体史の編纂が進み、これら三ヵ国の御家人および御家人制についての概説もすでに試みられている(7)。本章では、これらの成果にも学びながら、伊豆・駿河・遠江三ヵ国の地域的特性と、東海御家人が鎌倉幕府の中で果たした役割を明らかにしたい。その際、地域の特性が御家人制に与えた影響と、逆に幕府の御家人編成が地域に与えた影響という二つの視角を意識して考察を進めたい。

一　伊豆・駿河・遠江の政治的位置と東海御家人

1　甲斐源氏による駿河・遠江占領

西国の場合、地頭に任じられているのは多くの場合、他国の御家人（主として「東国」出身の御家人）たちであり、現地の御家人が地頭に任じられているケースは稀であることがその特徴とされている。こうした指摘は「(西国と違って）東国では現地の御家人が地頭に任じられている」ことを前提にしているわけだが、はたしてこの前提は伊豆・駿河・遠江にもあてはまるものであろうか。まずは地頭の補任状況を手がかりに、これら三ヵ国の地域的特性に迫ってみたい。

表1は、中世史料から地頭の名前が判明する伊豆・駿河・遠江三ヵ国の所領をリストアップしたものである。地頭の存在は確認できても地頭名が判然としないものは除外しているが、おおよその傾向をつかむことはできよう。

表1によれば、地頭の補任状況に関して、まず目につくのは、北条一族の圧倒的な比重で、検出事例三二件のうち

一七件を北条一族が占めている。得宗領にまで視野を広げれば、この比重はさらに高まり、「東海三ヶ国」が北条氏の拠点となっていたことを如実にうかがわせる数字であるが、「東海三ヶ国」の御家人制という観点から見直せば、伊豆と駿河・遠江とでは大きな違いがあることも明らかであろう。すなわち、伊豆では伊豆出身の御家人が地頭職を独占しているのに対して[(8)]、遠江ではその比率がきわめて低く、駿河に至っては駿河国御家人で国内の地頭に任じられている者は一人も確認できなかった。もちろん、駿河・遠江出身の御家人がいなかったわけではなく、表2にリストアップしたように、それぞれ一五氏前後の御家人の存在が確認されている（ただし、一時期のみしか活動が確認できない者もおり、常時この人数が存在したかは明らかでない）。内田氏（表2の41）や原氏（表2の42）を除いて、駿河・遠江御家人の大半は現地の地頭に任じられておらず、駿河・遠江には伊豆や相模・武蔵など他国の武士が地頭として乗り込んでいる状況がうかがえる。中でも甲斐国の武士（いずれも甲斐源氏一族）の進出が目立っているのが注目されよう（表1の10・11・16・17・18・19）。これらの現象をどのように理解すればよいのだろうか。

地頭補任について、幕府に敵対した人間の所領を没収し、味方将士（御家人）にそれを給与するという、すぐれて占領地政策的側面を指摘する近年の研究成果をふまえると[(9)]、頼朝挙兵直後の治承四年（一一八〇）十月、駿河国目代橘遠茂が「遠江・駿河両国之軍士」[(10)]を動員して、同じく反平氏に立ち上がった甲斐源氏の討伐に向かったことが注目される[(11)]。この時点で、頼朝陣営に加わっていた駿河・遠江武士は鮫島氏（表2の20）・飯田氏（表2の21）ぐらいしか確認できない上、その後も浅羽氏や相良氏など遠江武士の一族は平家方に属していることが知られるので[(12)]、明証はないものの、駿河・遠江武士の多くは橘遠茂に従軍したものと推測される。遠茂軍は富士山麓の鉢田山・志波田山で大敗しているので、彼に従った駿河・遠江武士たちの所領も没収されてしまったと考えられよう。そうした所に他の「東国」御家人たちが「地頭」として乗り込んでいったのである。

また、ここで橘遠茂と対決したのが、頼朝軍ではなく、武田信義・安田義定を中心とする甲斐源氏であったことにも注目する必要がある。『吾妻鏡』では、富士川の合戦後、頼朝によって、安田義定は遠江守護に、武田信義は駿河守護として派遣されたと書かれているため[13]、彼ら甲斐源氏は早くから頼朝に帰順し、その配下として動いていたとみなされがちであったが、甲斐源氏も自立的な地域権力だったことが明らかにされている[14]。すなわち、駿河・遠江国は、鎌倉幕府ではなく、甲斐源氏の勢力によってまず軍事的に占領されたのである。

このように考えると、鎌倉時代のはじめにこの両国で確認される地頭の多くが、先に指摘したように、甲斐源氏であることの意味もおのずと浮かび上がってこよう。「武田之党」が遠江に来住し[15]、「遠江国ニハ、彼郎従充満」[16]と言われていることなどもあわせ考えれば、これらの現象からは、鎌倉幕府勢力の浸透というよりも、甲斐源氏の勢力が入

典拠
「吾妻鏡」建保 1. 12. 18
「三島神社文書」（鎌⑥3735）
「吾妻鏡」嘉禎 1. 8. 21
「三島神社文書」（静補 20）
「円覚寺文書」（静⑤1706）
「比志島文書」（静⑥29）
「比志島文書」（静⑥29）
「加藤遠山系図」
「吾妻鏡」文治 4. 6. 4
「吾妻鏡」文治 5. 5. 22
「吾妻鏡」建仁 3. 3. 10
「由良文書」（静⑥6）
「太平記」巻 13（静⑥79）
「比志島文書」（静⑥29）
「比志島文書」（静⑥29）
「吾妻鏡」建久 1. 8. 19
「仁和寺文書」（鎌②613）
「吾妻鏡」建久 4. 12. 5／「斉民要術紙背文書」（鎌⑮11604）
「中山文書」（鎌②1146・静⑤487・鎌㉟26856）
「蒲明神宮文書」（鎌⑥3672）／「由良文書」（静⑥6）
「内田文書」（静⑤800・801）
「尊経閣武家手鑑」（鎌⑪8008）
「東寺百合文書こ」（静⑤1486）
「竹内文平氏所蔵文書」（鎌⑲14527）
「内田文書」（静⑤1743）
「秋田藩採集文書」（鎌㉒17062）
「東寺百合文書ゆ」（鎌㊲29069）
「由良文書」（静⑥6）
「由良文書」（静⑥6）
「比志島文書」（静⑥29）
「比志島文書」（静⑥29）
「比志島文書」（静⑥29）

巻数と史料番号を示す（補は補遺編）.

時宗夫人（安達氏）・安達時顕（武蔵）」と続く.

表1　伊豆・駿河・遠江の地頭

No.	荘　園　名	所在国	地　頭　名　(出　身　国)
1	熱海郷	伊　豆	仁田忠常(伊豆)→北条泰時(伊豆)
2	玉河郷		伊豆局(伊豆)
3	狩野荘牧郷		加藤景廉(伊勢・伊豆)
4	三薗郷		北条時宗(伊豆)
5	土肥山		土肥次郎左衛門尉(伊豆)
6	仁科荘＊1		大仏貞直(伊豆)
7	宇久郷＊1		大仏貞直(伊豆)
8	河津荘		加藤景廉(伊勢・伊豆)
9	益頭荘	駿　河	北条時政(伊豆)
10	大津御厨		板垣兼信(甲斐)
11	方上御厨		武田信光(甲斐)
12	大岡荘		北条泰家(伊豆)
13	入江荘		得宗領(伊豆)
14	泉　荘＊1		北条泰家(伊豆)
15	佐野荘＊1		大仏貞直(伊豆)
16	質侶荘	遠　江	板垣兼信(甲斐)
17	頭陀寺荘		安田義定(甲斐)
18	浅羽荘		安田義定(甲斐)→加藤景廉(伊勢・伊豆)／筑後左衛門入道智定＊2
19	笠原荘		一条忠頼(甲斐)→＊3
20	蒲御厨		北条時房(伊豆)／北条泰家(伊豆)
21	内田荘		内田到茂(遠江)＊4
22	山香荘犬居郷		天野政景(伊豆)
23	原田荘細谷郷		原兼康(遠江)
24	飯田荘上郷苔島村など		山内通茂(相模)
25	飯田荘下郷		山内道光(相模)
26	河村荘東方		北条師時(伊豆)
27	村櫛荘		北条重時(伊豆)
28	渋俣荘		北条泰家(伊豆)
29	大池荘		名越高家(伊豆)
30	池田荘＊1		北条泰家(伊豆)
31	谷和郷＊1		大仏維貞(伊豆)
32	宇狩郷＊1		大仏維貞(伊豆)

註　典拠の（鎌⑥3735）は『鎌倉遺文』の巻数と文書番号，（静⑤1706）は『静岡県史』の
＊1は史料上明示されてはいないが，内容から地頭職と判断した.
＊2は八田氏（常陸）か.
＊3は「十郎左衛門尉殿（佐原義連か，相模），毛利季光（相模），安達義景・泰盛・北条
＊4は北条時房の安堵を受けている.

り込んでいる状況を読み取るべきであろう。

2　「東国」の縁辺としての遠江

頼朝の覇権が確立するにつれて、甲斐源氏の自立性も影をひそめていく。元暦元年（一一八四）六月、「振二威勢一之余、挿二濫レ世志一之由有二其聞一」との理由で、武田信義の嫡子一条忠頼が幕府で粛清された[17]。これにともなって武田信義の駿河守護も召し上げられ、北条義時が新守護に任命されたと考えられている[18]。一方、実力で遠江を占領した安田義定は、木曾義仲と提携して、寿永二年（一一八三）七月に上洛を果たし、八月十日には朝廷から遠江守に任命されている[19]。しかし、こちらも次第に頼朝の圧力を受け、建久元年（一一九〇）正月には遠江守を辞めさせられ[20]、建久四年（一一九三）十一月には息子義資が不祥事により処刑され、その縁坐として義定の遠江守護職も解任されたらしい。そして翌年八月には、義定自身が、反逆の嫌疑により処刑されている[21]。

いずれも頼朝による一門や有力御家人粛清政策の一環と位置づけられる事件だが、彼らの失脚と前後して、甲斐源氏が駿河・遠江両国に有していた地頭職が次々と改易されていることが注目される。表1に掲げた六ヵ所の地頭職（表1の10・11・16・17・18・19）は、文治五年（一一八九）から建久四年の間に、いずれも甲斐源氏の手を離れている

「建治注文」の分類
鎌倉中・在京
鎌倉中・伊豆国
鎌倉中・在京
越後国
鎌倉中
鎌倉中
鎌倉中
伊豆国
鎌倉中
伊豆国
伊豆国
伊豆国
伊豆国
伊豆国
鎌倉中
駿河国
駿河国
駿河国
駿河国
駿河国
駿河国
駿河国
鎌倉中
遠江国

表2　伊豆・駿河・遠江の御家人

No.	御家人名	所在国	典　　拠
1	北条氏	伊　豆	「吾妻鏡」治承4.8.20,「六条八幡宮造営注文」(静補66)
2	狩野氏		「吾妻鏡」治承4.8.20,「六条八幡宮造営注文」(静補66)
3	宇佐美氏(藤姓)		「吾妻鏡」治承4.8.20,「六条八幡宮造営注文」(静補66)
4	宇佐美氏(平姓)		「吾妻鏡」治承4.8.20,「六条八幡宮造営注文」(静補66)
5	天野氏		「吾妻鏡」治承4.8.20,「六条八幡宮造営注文」(静補66)
6	新田氏		「吾妻鏡」治承4.8.20
7	堀　氏		「吾妻鏡」治承4.8.20
8	近藤氏		「吾妻鏡」治承4.8.20,「六条八幡宮造営注文」(静補66)
9	沢　氏		「吾妻鏡」治承4.8.20
10	大見氏		「吾妻鏡」治承4.8.20,「六条八幡宮造営注文」(静補66)
11	那古谷氏		「吾妻鏡」治承4.8.20
12	田代氏		「吾妻鏡」元暦1.2.5,「六条八幡宮造営注文」(静補66)
13	伊東氏		「吾妻鏡」承元4.5.11
14	土肥氏		「円覚寺文書」(静⑤1706),「六条八幡宮造営注文」(静補66)
15	三戸氏		「六条八幡宮造営注文」(静補66)
16	南条氏		「大石寺文書」(鎌㉛23601),「六条八幡宮造営注文」(静補66)
17	江間氏		「六条八幡宮造営注文」(静補66)
18	平井氏		「六条八幡宮造営注文」(静補66)
19	加藤氏	(伊勢)	「吾妻鏡」治承4.8.20,「六条八幡宮造営注文」(静補66)
20	鮫島氏	駿　河	「吾妻鏡」治承4.8.20
21	飯田氏		「吾妻鏡」治承4.10.23
22	岡部氏		「吾妻鏡」養和1.②.17,「六条八幡宮造営注文」(静補66)
23	吉香(吉川)氏		「吾妻鏡」元暦1.7.10,「六条八幡宮造営注文」(静補66)
24	船越氏		「吾妻鏡」元暦1.7.10,「六条八幡宮造営注文」(静補66)
25	手越氏		「吾妻鏡」文治5.10.5
26	三沢氏		「吾妻鏡」正治2.1.20
27	矢部氏		「吾妻鏡」正治2.1.20,「六条八幡宮造営注文」(静補66)
28	庵原氏		「吾妻鏡」正治2.1.20
29	興津氏		「承久記」(静⑤649),「六条八幡宮造営注文」(静補66)
30	蒲原氏		「承久記」(静⑤649)
31	屋家氏		「承久記」(静⑤649)
32	宿屋氏		「承久記」(静⑤649)
33	葛山氏		「吾妻鏡」承久3.6.18
34	賀島氏		「高野山文書」(鎌⑥3790),「六条八幡宮造営注文」(静補66)
35	鮎沢氏		「吾妻鏡」建長2.3.1(⑤980)
36	松野氏		「六条八幡宮造営注文」(静補66)
37	牧　氏	(駿河)	「六条八幡宮造営注文」(静補66)
38	横地氏	遠　江	「吾妻鏡」文治2.2.6
39	勝田(勝間田)氏		「吾妻鏡」文治2.2.6
40	浅羽氏		「吾妻鏡」養和1.3.13
41	内田氏		「源平盛衰記」(静⑤128),「六条八幡宮造営注文」(静補66)

のである。

これは、甲斐源氏による駿河・遠江の軍事占領状態を解除し、鎌倉幕府があらためて両国を接収したことを意味していよう。このように、駿河・遠江は、治承・寿永内乱の勃発から直線的に鎌倉幕府の支配下に入ったのではなく、甲斐源氏による軍事占領を経由して「東国」に組み込まれることになったのである。

駿河・遠江と同じような経緯をたどって「東国」に組み込まれた国として、越後を挙げることができる。治承・寿永内乱当初、まず越後を支配したのは木曾義仲の軍勢であった。それは、越後城氏をはじめとする越後武士団を駆逐しての軍事占領であった。しかし、その義仲も没落してしまう。おそらく、ここでも少なからぬ越後武士が彼とともに運命をともにしたことであろう。そうした後に乗り込んできたのが鎌倉幕府であった。その結果、越後国内の荘・郷・保・村などに地頭職を得たのは、すべて鎌倉幕府の下に結集した源氏一族や京下りの有力吏僚、さらには関東の有力武士団たちであり、越後武士が地頭職に補任された明証は見出すことができず、越後の「被征服地」的性格が指摘されている(22)。

地頭職の大半が他の東国武士たちによって占められている状況は駿河・遠江も同じである。越後とのアナロジーでいけば、地頭職の補任状況による限り、駿河・越後も鎌倉幕府による「被征服地」的性格を免れないであろう。

遠江国
遠江国
遠江国
遠江国
遠江国
遠江国
遠江国
遠江国

した.
数と史料番号を示す

遠江については、京都と鎌倉の接点にあるという特殊性、東国の入り口でありながら、京都の政治的影響も受けているという地域的特性がすでに指摘されているが(23)、右に見たような「東国」としての成り立ちにも、その地域的特性を指摘することができる。越後・遠江ともに、承久の乱に際しては幕府による軍事動員の対象となり(24)、鎌倉殿御所の警備にあたる鎌倉番役の勤仕を定

42	原　氏	遠　江	「東寺百合文書こ」（静⑤1486）
43	相良氏		「吾妻鏡」承久 3.6.18
44	久野氏		「中尊寺経蔵文書」（鎌㉘21509）
45	野部氏		「六条八幡宮造営注文」（静補 66）
46	赤佐氏		「六条八幡宮造営注文」（静補 66）
47	井伊氏		「六条八幡宮造営注文」（静補 66）
48	平宇氏		「六条八幡宮造営注文」（静補 66）
49	左野氏		「六条八幡宮造営注文」（静補 66）
50	貫名氏		「六条八幡宮造営注文」（静補 66）
51	西郷氏		「六条八幡宮造営注文」（静補 66）
52	東西谷氏		「六条八幡宮造営注文」（静補 66）

註　『静岡県史　通史編 2 中世』「鎌倉時代前半の遠駿豆三国御家人表」（28〜31 頁）を参照
典拠の（鎌⑥3735）は『鎌倉遺文』の巻数と文書番号，（静⑤1706）は『静岡県史』の巻
（補は補遺編）.

められた「東国」一五ヵ国の最縁辺部に位置していたことは、単なる偶然とは言えまい。[25]

そして、こうした地域的特性は、国御家人のあり方にも影響を与えたと考えられる。もちろん、駿河や遠江の御家人が鎌倉幕府によって抑圧された存在であったと見ることは正しくない。相良氏が肥後国人吉荘、内田氏が石見国豊田郷、鮫島氏が薩摩国阿多郡南方、飯田氏が丹波国雀部荘、吉香（吉川）氏が播磨国福井荘や安芸国大朝本荘、さらに船越氏や矢部氏が淡路国内の荘園や国衙領にそれぞれ地頭職を得ているように、[26]駿河や遠江の御家人も、西国では紛れもなく「東国御家人」として立ち臨んでいることは、これらの所見すら確認できない越後国御家人とは異なるところである。しかし、隣接する伊豆の御家人と違って、「六条八幡宮造営注文」で「鎌倉中」や「在京」に位置づけられる者が一人も見えない[27]のは、やはり右に指摘したこれらの国々の地域的特性と密接に関わることであろう。

また、『吾妻鏡』の地の文の表現ではあるが、横地氏や勝田氏が「遠江国住人」と呼ばれ、[28]それ以前から御家人としての活動所見があるにもかかわらず、駿河の飯田氏や吉香氏・船越氏らが「近隣甲乙人」と呼ばれ、「当国御家人」と区別されていることなども、[29]鎌倉幕府成立期の両国御家人の微妙な政治的位置を反映しているように思われる。[30]

筧雅博氏も述べているように、駿河・遠江の置かれた政治的位置が「駿遠両国の御家人を、ついに幕府の真の構成員たらしめなかった」のである。(31)

3　伊豆と駿河

伊豆の武士が源頼朝の挙兵に早くから参加し、その後もしばしば『吾妻鏡』に登場するように、幕府の中枢に参画する存在であったことは、あらためて指摘するまでもないことであろう。北条氏は別格としても、国守に任じられ、かつ検非違使にも任じられた伊東氏や宇佐美氏の活躍ぶりは、他の「東海三ヶ国」の御家人からは抜きん出たものがある。「六条八幡宮造営注文」の出現は、そうした伊豆の御家人の優越性を裏づけることになった。すなわち、伊豆出身の御家人たちの中からは「鎌倉中」や「在京」として幕政の中枢に位置づけられる者が輩出されている一方で、先にも指摘したように、駿河や遠江の御家人の中にはそうした人間は一人も見出せないのである。

また、地頭職の補任状況からも、伊豆の御家人が駿河や遠江に「地頭」として乗り込んでいる状況が確認される。北条氏は擱くとしても、遠江国浅羽荘には加藤景廉が（表1の18）、山香荘には天野氏（表1の22）が地頭職を獲得している。このうち、天野氏はその後も山香荘に根を下ろし、戦国期に至るまで領主として活動している。(32)わずかな事例でしかないが、この逆の現象がないことを考えれば、伊豆の御家人と駿河・遠江の御家人が対照的な立場にあることは了解できよう。

ところで、『吾妻鏡』などをみていくと、伊豆の御家人と駿河の御家人がしばしば行動を共にする場面があることにも気がつく。(33)

(イ)　西国遠征中の「伊豆・駿河等国御家人」に対して、頼朝が指示を送る。

(ロ)　頼朝の二所参詣に先立って、甲斐及び伊豆・駿河の国御家人に「山路」を警衛すべきことが命じられる。
(ハ)　富士野藍沢での夏狩に先立って、「伊豆・駿河両州御家人等」に旅館以下の設営が命じられる。
(ニ)　京都からの帰途、駿河国黄瀬川で、頼朝が駿河・伊豆両国の訴訟を聴断する。
(ホ)　宝治合戦に際し、武蔵国の「党々」と「駿河・伊豆国以下之輩」が北条時頼邸を守護している。

案件がそもそも駿河・伊豆両地域に関わるものもある(ロ・ハ)ので、単なる偶然とも片づけられそうであるが、駿河と伊豆の御家人を結びつける要素にも目を向けておく必要があろう。

そうした意味で興味深いのは、『曾我物語』に描かれた伊豆奥野の巻狩である。曾我兄弟の父河津祐通が暗殺され、兄弟の敵討ちの発端となる重要なシーンであるが、この巻狩には武蔵・相模・伊豆・駿河四ヵ国から総勢五百余騎の大名が集ったとされ、岡部（武蔵）、懐島・山内・土肥・岡崎・大庭・俣野・土屋・波多野・海老名（以上相模）、伊東・河津・竹沢・南条・深堀（以上伊豆）、合沢・荻野・高橋（以上駿河）といった武士の名前が挙げられている。[34]これらの武士の間で、巻狩の挙行にうかがえるような日常的な交流が存在していたことに注目したい。すなわち、相模・伊豆・駿河に分布する武士団の間では国境を越えた結びつきが成立していたのではないだろうか。

「東海三ヶ国」では、鎌倉時代以前にさかのぼる武士の史料があまり豊富ではないので、右の想定を史料的に裏づけることは難しいが、系図類などからうかがわれる婚姻関係が示唆を与えてくれよう。まず『曾我物語』を例にとれば、伊東祐親は娘を工藤祐経の妻としておきながら、のちにそれを改め、相模の土肥遠平に再嫁させてしまったという。また曾我兄弟の母、河津祐通の妻[35]は、夫の死後、相模の曾我祐信のもとに嫁いでいることが知られる。さらに、『裾野市史第二巻　資料編古代・中世　別冊付録中世系図集』（一九九五年）に集成されている系図類によれば、駿河の葛山氏は、近隣の新橋氏や佐野氏、岡野氏ばかりでなく、相模の土屋氏や糟谷氏、伊豆の北条氏とも婚姻関係を結んでいたことが知られる。北条時政の後妻が、駿河国大岡牧を知行する牧宗親の娘であったことも思い合わされよう(36)。

そもそも御家人制は、鎌倉幕府によって上から政治的に編成された組織であり、内部に政治的な偏差を含みこむものであったことは、東国御家人と西国御家人・鎮西御家人の差異を見れば明らかであるし、同じ東国御家人の中でも、例えば伊豆と駿河・遠江の御家人の間に大きな違いがあることは、前項までに見てきたところである。ただ、御家人制が鎌倉幕府によって全く自由に編成されえたと見るのも一面的であろう。鎌倉幕府の成立・登場以前に展開していた地域の武士団の結合関係ないし対立・競合状況が御家人制に持ち込まれた側面にも注意する必要があろう(37)。

右のような考えに立てば、伊豆と駿河の武士は、鎌倉幕府御家人制によって政治的に分断される一方で、御家人制成立以前に遡る交流・結合関係をなお維持していたように思われる。それが先に掲げた(イ)から(ホ)として現象したのではなかろうか。

あらためて、『曾我物語』伊豆奥野の巻狩に登場する武士団の名前を調べなおしてみると、漠然と武蔵・相模・伊豆・駿河の四ヵ国に展開する武士たちというわけではなく、相模西部から伊豆、そして駿河東部という、より限定された地域の武士たちが中心であることが判明する。右に想定した伊豆と駿河の武士の交流・結合関係もこの範囲のものと考えるべきであろう。まだ調査が不十分ではあるが、武士団相互の婚姻関係もおおむねこの範囲に収まるようであるし、近年クローズアップされている駿河国「駿河郡」（いわゆる駿東郡）の両属的性格(38)も、この地域がむしろ伊豆や相模西部と密接な関係にあったことを示唆するものと言えよう。

やや気になるのは、伊豆奥野の巻狩に参加した中に、高橋・吉川・船越・入江といった駿河中部の入江一族も見えていることである。右に想定した範囲からは地域的にやや外れているように思われるのであるが、その一方で『曾我物語』には、彼らは工藤祐経の「外戚」とも見えているので、伊豆と駿河の武士団の婚姻関係は駿河中部にまで及んでいた可能性もある。彼らの位置づけについては、今後の検討課題としたい[39]。

二　東海道と御家人制

1　武士団の展開と交通路

前節では、「東海三ヶ国」の政治的偏差に着目して、それぞれの国の御家人制の特徴を指摘したが、本節では「東海三ヶ国」に共通する地域的特性に注目し、それがこの三ヵ国の御家人制に与えた影響について考えてみたい。

図1は、伊豆・駿河・遠江における武士団の分布状況を示したものである。これら武士団の分布状況については、牧との密接な関係が指摘されている[40]。たしかに、大岡牧や蘇弥奈牧・笠原牧・相良牧・白羽牧の周辺に武士団が集中していることが認められるが、それとともに注目したいのは、東海道を中心とする交通路沿いに武士団が展開していることである。牧の存在もこれら交通路と無関係ではありえないから、「東海三ヶ国」の武士団はむしろ交通路に沿って展開していると考えた方がよかろう。そもそも「東海三ヶ国」そのものが、東西に貫通する東海道沿いの〝大回廊地帯〟という性格を色濃く持っているのであり、そうした地域的特性を離れて、彼らの存在形態を理解することはできないであろう。

伊豆・駿河・遠江に展開する武士団の出自については、その多くが藤原為憲を始祖とする、いわゆる工藤流藤原氏に属していることが知られている。為憲の孫時信が駿河守に任じられた後も現地に土着したのが始まりとされ、時信の子孫からは、入江氏・船越氏・興津氏・岡部氏・蒲原氏・渋川氏・吉香（吉川）氏など駿河の武士団や遠江の野辺

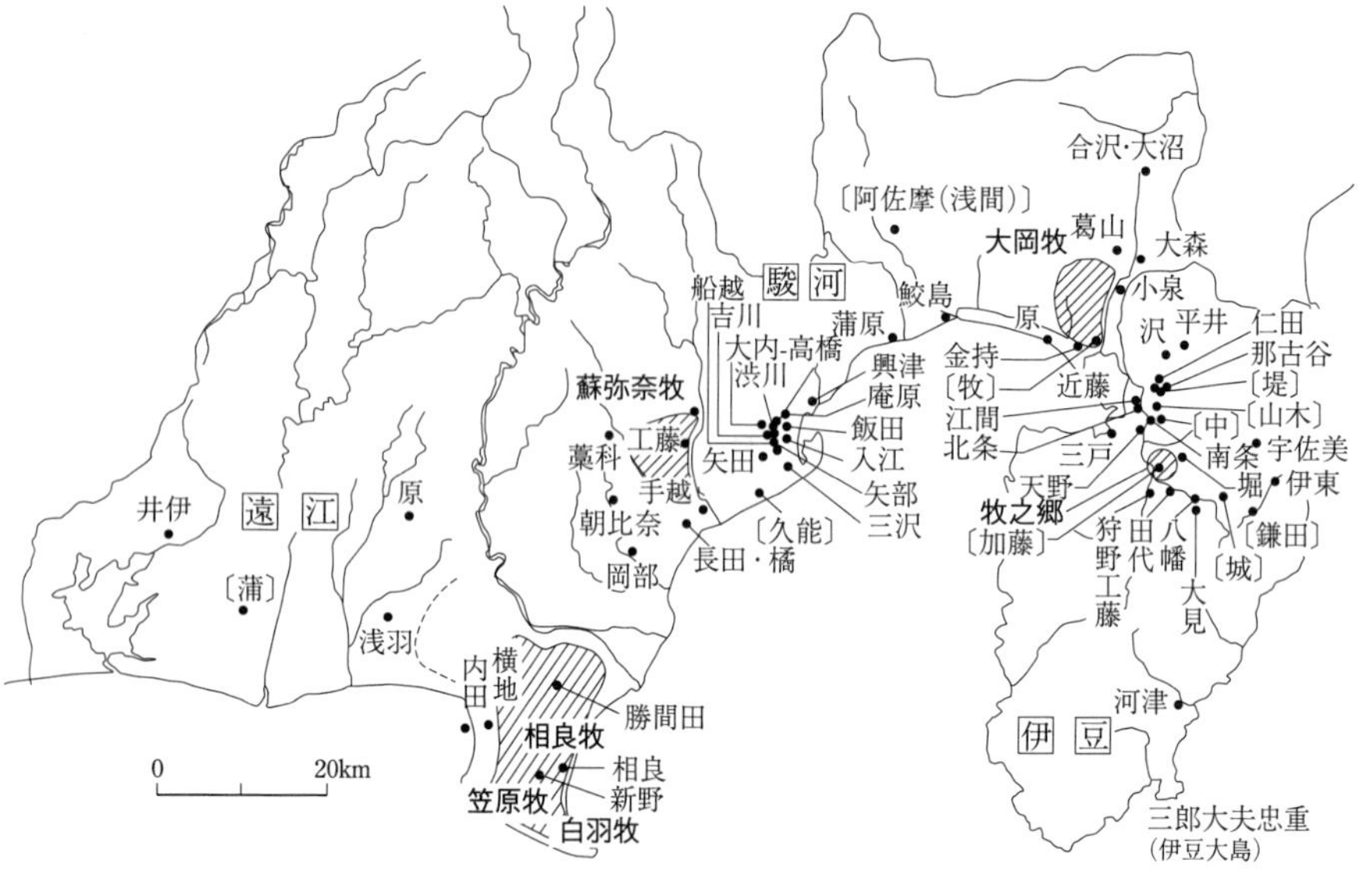

図1　平安時代末期の武士団本拠と牧の位置（『静岡県史　通史編1　原始・古代』より）

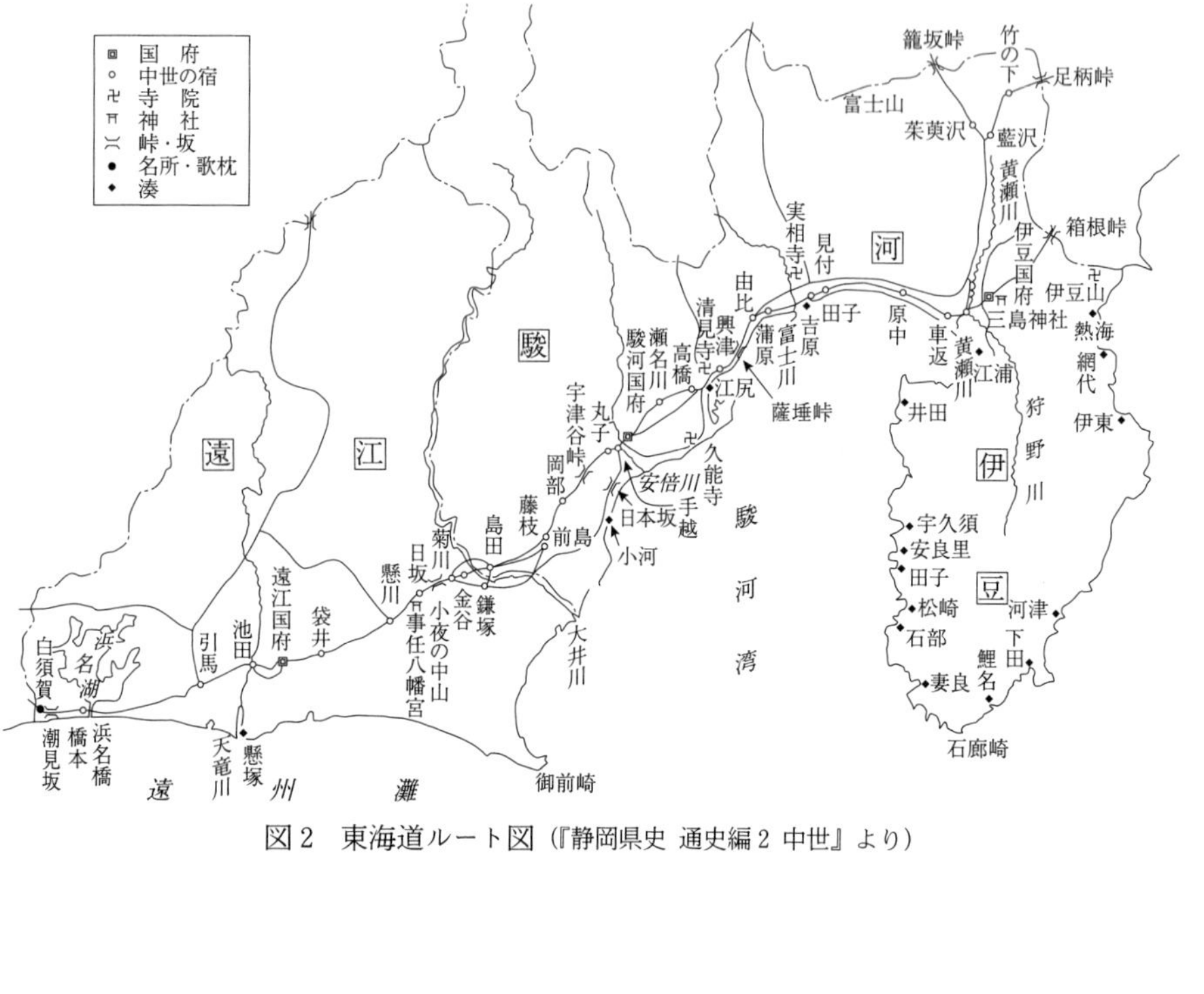

図2　東海道ルート図（『静岡県史　通史編2　中世』より）

氏、伊豆の天野氏などが派生している。また、時信の弟維景の子孫からは狩野氏や伊東氏・宇佐美氏といった伊豆の武士団が出ている。遠江の勝間田氏や内田氏も工藤流藤原氏に連なる系譜を伝えている。(41)これらの諸氏は、「権守」や「国押領使」等を通称としていることから、国衙機構と関わりながら有力な在庁官人として発展したことが想定されている。国衙による管内交通路支配を考えれば、彼らが交通路沿いに展開しているのも当然と言えよう。

なお、以上は主として陸上交通に注目したものであるが、海上交通についても武士団の関わりが想定できる。たとえば、伊豆東海岸に展開した伊東氏や宇佐美氏・河津氏などには、陸上交通よりも、むしろ海上交通との関わりを考えるべきだろう。そうした観点でみると、鎌倉時代の史料になるが、伊豆からの脱出を図った伊東祐親が鯉名泊から船出を試みていることが注目される。(42)鯉名泊は現在の南伊豆町の湊ないし手石の辺りに比定されているが、文治元年(一一八五)三月には、ここに繫留されていた兵船に兵粮米が積み込まれ西国の平氏追討軍へと送られていることから、(43)水軍基地として機能していたことが指摘されている。(44)おそらく、伊東氏は鯉名泊を核とする水運を掌握していたのであろう。

また、鯉名泊にも程近い白浜村(現在の下田市)には、駿河の入江氏が地頭職を得ていたことが知られている。(45)入江氏の一族船越氏や吉香氏にも水軍的性格が指摘されているから、(46)駿河湾から伊豆半島南端に至る水上交通路を入江氏一族が握っていた可能性もある。

2 鎌倉幕府による東海道支配

陸上ないし海上交通路沿いに展開した武士団が、交通路に対してどのような支配を及ぼしたかは、具体的な史料が欠けているため、不明とせざるをえないが、他の地域の事例を参照すれば、(47)彼らが宿を基点とする「長者」として交通路の管理・掌握にあたっていたであろうことは想像に難くないところである。南北朝期の史料となるが、「興津宿長者」の存在が知られ[48]、興津氏の一族に比定されている。

　こうした「長者」たちの活動の連鎖が交通路における人とモノの流れを成り立たせていたわけであるが、その一方で、交通路には海賊や山賊による被害もつきものであった。『男衾三郎絵詞』にみられる高師山の山賊はその代表的存在であるが、問題は山賊や海賊と「長者」との関係である。もちろん、これらを取り締まるのが「長者」の役割でもあるのだが、このことは「長者」自身が山賊・海賊と表裏一体の存在であったことを意味していよう[49]。「東海三ヶ国」で、このことを史料的に明らかにすることは難しいが、『曾我物語』が、甲斐の市河定光を指して、曾我時致に「わ殿は盗人よ、御坂・かた山・都留・坂東にこもりいて、京・鎌倉に奉年貢御物の兵士すくなきを、遠矢にいておひをとし」[50]と語らせているのは、この地域における山賊の実態を示唆するものであろう。また、鎌倉時代の事例になるが、狩野茂光が、波多野義景らとともに「足柄山越兵士」の沙汰を命じられ[51]、また建長四年（一二五二）三月の宗尊親王の鎌倉下向に際しても、狩野新左衛門が足柄越えの宿所を手配していることなど[52]からは、鎌倉幕府から「鈴鹿山守護沙汰」[53]を命ぜられていた近江の山中氏の姿が連想される。いずれにせよ、こうした「長者」たちの動向が交通路の機能を左右していたことは想像するに難くないところである。

　草創期以来、鎌倉幕府が東海道の掌握に意を用いていたことは、しばしば「海道駅路之法」が発令されていることからうかがうことができる[54]。次の史料は、そうした幕府法の一つである。

【史料一】[55]

　早馬上下向幷御物疋夫等、被レ支二配海道駅々一、大宿分八人、小宿分二人云々、是日者雖レ被レ沙二汰置之一、新宿加増之間、重及二此儀一云々、

この史料にも見えるように、「駅」＝「宿」を対象としている点に幕府の交通政策の特徴があるが、先に指摘した交通路をめぐる宿の「長者」の立場をふまえれば、東海道の宿をおさえているこれら長者たちを幕府の交通政策の下に組織することが、その最大の課題であったことは明らかであろう。そして、そのための手段が彼らを御家人に組織していくことであった。すなわち、「長者」たちを主従制的に結びつけることによって、彼らによって個別に担われている宿の機能を、幕府の交通政策に「連鎖」させることが可能となったのである。そうした意味で言えば、「東海三ヶ国」における御家人編成とは、幕府による交通政策（東海道支配）そのものであったと言っても過言ではないのである。

そうした幕府の交通政策の姿がもっとも明瞭に現われているのは、「宗尊親王鎌倉御下向記」[56]である。京都から鎌倉へ至る宗尊親王の迎接が、東海道の宿々における御家人たちの連鎖として実現しているのであり、先にふれた狩野新左衛門もその中に登場している。遠江および駿河の宿の大半（橋本・引馬・池田・掛川・菊川・岡部・手越・興津・蒲原）については、「宗尊親王鎌倉御下向記」ではそれぞれの守護（北条重時・北条時頼）が名を列ねているに過ぎないが、その実務はそれぞれの宿をおさえている「長者」＝御家人たちが担っていたのであろう。例えば、暦仁元年（一二三八）、将軍藤原頼経の上洛に際して、遠江掛川宿における宿所の造営は、遠江守護である北条時房の責任で遠江国御家人に命じられたとあるが、実際にそれを奉行したのは横地長直であった[57]。横地氏は掛川宿周辺の「長者」的存在であったと考えられる。

3　鎌倉幕府の交通政策と御家人

鎌倉幕府の東海道支配・交通政策が、既存の「長者」ネットワークを御家人制として取り込むことによって実現したことは前項に見たとおりであるが、幕府の交通政策そのものが「長者」ネットワークに与えた影響についても考慮しておきたい。例えば、前項で掲げた幕府法（【史料一】）によれば、東海道の宿駅が「大宿」と「小宿」に区分されていることがわかる。本来あった宿の規模にもとづく分類とみることもできるが、幕府の交通政策によって既存の宿が再編成された可能性もあろう。なにより注目したいのは、この法が発令されたきっかけが「新宿加増」だったことである。新宿の取り立てこそ、幕府成立以来、積極的に推進されてきた交通政策であった(58)。

東海道における新宿設置が具体的にわかる事例として、駿河国丸子宿の例が挙げられる。

【史料二】(59)

有二手越平太家綱云者一、征伐之間候二御共一、募二其功一、可レ被レ行レ賞之由言上、且賜二駿河国麻利子一色一、招二居浪人一、可レ建二立駅家一云々、仍任二申請之旨一、被二仰下一、為二散位親能奉行一、早可二充行一之趣、下二知内屋沙汰人等一云々、

奥州合戦で勲功を挙げた手越家綱が、その恩賞として駿河国丸子を賜ることを申請した際、浪人を招き据え新たに駅家を建てることを申し出て認可されたという。新宿建設促進という幕府の交通政策に乗ることによって、家綱の勢力拡大が図られていると言えよう(60)。

さらに注目されるのは、丸子宿新設に際して、幕府から「内屋沙汰人」に指示が下されていることである。おそらく、丸子周辺はそれまでは「内屋」＝宇津谷郷の管轄範囲であったため、新宿建設・手越家綱への充行にあたって、宇津谷郷との権益調整が図られたものと考えられる。すなわち、幕府による新宿設置促進政策は、従来の交通ネットワークの再編・調整をともなうものだったのである。

宇津谷郷については、その今宿の傀儡と宇津谷郷の領主久遠寿院雑掌が幕府法廷で争ったことで有名であるが、そ

の判決を下した裁許状[61]によれば、もともと宇津谷郷の領主は「岡部権守」であったことが知られる。この人物は、鎌倉幕府草創期に活躍した岡部泰綱に比定されている[62]。岡部氏は工藤流藤原氏入江氏の一族で、とくに泰綱は「権守」を名乗っていることから、駿河の有力武士であり、岡部宿・宇津谷宿を拠点として宇津谷峠周辺の交通路管理は彼に握られていたと推測される。ところが、いつの間にか泰綱は失脚し、宇津谷郷には久遠寿院の雑掌が預所として乗り込んでくることになる。

岡部泰綱が失脚した時期について詳しいことはわからないが、あるいは右に見た丸子宿設置がその契機になった可能性もあろう。すなわち、丸子宿の新設に際して、従来その地域を管掌してきた宇津谷宿の岡部氏の権限が「調整」という名目で制約されることになったのではなかろうか。そうした動きの中で岡部氏が失脚していったと考えられるのである。いわば、鎌倉幕府の交通政策が従来の交通ネットワークを再編・変質させた結果、岡部泰綱がそこから排除されたのではなかろうか。

以上のように考えると、鎌倉幕府の交通政策は、御家人編成を通じて、従来の「長者」ネットワークを取り込むことによって成り立っていた一方で、そのネットワークを変質させ、新たな秩序を持ち込むものでもあったことが明らかになる。手越家綱の参入（おそらく、この地域に「地頭」として乗り込んできた東国御家人たちも同じように参入してきたのであろう）と岡部泰綱の脱落は、この新たな秩序を象徴する現象であり、「東海三ヶ国」の御家人制、ひいては武士団配置にも少なからぬ影響を与えたものと考えられる。

おわりに

以上、「東海三ヶ国」を素材として、「東国」御家人がけっして一枚岩ではなかったこと、その上で東海御家人が鎌倉幕府支配に果たした役割の地域的特性について論じてきた。

なお多くの問題が残されているが、本章の論旨に即して言えば、得宗被官の問題を挙げなければならない。そもそも得宗被官化は東国御家人制とも密接に関わる現象であり、現に「東海三ヶ国」に出自を持つ得宗被官の存在や得宗領（北条氏領も含めて）の広範な存在も確認されている（表1参照）。得宗被官や得宗領の形成にはさまざまな契機があったと考えられるが、「東海三ヶ国」の場合は交通政策との関わりを想定することができるのではないだろうか。すなわち、第二節でふれたように、この三ヵ国の御家人編成は東海道掌握と密接に関わっていたと考えられるのであるが、交通路支配こそ得宗政権のもっとも重視したところであり、東海道の宿駅の大半が鎌倉期後半には得宗領と化していたこともすでに指摘されている[63]。とするならば、「東海三ヶ国」については、交通問題を媒介に御家人制と得宗被官の関係を論じることも可能なように思われる。

東国における得宗被官の形成について、このように地域的特性から明らかにすることができれば、東国御家人に関する議論もより立体的なものとなろう。具体的な作業は後日の課題とせざるをえないが、今後の方向性を示したところで、ひとまずは擱筆したい。

註

（1）　石井進「鎌倉幕府論」（同『石井進著作集第二巻　鎌倉幕府論』〔岩波書店、二〇〇四年〕所収。初出は一九六二年）第三章「初期幕府の構造」参照。

（2）田中稔「鎌倉幕府御家人制度の一考察」（同『鎌倉幕府御家人制度の研究』〔吉川弘文館、一九九一年〕所収。初出は一九六〇年）等参照。

（3）安田元久「西国の惣地頭について」（同『地頭及び地頭領主制の研究』〔山川出版社、一九六一年〕所収。初出は一九五〇年）、工藤敬一「九州の小地頭制とその所領」（同『荘園公領制の成立と内乱』〔思文閣出版、一九九二年〕所収。初出は一九七〇年）参照。

（4）川合康「鎌倉幕府荘郷地頭職の展開に関する一考察」（同『鎌倉幕府成立史の研究』〔校倉書房、二〇〇四年〕所収。初出は一九八五年）、同「鎌倉幕府荘郷地頭制の展開とその歴史的性格」（同前書所収。初出は一九八六年）参照。

（5）「田中穣氏旧蔵典籍古文書」（国立歴史民俗博物館所蔵）所収。福田豊彦「『六条八幡宮造営注文』と鎌倉幕府の御家人制」（同『中世成立期の軍制と内乱』〔吉川弘文館、一九九五年〕所収。初出は一九九三年）参照。

（6）福田豊彦「房総の御家人について」（同編『中世の社会と武力』〔吉川弘文館、一九九四年〕所収）、石井進「中世の古文書を読む」（国立歴史民俗博物館編『新しい史料学を求めて』〔吉川弘文館、一九九七年〕所収）等参照。

（7）杉橋隆夫「国司の土着と武士団の形成」（『静岡県史　通史編1原始・古代』〔静岡県、一九九四年〕所収）、筧雅博「幕府の遠駿豆支配」（『静岡県史　通史編2中世』〔静岡県、一九九七年〕所収）、湯之上隆「遠駿豆の武士の世界」（同前書所収）参照。

（8）狩野荘牧郷（表1の3）や河津荘（表1の8）の地頭に任じられている加藤景廉は、本来は伊勢国出身の武士であるが、景廉の父景員が伊豆の有力武士狩野茂光（表2の2）の婿に迎えられ、狩野荘内牧郷を与えられていたようであり、伊豆出身の御家人に準じて考えられる。石井進「幕府の成立と源氏三代」（同『石井進著作集第五巻　鎌倉武士の実像』〔岩波書店、二〇〇五年〕所収。初出は一九九七年）参照。

（9）前掲註（4）川合論文参照。

（10）『吾妻鏡』治承四年（一一八〇）十月一日条。

（11）杉橋隆夫「富士川合戦の前提」（『立命館文学』五〇九号、一九八八年）参照。

（12）『吾妻鏡』養和元年（一一八一）三月十三日条。

(13)『吾妻鏡』治承四年（一一八〇）十月二十一日条。
(14)伊藤邦彦「安田義定と遠江国支配」（『鎌倉』九二号、二〇〇一年）参照。
(15)『玉葉』治承四年（一一八〇）十二月十二日条。
(16)「仁和寺文書」建久三年（一一九二）八月二十七日守覚法親王御教書土代（鎌②六一三号）。
(17)『吾妻鏡』元暦元年（一一八四）六月十六日条。
(18)佐藤進一『増訂　鎌倉幕府守護制度の研究』（東京大学出版会、一九七一年）五三頁参照。
(19)『吾妻鏡』建久五年（一一九四）八月十九日条。
(20)『吾妻鏡』建久元年（一一九〇）二月十日条。その後いったん遠江守に還任したらしい（『吾妻鏡』建久五年〔一一九四〕八月十九日条参照）。
(21)『吾妻鏡』建久五年（一一九四）八月十九日条。
(22)田村裕「鎌倉殿と御家人」（『新潟県史通史編2　中世』〔新潟県、一九八七年〕所収）参照。
(23)前掲註(7)覧論文、覧「得宗政権下の遠駿豆」（『静岡県史通史編2　中世』〔静岡県、一九九七年〕所収）参照。
(24)『吾妻鏡』承久三年（一二二一）五月十九日条。
(25)『吾妻鏡』嘉禄元年（一二二五）十二月二十一日条。
(26)それぞれの典拠は以下の通り。相良氏「相良家文書」元久二年（一二〇五）七月二十五日関東下知状案（鎌②一五五六号）、内田氏「内田文書」貞応元年（一二二二）八月十七日関東下知状写（『静岡県史第五巻　資料編中世1』六七〇号。以下、静岡県史資料編からの引用は静⑤六七〇号のように略記する）、鮫島氏「二階堂文書」嘉元三年（一三〇五）六月日鮫島光家申状（鎌㉙二二二五七号）、飯田氏「東文書」嘉禎四年（一二三八）十月十九日六波羅下知状（鎌⑦五三一五号）、吉香（吉川）氏「吉川家文書」正治二年（一二〇〇）正月二十五日源頼家下文案（鎌②一一〇四号）・元応元年（一三一九）十月三日吉川一心譲状（鎌㉟二七二六五号）、船越氏・矢部氏「皆川文書」貞応二年（一二二三）四月日淡路国大田文（鎌⑤三〇八八号）。
(27)「鎌倉中」や「在京」に位置づけられることの意味については、前掲註(5)(6)福田論文、前掲註(6)石井論文等参照。なお、表2によれば、駿河の御家人牧氏が「鎌倉中」に位置づけられていることになっているが、牧氏は京都との関わりが強い存在であり、一般の御家人に準じて扱うことはできない。杉橋隆夫「牧の方の出自と政治的位置」（上横手雅敬監修、井上満郎・杉橋隆夫編『古代・中世の政治と文化』〔思文閣出版、一九九四年〕所収）参照。
(28) 『吾妻鏡』養和元年（一一八一）閏二月十七日条。
(29) 『吾妻鏡』正治二年（一二〇〇）正月二十日条。
(30) 駿河出身の飯田氏は、嘉禎年間に至るまで四〇年もの間、京都に上っていないと明言しているが（「東文書」嘉禎四年〔一二三八〕十月十九日六波羅下知状〔鎌⑦五三一五号〕）、これがこの間一度も京都大番役を勤仕しなかったことを意味するとすれば、御家人として飯田氏が特殊な存在だったことを示唆しよう。網野善彦・笠松宏至『中世の裁判を読み解く』（学生社、二〇〇〇年）七七〜七九頁参照。
(31) 前掲註(23)覓論文一〇七〜一〇八頁参照。
(32) 天野忍「山香庄と天野氏」（『春野町史　通史編上巻』〔春野町、一九九七年〕所収）参照。
(33) それぞれの典拠は以下の通り。(イ)『吾妻鏡』文治元年（一一八五）三月十一日条、(ロ)同前文治四年正月十八日条、(ハ)同前建久四年（一一九三）五月二日条、(ニ)同前建久六年七月六日条、(ホ)同前宝治元年（一二四七）六月二日条。
(34) 『曾我物語』は、角川源義編『貴重典籍叢刊　曾我物語』（角川書店、一九六九年）による。なお、流布本系『曾我物語』では、この巻狩に集ったのは相模・伊豆・駿河三ヵ国の武士たちとして、本文で列挙した他に三浦・鎌倉・本間・渋谷・松田・曾我（以上相模）、北条・天野・狩野（以上伊豆）、竹下・吉川・船越・入江（以上駿河）の名を挙げている（『日本古典文学大系　曾我物語』〔岩波書店、一九六六年〕参照）。
(35) この女性は伊豆の武士狩野茂光の孫であるとされるのみであったが、菱沼一憲「婚姻関係からみる『曾我物語』」（『季刊ぐんしょ』六五号、二〇〇四年）の分析により、武蔵の武士横山時重の娘であることが判明した。また河津祐通に嫁す以前は伊豆国の目代左衛門尉仲成を夫としていたことも知られている。東国武士の婚姻関係については、『曾我物語』を主な素材として坂井孝一「中世成立期東国武士団の婚姻政策」（『創価大学人文論集』一九号、二〇〇七年）も論じている。
(36) 前掲註(27)杉橋論文参照。
(37) 本書第一部第四章第一節第3項参照。
(38) 東島誠「中世駿東の歴史的位置」（『裾野市史研究』六号、一九九四年）参照。

(39) 第1項でとりあげた駿河国目代橘遠茂は、駿河国興津（現在の静岡市清水区）で甲斐源氏を迎撃しようとしている（『吾妻鏡』治承四年〔一一八〇〕十月一日条）。興津が交通の要衝であることもさることながら、この辺りが遠茂の動員した武士団の東限にあたるのではなかろうか。とするならば、駿河の武士の存在形態も興津を境に分けられる可能性がある。
(40) 前掲註(7)杉橋論文参照。
(41) 弘安八年（一二八五）九月晦日豊後国図田帳（鎌⑳一五七〇〇号）。豊後国大田文については海老澤衷「豊後国大田文の伝写過程と現存写本」（同『荘園公領制と中世村落』〔校倉書房、二〇〇〇年〕所収。初出は一九八一年）参照。
(42) 『吾妻鏡』治承四年（一一八〇）十月十九日条。
(43) 『吾妻鏡』文治元年（一一八五）三月十二日条。
(44) 高尾一彦「淡路国への鎌倉幕府の水軍配置（上）（下）」（『兵庫県の歴史』七・八号、一九七二年）参照。
(45) 「醍醐寺文書」暦応三年（一三四〇）六月十九日引付頭人奉書（静⑥二五八号）。
(46) 前掲註(44)高尾論文参照。
(47) 高橋修「中世前期の在地領主と『町場』」（『歴史学研究』七六八号、二〇〇二年）参照。
(48) 「諸家文書纂　興津文書」建武四年（一三三七）七月二十日平盛平書下写（静⑥一六五号）。
(49) 勝俣鎮夫「山賊と海賊」（『週刊朝日百科　日本の歴史8　徳政令――中世の法と裁判』〔朝日新聞社、一九八六年〕所収）参照。
(50) 流布本『曾我物語』巻第九。
(51) 『吾妻鏡』建久三年（一一九二）十一月二日条。
(52) 「宗尊親王鎌倉御下向記」（静⑤一〇〇三号）。
(53) 「山中文書」建久五年（一一九四）二月十四日将軍家下文案（鎌②七一一号）。
(54) 保立道久「中世の遠江国と見付」（網野善彦・石井進・平野和男・峰岸純夫編『中世都市と一の谷中世墳墓群』〔名著出版、一九九七年〕所収）参照。
(55) 『吾妻鏡』建久五年（一一九四）十一月八日条。
(56) 前掲註(52)参照。

(57)『吾妻鏡』暦仁元年(一二三八)二月五日条。
(58)『吾妻鏡』建暦元年(一二一一)六月二十六日条。
(59)『吾妻鏡』文治五年(一一八九)十月五日条。
(60)手越家綱の出自は不明であるが、その苗字から、丸子東方の手越宿周辺を拠点とする武士と判断される。丸子宿の建設は、彼の勢力が西に拡大したことを意味していよう。
(61)「尊経閣古文書纂 法善提院文書」建長元年(一二四九)七月二十三日鎌倉幕府下知状(鎌⑩七〇九三号)。
(62)前掲註(30)網野・笠松著書一六五頁参照。
(63)奥富敬之「鎌倉末期・東海道宿駅地域の地頭――相模・伊豆・駿河の分」(竹内理三博士古希記念会編『続荘園制と武家社会』〔吉川弘文館、一九七八年〕所収)、同「鎌倉末期東海道宿駅地域の地頭――遠江・三河・尾張・美濃・近江の分」(竹内理三編『荘園制社会と身分構造』〔校倉書房、一九八〇年〕所収)参照。

第三章　御家人役「某跡」賦課方式に関する一考察

――「深堀文書」の人名比定から――

はじめに

史料を解釈するには、本文の正確な翻刻から始まり、語句の正しい理解など様々な要件をクリアーしていかなければならない。本文中に現れる人名の比定もそうした要件の一つであるが、とくに中世社会においては、一人の人物が複数の名前（通称）を持っていたり、父子や兄弟間で同じような通称を用いたりすることが多く、さらには官途名で呼ばれることが多いなど、人名比定はそれほど容易な作業ではない。

しかし、これが忽せにできないものであることは言うまでもなく、正確な人名比定は史料の整合的解釈をもたらすばかりでなく、新たな議論の展開をも導くと言えよう(1)。

ところで、国立歴史民俗博物館所蔵「田中穰氏旧蔵典籍古文書」所収六条八幡宮造営注文が紹介されて以来、御家人役の「某跡」賦課方式(2)に関心が集まっている(3)。西遷御家人深掘氏に残された「深堀文書」にもこれに関連する文書が何点かあるが、そこに現れる人名を再検討してみると、新たな問題が浮かび上がってくるように思われる。本章ではその紹介につとめ、「某跡」賦課方式に関する新たな論点の提示を試みたい。

一　「深堀太郎」とは

まず、検討したいのは次の史料である。

【史料一】[4]

京都大番役事、自二明年正月一日一至二同六月晦日一随二番頭足利三郎之催一、可レ令二勤仕一〔　　〕、依レ仰執達如レ件、

正嘉三年（一二五九）二月廿日

武蔵守（北条長時）（花押）

相模守（北条政村）（花押）

深堀太郎殿

翌年（改元されて文応元年〈一二六〇〉となる）正月一日から六月晦日までの大番役勤仕を命じる関東御教書である。ここで問題としたいのは宛所の「深堀太郎」であるが、「深堀文書」を翻刻した諸史料集[5]はいずれもこれを深堀時光なる人物に比定している。

「深堀文書」を検討したところ、たしかに深堀時光は太郎を通称とし、十三世紀後半に活動所見が認められる人物ではある。しかし、子細に見ていくと、それは一二六〇年代以降のことであり[6]、【史料一】は彼の活動時期からするとやや早いように思われる。また、一二五〇年代には深堀氏としては別人が活躍しているのも気にかかるところである。そこで、あらためて「深堀文書」を読みなおし、鎌倉時代の深堀氏の系譜関係を再確認してみよう。

二　深堀氏系譜の復原

「深堀文書」に即してみると、まず次の三つの系譜は明らかである。

A　仲光――能仲(7)

B　蓮生――時光(8)

C　行光――明心――時仲(時願)(9)

これら三本の系譜それぞれの関係はどうなるのであろうか。通称や法名、活動時期に留意しながら考えてみよう。まず、系譜Cの最初にみえる行光は通称五郎、左衛門尉を官途とし、一二六〇年までその活動が確認できる。(10)これと入れ替わるように見えてくるのが系譜Bの蓮生であるが、彼は「左衛門入道」とも呼ばれている。(11)二人の活動時期の差および通称の一致から、行光の出家後の法名を蓮生と考えてよいだろう。

すると、系譜Bと系譜Cから、時光と明心は同一人物であると予想されるが、①時光の活動所見が明心のそれよりも先行すること、(12)②時光の通称が「左衛門太郎」であるのに対し、明心も「左衛門太郎入道」と呼ばれており、両者の通称が一致すること、(13)の二点より、この想定は裏づけられよう。

ところで、系譜Aの能仲は通称五郎、左衛門尉を官途とし、建長三年(一二五一)を最後に所見がいったん途絶える。(14)一方、先にもふれた系譜Cの行光(通称五郎)は、正嘉元年(一二五七)を活動所見の上限とし、はじめから左衛門尉と見える。(15)通称や官途の一致から考えて、両者は同一人物と考えられないだろうか。この間の建長七年(一二五五)に「深堀五郎左衛門尉」の活動が知られることも参考になろう。(16)すなわち、深堀五郎能仲は、左衛門尉に任官後、建長三年から正嘉元年の間に行光と改名したと考えられる。

以上の考察結果をまとめると、鎌倉時代の深堀氏の系譜は次のように復原できる。

太郎 仲光 ―― 五郎左衛門尉 能仲（のち行光）[17] 蓮生（上） ―― 太郎左衛門尉 時光 明心 ―― 時仲 時願

三　再び「深堀太郎」とは

前節で復原した深堀氏の系譜を前提に、あらためて【史料一】が該当する一二五〇年代を考えると、この時期は時光の父能仲（行光）の活動時期に当たることが明らかとなる。

すなわち、【史料一】と同じ正嘉三年（一二五九）、行光は肥前国彼杵荘戸町（戸八とも）浦内杉浦をめぐって係争中であることが知られるのである。[18] この行光（能仲・蓮生）が時光に彼杵荘戸八浦地頭職の譲状を認めたのは、ようやく文永四年（一二六七）になってからのことであった。[19] 少なくとも正嘉三年には行光は現役だったわけで、この父をさしおいて子息時光が大番役の催促を受けたとは考えにくい。

しかし、【史料一】の宛所「深堀太郎」を行光（能仲）と考えるのも無理である。前節の検討からも明らかなように、彼の通称は五郎なので、矛盾が生じてしまう。いったい、「深堀太郎」は誰と考えればよいのであろうか。

実は、「深堀文書」にはこの大番役催促状に関係する史料がもう一通存在している。

【史料二】[20]

上総国御家人深堀太郎跡大番役六箇月、（自二正月□□一至二六月晦日一、）五郎左衛門尉行光、於二新院御所西面土門一、寄二合下総七郎一、令二勤仕一候畢、以二此旨一可レ有二御披露一候、恐惶謹言、

文応元年（一二六〇）八月七日　　左近将監時茂（北条）（花押）

進上　平三郎左衛門尉殿

京都大番役勤仕完了を関東に伝える六波羅探題の挙状であるが、文応元年（一二六〇）正月から六月晦日まで六ヵ月間という勤仕期間の一致から考えて、【史料一】で催促されているのと同じ大番役に関わる文書であることは明らかであろう。まず注目すべきは、この大番役を勤仕したのは、やはり時の当主の深堀行光であったということである。すなわち、「深堀太郎」に対して催促された大番役は深堀（五郎左衛門尉）行光によって勤仕されたのである。

ただし、【史料二】についてもう一つ注意したいのは、行光が勤仕したのは「深堀太郎跡」名義の大番役だったということである。この事実を念頭に置くと、【史料一】の宛所「深堀太郎」というのは、意味的には「深堀太郎跡」のことであったのではないかと考えられる。このように解釈すれば、大番役催促状の宛所と実際の勤仕者とのズレは解消される。

ちなみに、前節で復原した深堀氏の系譜を参照すると、この「深堀太郎（跡）」は深堀仲光のことを指すと考えられる。彼は、寛喜四年（一二三二）以前に死去していることが確認される(21)。

右のような見通しを裏づける事例を、もう一つ「深堀文書」から挙げることができる。

【史料三】(22)

京都大番事、自二明年正月一日一至二六月晦日一、寄二合頭人足利入道跡一、可レ令二勤仕一之状、依レ仰執達如レ件、

文永五年（一二六八）二月廿六日　　相模守（北条時宗）（花押）

左京権大夫（北条政村）（花押）
散位平時（北条時輔）「
陸奥守平時（北条時茂）「

深堀太郎殿

【史料四】(23)

深堀太郎跡大番役内、左衛門太郎時光分二箇月、自二五月□□一至二六月晦日一、於二五条内裏西対南妻一、令二勤仕一候畢、以二此旨一可レ有二□披露一候、恐惶謹言、

文永六年（一二六九）七月廿五日

進上　平左衛門尉殿

これまた大番役関係の史料で、【史料三】がその催促状、【史料四】がそれに対応する六波羅探題の挙状であることは明らかであろう。まず、催促状の宛所に注目すると、【史料一】と同じく「深堀太郎」宛となっている。従来の翻刻は、これも深堀時光と比定してきた。そして、前節で復原した深堀氏の系譜を参照しても、この時期深堀氏の当主として活躍しているのは（太郎）時光であることが確認されるし、【史料四】によれば実際にこの大番役を勤仕しているのも彼であることが明らかなので、一見この人名比定は妥当であるように思われる。

しかし、【史料四】を子細に見ていくと、時光が勤仕したのは文永六年五月某日から六月までの二ヵ月分に過ぎないことがわかる。あらためて【史料三】を見ると、「深堀太郎」に求められていたのは文永六年正月から六月までの六ヵ月分の大番役であった。深堀時光は、「深堀太郎」に催促された大番役（六ヵ月分）を全うしてはいないのである。何らかの理由により、六ヵ月勤仕が二ヵ月勤仕に短縮されたとすれば問題なかろうが(24)、それは考えにくい。すなわち、【史料四】には深堀時光が勤仕した大番役は「深堀太郎跡大番役」の一部であったことが明記されているのであ

る。やはり深堀時光が実際に勤仕した大番役は全体の二ヵ月分のみであり、残りの部分（文永六年正月から五月某日まで）は別人によって勤仕され、それぞれについて【史料四】のごとき挙状が発せられていたのであろう。

こうした事情を考えると、【史料三】の宛所の「深堀太郎」を単純に時光と考えることはできない。【史料四】にも明記されている通り、これも意味的には「深堀太郎跡＝深堀仲光跡」と考えるべきではなかろうか。

結局、【史料一】【史料三】ともに宛所の「深堀太郎」は、すでに故人の深堀仲光と考えざるをえない。故人「深堀太郎＝深堀仲光」名義の大番役の催促状には宛所に故人の名前が出ることになる。

四　「某跡」賦課方式について

以上、【史料一】【史料三】の宛所「深堀太郎」は、意味的には「深堀太郎跡＝深堀仲光跡」に比定すべきことを指摘したが、あわせて次の諸点も指摘することができた。

Ⅰ　大番役についても「某跡」賦課方式が採用されていたこと。

Ⅱ　「某跡」名義の大番役は複数の人物により分担勤仕されていたこと。

Ⅲ　その個々に挙状が発せられていた可能性があること。

これらの点については、他の事例からも確認することができる。まず、Ⅰ及びⅡについては鎌倉番役における税所氏の事例[25]が参考になる。すなわち、税所氏が勤仕すべき鎌倉番役の日数は「(税所)誠信(忠成)跡」二〇日と定められており、うち九日分を税所宗成が、一一日分を親幹がそれぞれ分担勤仕することになっていた。この分担勤仕を定めた和与状には「京都大番役可レ准二拠之一矣」とあるから、京都大番役においても「某跡」名義の大番役が分担勤仕されたことが想定される。

またⅢの点については、大番役の事例ではないが、「某跡」名義の御家人役という点で次の史料が参考になる。

【史料五】[26]

れんくゑわうゐんのつくられ候へきようとうの内、ことのゝ御あとにせに三百くわんあてめされ候あひた、ふんけんにしたかいて、おの〳〵さたしまいらせ候御ふんに二貫二百文、八月のうちに六はらのふきやう人のもとへさたしつかハされ候て、うけとりをとりてまいらせさせ給へく候、又ことのゝ御あとの一ねん中のくうしハ、もとはせに十貫文あてまいらせられて候き、とめられ候て、まいねんに五くわん百文御さたあるへきにて候也、くたんのよとうハ、わかミやのてんかくかきうもちのうちにて候、まいねんにけたい（後欠）

内容から考えて千葉惣領（千葉介）家から庶子家に出された文書と考えられ、蓮華王院造営とあることから[27]建長頃の文書と判断される。これから以下の点が明らかとなる。

①「ことのゝ御あと」に蓮華王院造営用途三〇〇貫が賦課された。

②千葉介家では、これを庶子家の分限に応じて配分した（この文書の宛所に対しては二貫二〇〇文が配分された）。

③庶子家では、配分額を八月中に六波羅の奉行人のもとに送り、請取を取るように指示されていた。

④さらに、六波羅奉行人から受け取った請取は、庶子家から千葉介家のもとへ提出するように指示されていた。

まず、「ことのゝ御あと」（①）とは「（故）千葉介跡」のことである。建長当時、千葉介家では閑院内裏造営役も幕府から割り当てられているが、[28]これも「千葉介跡」に対する賦課であった。

このように「千葉介跡」名義で賦課されてきた御家人役は、千葉惣領（千葉介）家からさらに庶子家へと配分されることが②からわかるのであるが、注目すべきは③で、御家人役を配分された庶子家では個々にそれを幕府（六波羅）

に納め、それぞれ請取を受け取ることになっているのである。[29] もちろん、こうした請取も最終的には惣領家のもとへ集約されることが④からわかるが、このような御家人役勤仕や、それに対する請取状発給のあり方は先の「深堀文書」から推測される大番役の際のそれを彷彿させるものがある。

おわりに

以上、「深堀文書」の検討から「某跡」賦課方式に関するいくつかの知見を指摘し、それらについて他の事例からも裏づけをとることができた。ただし、その催促状の宛所にその役の名義人＝故人の名前が記される点については、他に事例を求めることができなかった。

そもそも「某跡」賦課方式が発動される際、それがどのようなシステムで、どのような文書形式によって伝達されるかは全く明らかでないと言っても過言ではなかろう。[30] 関係史料が豊富でないことが研究の進展を阻んでいることは間違いないが、史料の不足のみにその原因を帰することはできないであろう。今回取り上げた「深堀文書」の事例のように、既知の史料を再検討することによって新たな知見を導き出す可能性はまだ残されているように思われる。その第一歩として、まずは人名比定の再検討を試みてみた。他の事例については後日を期したい。

註

（1）伴瀬明美「『明月記』治承四五年記にみえる『前斎宮』について」（『明月記研究』四号、一九九九年）は、それまで亮子内親王と解釈されてきた『明月記』治承四年（一一八〇）四月二十九日条などの「前斎宮」を好子内親王と比定し直すことによって、関係史料の整合的な解釈を可能とした。また、弘安七年（一二八四）五月二十日に発令された「新御式目」（鎌倉幕府追加法四九一～五二八条）の「条々公方」の「公方」を、将軍惟康親王に比定するか、執権北条貞時に比定するかで、鎌倉幕府後期政治史の理解が変わってくることが指摘されている。細川重男「『弘安新御式目』と得宗専制の成立」（同『鎌倉政権得宗専制論』〈吉川弘文館、二〇〇〇年〉所収。初出は一九九二・一九九三年）参照。

(2) 御家人役の「某跡」賦課方式については、石田祐一「惣領制度と武士団」（『中世の窓』六号、一九六〇年）等参照。

(3) 福田豊彦「『六条八幡宮造営注文』と鎌倉幕府の御家人制」（同『中世成立期の軍制と内乱』〈吉川弘文館、一九九五年〉所収。初出は一九九三年）、同「房総の御家人について」（同編『中世の社会と武力』〈吉川弘文館、一九九四年〉所収）、石井進「中世の古文書を読む」（国立歴史民俗博物館編『新しい史料学を求めて』〈吉川弘文館、一九九七年〉所収）等参照。

(4) 「深堀文書」正嘉三年（一二五九）二月二十日関東御教書（鎌⑪八三四九号）。

(5) 「深堀文書」を翻刻している史料集として管見に入ったのは、①『佐賀県史料集成古文書編』第四巻（一九五九年）七五号文書、②中尾正美編『鍋島藩深堀史料集成』（一九七四年）七五号文書、③『鎌倉遺文』第一一巻（一九七六年）八三四九号文書などである。

(6) 深堀時光の活動が知られるのは、「深堀文書」文永四年（一二六七）八月日石塚寂然申状（鎌⑬九七六〇号）以降の一二六〇年代後半に属する。なお、同文書中で時光は「太郎時光」と見える。

(7) 「深堀文書」寛喜元年（一二二九）九月八日将軍家袖判下文案（鎌⑥三八六六号）によれば、能仲は「親父仲光」の譲状に任せて摂津国大工田・末里入道跡地頭職を安堵されている。

(8) 「深堀文書」文永四年（一二六七）十一月七日蓮生譲状案（鎌⑬九七九八号）は、「しそく時光」に肥前国戸八浦地頭職を譲与するものである。前掲註(6)引用の石塚寂然申状に見える「深堀左衛門入道蓮上」も、これが他称であることを考えると、蓮生と同一人物であると考えてよかろう。「レンシ（ジ）ョウ」と呼んだのであろう。

(9) 「深堀文書」正応二年（一二八九）八月十一日深堀明心譲状（鎌㉒一七一〇四号）は、「子息弥五郎平時仲」に上総国伊南荘御牧別当職などを譲与するもの。「深堀文書」正応二年十一月日深堀時仲代西浄申状（鎌㉒一七二二三）によれば、その時仲の祖父として行光が見える。時仲の法名が時願であったことは「深堀文書」建武元年（一三三四）六月日深堀政綱安堵申状幷具書案（南北［九州］①七五号）参照。

(10) 「深堀文書」文応元年（一二六〇）八月七日北条時茂挙状（鎌⑫八五四四号）には「五郎左衛門尉行光」と見え、行光の活動所見の下限を示す。

(11)「深堀文書」文永四年（一二六七）八月日石塚寂然申状（鎌⑬九七六〇号）参照。これは蓮生の活動所見の上限である。

(12)時光の活動所見の下限は「深堀文書」文永六年（一二六九）七月二十五日六波羅挙状（鎌⑭一〇四六三号）、明心の活動所見の上限は正応二年（一二八九）六月二十六日明心・時仲連署譲状（鎌㉒一七〇四七号）参照。

(13)時光の通称については「深堀文書」文永六年（一二六九）七月二十五日六波羅挙状（鎌⑭一〇四六三号）参照。明心の通称については「深堀文書」元応元年（一三一九）閏七月二十二日鎮西下知状（鎌㉟二七一二〇号）参照。

(14)「深堀文書」寛喜元年（一二二九）九月三日関東御教書（鎌⑥三八六四号）、建長三年（一二五一）二月二十三日六波羅施行状（鎌⑩七二九五号）参照。

(15)「深堀文書」正嘉元年（一二五七）閏三月三十日関東御教書（鎌⑪八〇九六号）参照。

(16)「深堀文書」建長七年（一二五五）三月二十八日将軍家政所下文案（鎌⑪七八六二号）、同年五月二日六波羅施行状（鎌⑪七八六七号）、同年五月二十三日大宰府守護所下文（鎌⑪七八七三号）参照。

(17)後明栄次「領主制の形成過程」（『九州史学』七号、一九五八年）、外山幹夫「肥前国深堀氏の領主制」（『佐世保工業高等専門学校研究紀要』二号、一九六五年）、前掲註(5)中尾編著、瀬野精一郎「東国御家人の鎮西における領主制展開の一形態」（『史観』九八号、一九七八年）、町田有弘「上総国御家人深堀氏について」（『勝浦市史研究』二号、一九九六年）等はいずれも、能仲と行光を別人（親子）とする系図を載せる。『佐賀文書纂』（内閣文庫所蔵。ここでは東京大学史料編纂所架蔵謄写本〔2071.92-13-6･7〕に拠る）の按文も両者を親子として扱う。しかし、親子とするには両者はあまりに接近しすぎているのではなかろうか。なお、「深堀文書」弘長二年（一二六二）三月十八日関東御教書（鎌⑫八七八三号）に「能仲法師」と見える。本文の通りであれば、すでに行光改名以後であるが、これが他称であることを考慮すれば本文の想定を否定するものとはならない。

(18)「深堀文書」正嘉三年（一二五九）三月九日少弐資能請文（鎌⑪八三五六号）。

(19)「深堀文書」文永四年（一二六七）十一月七日蓮生譲状案（鎌⑬九七九八号）。

(20)「深堀文書」文応元年（一二六〇）八月七日北条時茂挙状（鎌⑫八五四四号）。本文書の北条時茂花押は、もと裏花押であったものが相剝されたと指摘されている。湯山賢一「深堀時行和与状にみる文書の相剝について」（『古文書研究』二三号、一九八四年）参照。

(21)「深堀文書」寛喜四年(一二三二)二月十八日深堀仲光後家尼譲状案(鎌⑥四二七八号)参照。
(22)「深堀文書」文永五年(一二六八)二月二十六日関東御教書(鎌⑬九八六四号)。
(23)「深堀文書」文永六年(一二六九)七月二十五日六波羅挙状(鎌⑭一〇四六三号)。
(24)前掲註(17)瀬野論文はこの可能性を示唆する(一三頁)。
(25)「常陸税所文書」正安四年(一三〇二)六月十三日税所宗成和与状(鎌㉘二一〇九八号)。
(26)「中山法華経寺所蔵『双紙要文』紙背文書」年月日欠某書状(鎌⑩七一四〇号)。
(27)「龍造寺文書」建長元年(一二四九)五月二十日関東御教書案(鎌⑩七〇七六号)は長瀬南三郎に対して蓮華王院造営用途を催促するものである。ちなみに蓮華王院は建長元年三月二十三日に焼失している(『百錬抄』)。
(28)『吾妻鏡』建長二年(一二五〇)三月一日条。
(29)実際に、千葉庶子家(六崎氏か)の人物と思われる胤氏は蓮華王院用途三貫八〇〇文を配分され、そのうち三貫二〇〇文を納めたことを惣領家に報告している(「中山法華経寺所蔵『天台肝要文』紙背文書」十月十日胤氏書状〔鎌⑩七一三九号〕)。
(30)「東寺百合文書ヱ4」文永六年(一二六九)二月二十四日六波羅御教書案(鎌⑭一〇三八九号)は、現役の若狭四郎入道(忠清)を宛所として、若狭次郎兵衛入道(忠季。故人)跡大番役勤仕を求める催促状である。ただし、すでに勤仕命令が出されていたにもかかわらず、若狭忠清が対捍したためにこの文書が発給されたのであり、「某跡」賦課方式の催促状の事例として扱うには慎重でなければならない。

第三部　武家政権と荘園制

第一章　鎌倉幕府軍制の構造と展開

はじめに

十二世紀末における源頼朝を首班とする武家政権の成立が、日本史上の大きな画期であることは誰しも認めるところであろうが、さらに一歩進めて、これがどのような意味の画期であるかという点になると諸氏の意見の一致を見ないのが現状ではなかろうか。すなわち、この段階で成立した中世武家政権、なかんずく鎌倉幕府の中世国家における位置づけをめぐって意見が対立している。かつては鎌倉幕府の成立によって王朝国家の有していた権限が武家に移ったとする単純・明快な「公武交替史観」によって、この画期の説明づけが成されてきたが、これを根本的に批判し、独特な「権門体制」論を提唱したのが黒田俊雄氏であった(1)。氏の構想する中世国家像は、諸々の国家機能を分掌する権門が相互補完的な関係を取り結ぶことによって構成されるものであり、その下において鎌倉幕府は軍事・警察部門を担当する軍事権門として位置づけられている。一方、早くから寿永二年十月宣旨の意義に注目し、独自の鎌倉幕府像を展開していた佐藤進一氏が(2)、黒田氏の権門体制論に反発する形で強調したのが「東国国家」論であった(3)。そして上横手雅敬氏の整理(4)にもあるように、その後の中世国家論はこの両論を機軸に進められてきたと言えよう。

ここでそれぞれについて詳細に検討する余裕はないが、鎌倉時代はともかくとして、上横手氏の批判(5)にもあるように、室町時代にも権門体制を認めようとするのは形式的だろう。この点について私は、王朝国家の諸権限を室町幕府が接収し、最終的に統一的国家権力を実現したとする佐藤進一氏の所論(6)に与するものである。一方、東国国家論の場合、西国における鎌倉幕府の軍事権門的性格を必らずしも排除するものではない(7)。実際に、外岡慎一郎氏が検出した六波羅両使の活動状況(8)を検すると、西国においては幕府が軍事権門としての外観を呈していたことは事実として認めねばなるまい。

とすると、「(西国では)軍事権門として振る舞っていた武家政権が、如何にして統一的国家権力に転身していったか、その筋道を明らかにする」という視角で事態を捉え直す必要があると思われる。管見の限り、「軍事権門だったこと」に着目してこの問題にアプローチした研究には接していない。一方、権門体制論にあっては、このような視角そのものが存在しないのであるが、その問題点は諸権門の構造的共通性のみが強調されている点にあるのではないだろうか。室町期以降の展開を念頭に置いた時、等しく権門体制を構成しながらも、他の権門との同一性に帰しえない軍事権門の特殊性に注目する必要がある。その場合、単に中世社会における暴力の比重の大きさといったような一般的な形ではなく、より具体的に、すなわち軍事権門による国家的軍務遂行形態＝軍制のあり方にその後の動向を規定する要因があったのではないかという形で問題に迫っていくべきである。

本章は右のような視角の下、鎌倉幕府軍制に即して一つの試案を提示しようとするものである。

一　鎌倉幕府軍制の特質と「天福・寛元法」

1　天福・寛元法

鎌倉幕府軍制の特質を考えるに先立って、次の二つの史料を検討しておこう。

【史料一】（鎌倉幕府追加法六八条）

一、西国御家人所領事

右、西国御家人者、自二右大将家御時一、守護人等注二交名一、雖レ令レ催二勤大番以下課役一、給二関東御下文一、令レ領二知所職一之輩不レ幾、依レ為二重代之所帯一、随二便宜一、或給二本家領家之下知一、或以二寺社惣官之下文一、令二相伝一歟、而今就二式目一、多違乱出来云々、是則承久兵乱之後、重代相伝之輩中、挿二奸心一之族、摸二新地頭之所務一、奉レ蔑二如国司領家一之由、有二其聞一之間、為レ断二如レ然之狼唳一、於二本所御成敗事一者、不レ及二関東御口入一之由被レ定畢、就レ之、何忽可レ及二御家人等之侘傺一哉、但為二本所一現二奇怪一、蒙二其咎一者、可レ謂二勿論一歟、然者、訴訟出来之時、各触二申本所一、可レ被レ注二申罪科之有無於関東一者也、兼又於二自今以後一者、被レ触二仰子細一者、可レ有二尋沙汰一之由、面々可レ被二申置一、抑雖レ仮二名於下司職一、非二御家人列一者、守護人更不レ可レ令レ催二促大番役一、若充二催其役一者、可レ為二本所之欝訴一之故也、以二此旨一可レ致二沙汰一之状、依レ仰執達如レ件、

天福二年（一二三四）五月一日

武蔵守（北条泰時）　判

相模守（北条時房）　判

駿河守(北条重時)殿

【史料二】(鎌倉幕府追加法二一〇条)

諸国御家人跡、為㆓領家進止㆒之所々御家人役事、御家人相伝所帯等、雖㆑為㆓本所進止㆒、無㆓指誤㆒於㆑被㆓改易㆒者、任㆓先度御教書之旨㆒、可㆑被㆑申㆓子細㆒也、其上不㆓事行㆒者、可㆑被㆑注㆓申関東㆒候、若又当知行輩、於㆓其咎出来㆒者、以㆓御家人役勤仕之仁㆒、可㆑被㆓改補㆒之由、可㆑被㆓執申㆒候、至㆓所役㆒者、任㆓先例㆒不㆑可㆓懈怠㆒之由、可㆑被㆑催、以㆓此旨㆒、可㆘令㆓申沙汰㆒給㆖之状、依㆑仰執達如㆑件、

寛元々年(一二四三)八月三日　　武蔵守(北条経時)　御判

謹上　相模守(北条重時)殿

右の二つの法令は、後には「天福・寛元法」と連称され[9]、【史料二】の波線部「先度御教書」が【史料一】を指していることからもわかるように、密接な関わりをもっている。また、これらは西国御家人の置かれた特殊な状況、およびそういった西国御家人に対して鎌倉幕府が保護の姿勢を強めたことを示す史料として周知のものである[10]。ただし、その趣旨が西国御家人保護立法だとしても、なぜこの時期に発令されなければならなかったのかといった問題も含めて、これらの法令についての立ち入った分析は行なわれていないのが現状である[11]。だが、後述するように、この法の与えた社会的影響には軽視し得ないものがあり、より立ち入った分析を要するものと思われる。

そこで、社会的影響については後述するとして、その立法趣旨および発令時期の問題をおさえておきたい。最初にその趣旨であるが、通説の如く「西国御家人保護」として問題なかろう。ただし追加法六八条と二一〇条とでは若干ニュアンスが異なることに注意したい。まず六八条では本所による不当な改易に幕府として抗議することが眼目であり、ここでは個々の(現に改易された)御家人の保護に主眼があり、それ以上のことは想定されていない。それに対し

て二一〇条では、そういった個々の御家人の保護に加えて、それが成功しない場合でも「御家人役勤仕之仁」に跡地を継承させることを企図していることが注目される。等しく西国御家人保護でありながら、「御家人およびその所領に対する個別的な保護」（六八条）から「総体としての御家人所領の保護・確保」（二一〇条）へと、その趣旨を変化させているのである。(12)おそらくその目的も個別的な西国御家人保護から、総体としての御家人役の確保へと力点を移しているものと考えられる。

次に発令時期を考える。この種の西国御家人保護令は天福二年（一二三四年、鎌倉幕府追加法六八条）・寛元元年（一二四三年、同二一〇条）・宝治二年（一二四八年、同二六四条）の三回、発令されたことが確認される。その時期的特徴を考えると、寛元令の場合は、その前年に第三代執権北条泰時が死去し、(13)若い経時が執権を襲った直後であり、宝治令の場合も、その前年に宝治合戦が勃発しており、(14)いずれも幕閣内部に何らかの動揺が生じている時期であることが推測される。これらの法令の発令動機として、幕府支配層が動揺した威信の回復のために、御家人層の支持を集めようとしたことが想定されよう。(15)

ただし、その保護のあり方が「総体としての御家人所領保護・確保」という形を取った理由としては、右のような動機づけだけでは不十分であろう。この時期の御家人役の問題との関わりを探る必要がある。

そこで、幕府法を中心として検討すると、多くの御家人役は御家人の得分の内から負担すべきものとされ、それを在地に転嫁することが禁じられていたことを知り得る。(16)ところが大番役については、当初は「段別課役」＝在地転嫁が禁じられていた（鎌倉幕府追加法三〇〇条）が、文応元年（一二六〇）十二月になって、それを公認する旨が発令されている（同三三三条）ことが注目される。以下に両法令を掲げておく。

【史料三】（鎌倉幕府追加法三〇〇条）

関東御下知五箇条内　建長六年（一二五四）十月十二日

一、西国京都大番役事

新補地頭等、充㆓段別課役㆒之条、不㆑可㆑然、長門国大峰庄条々御下知内、可㆑充㆓彼用途㆒之由、被㆑載㆑之云々、縦其外間雖㆑有㆓如㆑然之御下知㆒、於㆓自今以後㆒者、前々夫役雑事之外、一向可㆑被㆓停止㆒也、以㆓此趣㆒可㆑被㆑加㆓下知㆒、

【史料四】（同三三三条）

文応元年（一二六〇）十二月廿五日戊午、京上所役事有㆓其沙汰㆒、今日被㆑定㆑法云々、

一、京上役事 付大番役、

諸国御家人、恣云㆓銭貨㆒、云㆓夫駄㆒、充㆓巨多用途於貧民等㆒、致㆓呵法譴責於諸庄㆒之間、百姓等及㆓侘傺㆒不㆓安堵㆒由、遍有㆓其聞㆒、然則於㆓大番役㆒者、自今以後、段別銭参百文、此上五町別官駄一疋、人夫二人可㆑充㆓催之㆒、於㆓此外㆒者、一向可㆑令㆓停止㆒也、令㆑定㆓下員数㆒以後、於㆓日来沙汰所々㆒者、就㆓此員数㆒不㆑可㆓加増㆒也、

すなわち、大番用途の段別賦課についての幕府の姿勢は禁止から公認へと変化しているのであり、追加法六八・二一〇条の発令は、このような大番用途徴収の変化に象徴される幕府軍制の動向と関わっているのではないかと予想される。そこで、次に鎌倉幕府軍制の特徴とその動向を検討する。

2　鎌倉幕府軍役の性格変化

鎌倉幕府軍制、すなわち鎌倉幕府による国家的軍務遂行形態の特徴は、「頼朝に与えられた日本国総守護権（六六カ国総守護総地頭職）を、頼朝のもつ御家人制を手段として執行する、ということであり、頼朝のもつ主従制的支配権

（＝主人権）と日本国総守護権なる限定された統治権とを、守護地頭制によって媒介連結させた……」という、佐藤進一氏による定式化[17]に尽きていよう。

すなわち、大番役に代表される国家的軍務が鎌倉殿の私的従者集団を通じて遂行される点にその特徴がある。[18]個々の軍役の具体的・基礎的な分析はすでに五味克夫氏によりなされているので[19]、ここでは軍役そのものの性格に話を限定し、その動向を追っていこうと思う。まず次の二つの史料を見ることにする。

【史料五[20]】

可下早守二仰旨一致中沙汰上備後国大田庄訴申両条事

（中略）

一、可レ令三庄官兼隆・光家等勤二仕内裏大番一事

右、依二件役一、不レ可レ致二庄家煩一、守二次第月充一、可レ勤二其役一、然者此外更不レ可三云煩一、

以前両条、依二前右大将殿(源頼朝)仰一下知如レ件、

建久六年(一一九五)六月五日

平(盛時)　（花押）

前右京進(源邦業)　（花押）

前因幡守(大江広元)　（花押）

【史料六[21]】

(端裏書)「大番役免除下文案、正文ハ政所在レ之、」

内裏大番役催使入二高野御領一事、早可レ令二停止一、但於下堪二器量一之輩上者、雖レ無二使之催一、尋二聞月充一、可レ令二勤仕一者、依二前右大将殿(源頼朝)仰一執達如レ件、

建久八年（一一九七）八月十九日

前右京進中原（仲業）　在判
大蔵丞在原（武藤頼平）　在判
散位藤原（二階堂行政）　在判

【史料五】の「兼隆・光家」は備後国大田荘の下司で、当時御家人化していた。彼らによる大番役勤仕に関する幕府の指示が【史料五】だが、注意すべきは、荘家を煩わさずに勤仕すべし、とされている点である。その意味内容は【史料六】をあわせ考えることによって、ある程度の見通しがつく。

【史料六】からは、高野山領への内裏大番役催使の入部が停止されていたものの、領内の「堪二器量一之輩」の自発的な参加の道は開かれていることがわかる。「堪二器量一之輩」とは、この時期の他の事例をも考えると、「存二家人儀一輩」(22)と同義と思われるので、高野山領から大番役を勤仕する者がいなくなったわけではないのに、端裏書の記述によれば、高野山側は右の史料を「大番役免除下文」と認識している。高野山にとっては領内住人の自発的な大番役勤仕は問題とはならないようである。問題は催使の入部の方であって、その理由は高野山の利害と関わるものであったからであろう。言い替えれば、高野山は自己の利害に関わらない範囲で大番役が勤仕されることにはなんら関心を抱いていなかったことになる。

とすると、【史料五】の「不レ可レ致二庄家煩一」というのも、荘家ひいては荘園領主の権益を侵犯してはいけないという意味であると思われる。では「庄家煩」とは具体的にどういう行為を意味するのであろうか。ここで注意されるのは、【史料五】が漠然と出されたものではなく、「備後国大田庄訴申」とあるように、大田荘荘家（および荘園領主高野山）の側からの提訴にもとづいて出されていることである。ここから推測するに、兼隆・光家らは、大番役勤仕を名目として不当な賦課を荘園に及ぼそうとしており、そのことが訴えられていたのではなかろうか。(23)この推測が当たっているとすれば、「庄家煩」とは、前述した鎌倉幕府追加法三〇〇条（【史料三】）の規定にあるように、軍役の在地転嫁を意味するものと考えられる。

これらの事例および鎌倉幕府追加法三〇〇条をあわせ考えると、鎌倉幕府軍制下の軍役は在地転嫁されないことが原則であったと考えられる。(24)すなわち、それは「某国御家人」という身分に即した、いわば人身賦課としての軍役だったのである。

そして、このように軍役が在地転嫁されないということは、軍役と特定所領との直接的関係も想定されないことになる。すなわち「ここは大番役を勤めている所領だ」とする発想は生まれようがないのである。

ところで、鎌倉後期になると「(重代)御家人役勤仕之地」等とする表現が史料上に散見するようになる。管見の範囲では六例にとどまるが、(25)同じ表現が「為二御家人領一、令レ勤二仕関東御公事一」とも言い替えられており、(26)その類例も含めればかなりの数になる。また、次節でもふれるが、このような表現をとる根拠としてしばしば大番役などの軍役を勤めたことが主張されていることからして、これが「大番役（幕府軍役）勤仕之地」をも含意していたことは明らかである。しかも、こうした表現が御家人達の一方的な主張にとどまるものではなく、幕府さらには、後述するように荘園領主や公家政権にも共有されるものであったことがわかり、(27)「御家人役勤仕之地」とは公武支配層にとっての了解事項になっていたと考えられる。

こういった「御家人役勤仕之地」概念が、基本的に在地転嫁を認めない幕府軍役のあり方からは発生してこないことは先述した通りであり、ここにこの間における幕府軍役の性格変化を想定する必要が生じる。そして、その変化を象徴していると思われるのが前項末でふれた鎌倉幕府追加法三三三条（【史料四】）である。その趣旨は、大番役に限って段別銭三〇〇文・五町別官駄一疋・人夫二人の徴発を認めるというものであり、これが臨時的な措置ではなかったことは、弘長元年（一二六一）二月二十日の武家新制にも同趣旨の立法が再確認（鎌倉幕府追加法三六九条）されていることからも了解されよう。

では、この立法により少なからぬ影響を蒙るはずの荘園領主や公家政権はどのような対応をとったのであろうか。このことを明瞭に示す史料には欠けるが、次の事例は参考になる。

紀伊国阿氏河荘の百姓が有名な片仮名申状を作成したのは建治元年（一二七五）十月のことであったが、この年は春から地頭・百姓間の対立が発生していた[28]。

すなわち、百姓たちは三月初めに逃散を敢行すると同時に、本家円満院に対して地頭の非法を訴えた。円満院では地頭に対する尋問を行ない、その結果地頭請文が出される。これを受けた円満院は配下の公文所にこの問題を検討させた[29]。地頭の非法とされるものの内容の全貌は明らかではないが、「八条篝屋役（用途）」の徴収がその一つであったことは確かであり、それについての公文所の回答は「次八条篝屋役事、被レ准二大番一之上、土民何可二難渋一哉、但大番役事、為二撫民一、於二六波羅殿一平均被レ定二用途之分限一了、固可レ守二其法一歟」というものであった[30]。波線部の「其法」は内容上、鎌倉幕府追加法三三三条（【史料四】）もしくはそれに准ずる幕府法と考えるべきであろうが、それに則った解決を円満院公文所は是としているのである。少なくとも荘園領主円満院も鎌倉幕府追加法三三三条を容認していたと判断される。

その他大番用途をめぐるトラブルは若干数見受けられるが、いずれも右の理解を覆すものではない[31]。鎌倉幕府追加法三三三条は荘園領主、ひいては公家政権公認の立法だった。

以上を総括すると、鎌倉幕府軍制下の軍役は、当初は在地転嫁を禁じられていたが、それを公認する方向へ性格変化を遂げたこと、それは公武双方の合意の上の変化であったことが確認される。(32)次に問題となるのは、こうした変化の時期であるが、まずは鎌倉幕府追加法三三三条の出された文応元年（一二六〇）を指摘すべきであるが、同追加法三〇〇条を見ると、建長六年（一二五四）以前から、個別的に大番役の在地転嫁が認められる場合があったことがわかる。とすると、十三世紀第2四半期から軍役を在地転嫁する傾向が現れ始めたと、より弾力的に考えた方がよさそうである。(33)

3　小　括

以上のように鎌倉幕府軍役の性格変化を跡づけたとき、鎌倉幕府追加法二一〇条【史料二】がそれに対応する内容を有していることを見出すのは容易である。すなわち、軍役の在地転嫁が公認されれば、その分、軍役を負担すべき所領＝御家人所領への関心が高まる。追加法二一〇条が総体としての御家人所領の保護・確保に主眼を置いていたのは、そうした動向への対応だったと理解すべきである。発令時期の問題も、軍役の在地転嫁傾向を十三世紀第2四半期に措定すれば、追加法二一〇条の発令時期と相即させて理解することができる。いわば、鎌倉幕府軍役の性格変化の総括が追加法二一〇条（＝後世言うところの「天福・寛元法」）に結実していると考えてよかろう。

次に見るべきは、軍制との関わりの中で「天福・寛元法」がどのような社会的影響を与えたか、その後の鎌倉幕府軍制構造に「天福・寛元法」が付与した特徴を追求することにある。節を替えて、この問題に取り組むことにする。

二 「天福・寛元法」の展開

1 「天福・寛元法」適用事例の検出

「天福・寛元法」の適用事例として管見に入ったのは表3に掲載した如く、のべ二二例を数えた。もちろんそれらはほとんど荘園領主と御家人との相論に関わるものであるが、一連の訴訟の中で「天福・寛元法」に言及されている場合は言うまでもないとして、次のような事例も「天福・寛元法」の適用事例と判断した。

【史料七】(34)

和泉国御家人若松平太助清申状副二守護代副状已下具書一遣レ之、子細載レ状、且如二建久・建保・貞応・寛喜当国御家人引付一者、助清父子所二注載一也、然者輙難レ及二侘傺一歟、早申二達事由於領家〔無脱カ〕一、指雑怠者、可レ令レ安二堵其身一也、若有二別意一者、不日可レ令二注申一之状、依レ仰執達如レ件、

文暦二年（一二三五）閏六月五日

武蔵守（北条泰時） 御判
相模守（北条時房） 御判

掃部助殿（北条時盛）

【史料七】の相論については他に関連史料もなく、論所も明示されていないが、若松氏が和泉国御家人であることは他の史料(35)から確認され、和泉国大鳥郡内に若松荘が存在するから(36)、その近辺のことであろう。そして、このケースでは「天福・寛元法」は明記されてはいないものの、①「指雑怠」なき御家人の安堵を、②領家に申し入れるべきこ

表3　「天福・寛元法」の適用例

No.	年	論　所	御　家　人	荘園領主	出　典
①	文暦 2(1234)	和泉某所	若松助清	不　明	鎌⑦4776
②	嘉禎 3(1237)	摂津多田院	六瀬右近将監	近衛家	鎌⑦5121
③	寛元 2(1244)	島津荘日向方北郷内	北郷兼持女子尼西蓮	不　明	鎌⑨6332
④	寛元 3(1245)	若狭国内	若狭国御家人		鎌⑨6500
⑤	建長 2(1250)	若狭国内	若狭国御家人		鎌⑩7203
⑥	正嘉 2(1258)	摂津吹田荘	吹田千福丸	興福寺	鎌⑪8334
⑦	正嘉 2(1258)	若狭太良荘末武名	宮河乗蓮	東　寺	鎌⑪8258
⑧	弘長元(1261)	美濃大井荘	大中臣則親	東大寺	鎌⑫8704
⑨	文永 2(1265)	越後蒲原荘	後藤能清	不　明	鎌⑫9227
⑩	文永 9(1272)	越後蒲原荘	後藤能清	仁和寺？	鎌⑮11070
⑪	文永10(1273)	筑前土穴・稲本・須恵	宗像覚然	西園寺家	鎌⑮11378
⑫	文永11(1274)	伯耆山田宮	山田秀真	石清水社	鎌⑮11677
⑬	文永11(1274)	若狭太良荘末武名	脇袋範継	東　寺	鎌⑮11664
⑭	弘安 3(1280)	筑後河北荘	北野家重	北野社	鎌⑱13911
⑮	正応 2(1289)	薩摩東郷大中島名	国分友兼	藤原為雄	鎌㉒16606
⑯	正応 5(1292)	美作久世保	久世頼連	大炊寮	鎌㉓17980
⑰	永仁 3(1295)	尾張大縣宮	原高国	大縣宮	鎌㉕18900
⑱	永仁 3(1295)	薩摩新田宮執印職	執印道教	藤原為雄	鎌㉔18826
⑲	永仁 6(1298)	美濃大井荘	大中臣則宗	東大寺	鎌㉖19604
⑳	元応元(1319)	山城淀魚市荘	豊田師光	不　明	鎌㉟27089
㉑	元亨 2(1322)	薩摩国分寺領	国分友貞	大宰府安楽寺	鎌㊱28296
㉒	元徳 2(1330)	島津荘日向方北郷内	北郷亮雅	不　明	鎌㊵31166

註　出典は『鎌倉遺文』の巻数と文書番号．⑥⑧は「天福・寛元法」の適用を推測．⑨⑩は出典に疑義あるも，いちおう掲げておいた．

とを、③六波羅（「掃部助」＝北条時盛は当時六波羅探題北方）に命じる、というそのあり方は、「天福・寛元法」の規定に則った措置と見なすべきであろう。このようなケースは「天福・寛元法」の適用事例と判断した。

さて、従来の研究史では「天福・寛元法」の与えた社会的影響に関して、どのような評価がなされているだろうか。再び佐藤進一氏の研究を引用すれば、「せいぜい本所が無闇に御家人の所領を科罪没収することを牽制する策を講じ得るにすぎず、（中略）本所の御家人所領没収に対抗して、代わりの御家人を推挙する措置を定めたのである。これがいわゆる関東御口入の地であるが、それがあくまでも口入すなわち幕府の本所に対する折衝の結果確保された地であって、幕府固有の権限に基づいて支配し得る地ではなかったことに注意すべきである」とされている。[37]すなわち、「天福・寛元法」適用の結果、「関東御口入地」という新たな幕府支配地が成立したというのがその要点であるが、それにあまり大きな意義は付与されてはいない。また、佐藤氏の言う「関東御口入地」概念は主として牧健二氏の研究成果[38]によったものであるが、その意味内容についてはまだ分析する余地が残されていると考えられる。

そこで、「天福・寛元法」の与えた社会的影響および「関東御口入地」概念の妥当性などを再検討する必要が生じる。そのためには表3に掲げた個々の事例を分析・検討しなければならないが、その全てをここに記す余裕はないので、その間の事情をもっともよく示していると思われる元亨三年（一三二三）の薩摩国分寺領をめぐる訴訟（表3の㉑）を中心的素材として論を進めていくこととする。

2 「武家領」概念の成立

薩摩国分寺は平安末期には大宰府安楽寺の末寺化していた。その薩摩国分寺領の実質的管理者となっていたのが国分氏で、この一族は同国新田宮執印氏と同族でもある。両氏の祖惟宗氏の出自は明らかではないが、鎌倉初期に惟宗康友が現れ、新田宮執印職・五大院院主職および国分寺留守職・天満宮別当職を獲得し、そのうち後者を相伝した一流が国分氏とされている。そして国分寺領の年貢は承元年中から国分氏の請所とされ、領家菅原氏に京納されることになっていた。[39]

元亨二年（一三二二）になって、まず国分氏内部で相論が発生する。[40]当初の論点は薩摩国分寺留守たる国分友貞の所領薩摩国分寺領に、舎兄友任（父道本により義絶されていた）が在国司道雄らを語らって乱入・狼藉を働いたことの実否にあり、友貞はこれを幕府（鎮西探題）に訴えた。ところが、これは単なる兄弟間の相論にとどまらなかった。

すなわち、友任の乱入・狼藉の背景には元亨二年正月に本所（安楽寺）から友貞が改易され、友任が新留守職に補任されるという事情が存したのであり、ここから相論は国分友貞と本所安楽寺雑掌祐舜との対立に展開していく。(41)これにともなって、友貞にとっては本所による留守職改易の不当性を糾弾することに論点が移っていく。そして、ここで彼が持ち出してきた論理が、前節でも若干言及した「（重代）御家人役勤仕之地」なる概念であった。これは「御家人領」とも言い替えられており、その意味内容は友貞によって次のように説明されている。

【史料八(42)】

御家人領事、天福・寛元・宝治・正応関東御下知御教書厳重之上、殊五社興行之時、被レ定二下其法一畢、以二何罪怠一無二左右一以二友貞重代相伝所領一、自二本所一可レ被レ仰二付友任一哉、

すなわち、それが「天福・寛元法」に由来するものであることは明らかであろう。さらに重要なのは波線部にもあるように、「御家人領」については「五社興行之時」に「其法」が定められたという事実である。では「其法」とは何であろうか。これこそ友貞陳状に「五社興行御事書案」として副進された「宇佐宮領条々事書」の次の一節である。

【史料九(43)】

宇佐宮領条々

一、御家人等知行分事

（中略）

次自二社家一相伝・買得地事

或掠二給安堵御下文一、或雖レ過二知行之年記一、同任二旧規一可レ被レ付二社家一、但雖レ為二一円神領一、自二天福・寛元以前一、充二其所一、勤二来御家人役一之地者、今更不レ可レ有二相違一、子細同前、

（後略）

本来この事書は、いわゆる正和の神領興行令の施行細目を示すものであった。[44] 周知の如く正和の神領興行令は理非を超えた一方的な神領興行を意図したものであったが、その中で例外的に興行対象外とされたのが【史料九】の波線部である。すなわち、天福・寛元以前より御家人役を勤仕している「御家人等知行分」は、たとえそこが社家からの買得地であっても、神領興行の対象とはならないというのが、この条文の趣旨である。これを援用する友貞の意図は、そのような所領は「指雑怠」がない限り荘園領主さえも改易することはできない、とする点にあったのであろう。

この事例から抽出される「御家人役勤仕之地」概念を列挙すると次のようになる。

①「御家人領」とも言い替えられること。

②「天福・寛元法」の適用対象となること。

③天福・寛元年間以前より御家人役を勤仕していること。

④「御家人役」を勤仕してきた証拠として、友貞は大番役覆勘状・異国警固役覆勘状を提出していること、およびそれらが「武役勤仕之証跡」とも呼ばれていることからすると、ここで言う「御家人役」は主として軍役を念頭に置いていること。

以上、「御家人役勤仕之地」概念と「天福・寛元法」との密接な関わりが確認できるのであるが、両者の関係について判然としない部分もある。すなわち、「(重代）御家人役勤仕之地」概念の成立が先行して、その属性として右の②の性格が付与されたと考える余地も残されているのである。この点を明瞭にするには薩摩国分寺領の事例では不十分なので、若狭国末武名の事例（表3の⑦⑬）を参照することにしよう。

若狭国末武名はそもそも国御家人出羽房雲厳の所領であったが、承久の乱後は領家に接収され「預所名」化していた。[45]ところが寛元・建長年間の、鎌倉幕府追加法二一〇条を根拠とした若狭国御家人等による旧御家人跡復興運動（表3の④⑤）[46]に便乗して、御家人を自称する宮河乗蓮が末武名「回復」[47]を企図したのに始まって、以後東寺・宮河乗蓮（およびその息女藤原氏女）・中原氏女（およびその夫脇袋範継）・鳥羽国茂らの間で争奪戦が繰り広げられる。

その間さまざまな人が末武名を獲得するが、最終的に弘安二年（一二七九）に中原氏女に安堵されることによって落着する。[48]いわば、彼女を支持した国御家人たちが称したように、末武名が「当役勤仕重代御家人領」[49]であることが認められたと言えよう。ここで注目したいのは、明らかに末武名は旧御家人跡であるにもかかわらず、それまでは「御家人領」として必ずしも明瞭には認識されていなかったという事実である。先にも述べたように、この相論が継起する以前の末武名は「預所名」と認識されていたし、またこの相論の過程で勧心・成正ら太良荘の古老達は末武名相承の経緯、とくに雲厳没落後それが預所の知行となって領作されてきた事実を述べ、御家人らの競望の不当性を主張している[50]ことからも、それは明らかである。

では、そのような状態にあった末武名が「当役勤仕重代御家人領」として確定された要因は何だったのだろうか。それこそ「天福・寛元法」だったのである。すなわち、この相論の終盤で中原氏女の夫脇袋範継が「且如二寛元元・二両度関東御教書一者、御家人相伝所帯、雖レ為二本所進退一、無二指誤一、於レ被二改易一者、任二先度御教書旨一、可レ被レ注二進関東一云々、而範継無二其誤一之処、御改易之条、無レ術之次第也」[51]と述べたことが、中原氏女勝訴＝末武名の「当役勤仕重代御家人領」化につながったと見られるのである。

右の若狭国太良荘の事例をも参照すれば、「『天福・寛元法』の展開が『（重代）御家人役勤仕之地』概念を生み出した」と考えることができる。そして薩摩国分寺領のケースの④の特徴および太良荘末武名が「当役勤仕重代御家人領」と呼ばれた際、異国警固における「御家人領」の重要性が説かれていた[52]ことを考えあわせると、この概念が軍役と密接な関わりをもつものであったことが判明する。

ところで、薩摩国分寺領のケースにおける①の特徴に端的に示されているように、この概念は「御家人領」もしくは「武家領」などと表現されることが多い。牧健二氏の指摘された「関東御口入地」もその中に含まれる。とすると、「天福・寛元法」成立以後、その文脈の中で語られる、これらの用語はいずれも同義であると考えてよかろう。そこで以後これらをまとめて「武家領」という用語で概念化することにする。(53)

3 「武家領」対「本所一円地」

前項の検討により「天福・寛元法」が「武家領」概念を生み出したことを見たが、そもそもこの概念自体が自明のものではなかった上、荘園領主の荘園下職改替権を制約する側面を持つものであってみれば、その成立にあたって荘園領主側が反発を示すのは当然予想されることである。ここで再び薩摩国分寺領のケースに立ち返ってこの問題を考えてみよう。

友貞が「重代御家人役勤仕之地」「御家人領」としてその権利を主張するのに対して、友任および安楽寺雑掌祐舜の反論のキーワードになったのは「一円（不輸）御神領」なる概念であった。(54)これによって友任は荘園領主による友貞改易（＝友任補任）の正当性を主張し、安楽寺雑掌祐舜はさらに進んで友貞の武家への提訴そのものを不当とする。その「一円（不輸）御神領」の意味するところは明記されてはいないが、少なくともここから「荘園領主の絶対的な（外部からの介入を受けない）改易権が貫徹している所領」を意味していることは読みとり得るだろう。そしてこれによって彼らは友貞の主張を退けようとしているのだから、「武家領」と「一円（不輸）御神領」は両立するものではなく、対置される存在であることもわかる。

表4　「武家領」に対置される表現

No.	論　　所	御家人側の主張	荘園領主側の主張
⑫	伯耆山田別宮	御口入地	本所成敗・本所進止
⑭	筑後河北荘	関東御口入	社家一円
⑮	薩摩東郷大中島名	関東御口入	本所一円
⑯	美作久世保	——	本所知行＊
⑰	尾張大縣宮	——	本所一円
⑲	美濃大井荘	御家人領・武家成敗之地	本所一円
⑳	山城淀魚市荘	御口入之地	本所進止

註　＊⑯の相論当時，荘園領主大炊寮側が何と称したかは知られていないが，室町期になって，当保給人の発言に「無本所知行例」とあることから推測した（「壬生家文書」年月日未詳久世保給人等申状案（『図書寮叢刊　壬生家文書二』354号）.

このようなケースは他の事例ではどのように扱われているであろうか。まず「天福・寛元法」の適用の可否が争われている表3の事例をピックアップすることにしよう（表4）。

表4によれば、「武家領」に対置される概念としてさまざまなものが見えるが、注意しなければならないのは、⑫や⑳に見える「本所進止」という表現である。これらは論所や当該所職が「本所進止」であることを前提とした上で、そこにおける「天福・寛元法」適用の可否を争ったものである。そうした前提がある上で、あらためて荘園領主側が「本所進止」を主張しているということは、それは単なる「本所進止」というのではなくて、「本所一円進止」とでもいうような、排他的な任免権を荘園領主（本所）が握っている状態を含意しているものと考えるべきであろう。このように考えると、荘園領主側が「武家領」に対置している概念は「本所一円地」とまとめることができるようである。

では、荘園領主側が「本所一円地」を主張し得る根拠は何処にあるのだろうか。これも明記されているわけではないので難しいが、伯耆国山田別宮の場合（⑫）は、御家人（を自称している）紀秀真が重代の大番役を勤めてはいないことがそのポイントとなっており[55]、山城国淀魚市荘の場合（⑳）は、御家人（を自称している）豊田氏が勤めてきた軍役が御家人役とはみなされないものだったことがポイントとなっている[56]ことなどが注目される。

この問題を探るためには「本所一円地」の検討範囲をもう少し広げる必要があろう。そこで、ここでは近江国鯰江荘の事例を取り上げて考えてみる。文永五年（一二六八）正月日近江国鯰江荘由来記[57]および『吾妻鏡』寛元元年（一二四三）十一月一日条によれば、当荘の下司職が下司一族（非御家人）の内紛により御家人佐々木泰綱の手に流出したこと、および興福寺がそれを取り戻したことが知られる。

この事例で興味深いのは、この所職の性格である。御家人佐々木泰綱は下司一族の内紛の際に一方の当事者たる建部入道西蓮の「養君」となり、彼からの譲与という形で当荘下司職を獲得していたのであるが、これは「募二武威一、潜二掠領当国内散在之地等一、又背二知二行所領一」と性格づけられている。『吾妻鏡』はこれらについて「耀二守護権威一、式目之旨一、引二籠犯人跡闕所一」あるいは「或以二由緒之地一、得二本主之譲状一、申二賜各別御下文一知二行之一、或以二本所一円之地一、就二彼和与状一令二領掌一」と説明している。佐々木氏が守護という「武威」を利用して所領を集積したことを批判したものであるが、その集積の仕方に右の二種類あったことがわかる。鯰江荘の場合は幕府から下文を得た形跡はないので、その性格は波線部を施したものにあたると思われる。

興福寺が御家人による当荘下司職知行を嫌って幕府に提訴した際、幕府は当荘の古老土民および近隣地頭御家人に、当職は承久没収地か否か、当職は「武家役」を勤仕しているか否かについての回答を求めた。どちらも回答は否であり、その結果「本寺進退」が認められ、当荘下司職から御家人が排除されることになった。

以上の経緯を図式化すると次のようになるのではないか。

本所一円地（本所進退）……武家役非勤仕

また、東大寺領山城国玉井荘では鎌倉期に五回の下司交替が知られるが、それらはいずれも他の介入を受けない、東大寺の言葉を借りれば「本所進止」としての措置だった。おそらくここで言う「本所進止」とは先に概念化した

「本所一円」と同義であろう。

ところで、そのようにして改易された下司の一人前木工助頼氏は「武□張二権勢一、以二新儀一、号二大番一而配二催数多之人夫一」という行為が改易の理由とされている。このことからすると、東大寺にとって「本所一円（＝本所進止）」ということと「号二大番一……」のような幕府軍役の勤仕とは対立するものであったことがうかがわれる(58)。

こうした事例を考えると、大番役に代表されるような鎌倉幕府軍役を負担しないことが「本所一円地」を主張する根拠の一つだったのではないかと考えられる。このことは「本所一円地」概念に対置される「武家領」概念が、逆に鎌倉幕府軍役を勤仕することをその根拠としていたとする先の指摘と対比してみるとき、非常に示唆的に思われる。

以上をまとめると、おそらく鎌倉幕府軍役の負担の有無を一つの基準として、「武家領」と「本所一円地」とが対置される状況が展開していることになるが、このことは当時の御家人および荘園領主層にとって、「本所進止」下の所領は「武家領」と「本所一円地」から構成されていたことを意味する。問題はそのような認識を当時の幕閣や公家政権も共有していたか否かということになる。そのことをうかがうことができるのが、次の史料である。

【史料一〇(59)】

豊後国都甲庄雑掌申、当庄弥石丸・又弥石丸・四郎丸・近成・是貞・松行名以下事、訴状二通如レ此、早彼地為二武家領一歟、将又為二本所進止一否、尋究可二注申一也、仍執達如レ件、

正和四年（一三一五）十月廿四日　　左近将監（北条種時）　御判

八坂五郎殿

真玉孫四郎殿

一見して明らかな如く、論所の性格調査を両使に求めた指令であるが、この際幕府（鎮西探題）は「武家領もしく

は本所進止」という分類基準で論所に臨んでいることがわかる。そしてこの一連の訴訟において「本所進止」が「領家一円進止」と言い替えられていること[60]が重要である。このような事例は鎮西探題管轄下でしか管見に入っていない[61]が、前掲註(27)でも言及した『沙汰未練書』の記述などを勘案すれば、幕府一般の認識を示すものと考えてよかろう。すなわち、当時の幕閣も「本所進止」下の所領が「武家領」と「本所一円地」とで構成されているという認識を共有し、それを自らの裁許の基準にしていたのである。

これに対して、公家政権がこのような認識にどのような態度を示したかはあまり判然としない。参考とすべきは前項以来見てきている薩摩国分寺領相論の行方である。先にも見た如く国分友貞は「武家領」を主張し、一方荘園領主側は「一円御神領（本所一円）」を主張して対立していたが、最終的には和与に持ち込まれている。結局荘園領主側は友貞の権利を認めざるを得なかった。そして重要なことは、この和与に対して幕府だけでなく公家政権も綸旨を発給して安堵を加えていること[62]である。[補註]幕府ほど鮮明な態度表明は見られないが、公家政権もそうした認識を少なくとも容認していたことは確認できるであろう。

4 小括

以上本節で明らかになったことをまとめておこう。

①「天福・寛元法」が展開した結果、「武家領」なる新たな所領概念が成立した。

②「武家領」概念に対置して、「本所一円地」概念が設定された。

③その結果、全国の「本所進止」下の所領は「武家領」「本所一円地」から構成されているという認識が登場し、そうした分類基準は幕府の採用するところとなり、公家政権もそれに黙認を与えていた。

以上は「天福・寛元法」の前提となる「本所進止」下の所領についての議論であるが、それ以外の部分（その多くは「関東御領」や地頭職設置所領であろう）も言うまでもなく広義の「武家領」に加えてよかろう。とすると、ここに全国を「武家領」と「本所一円地」に分類する新たな土地制度が登場したことになる。そしてその分類基準の一つが、先にも見たような鎌倉幕府軍役負担の有無だったことを念頭におけば、この土地制度が鎌倉幕府軍制と密接な関わりを持っていたことは言うまでもあるまい。すなわち、鎌倉幕府は全国を「武家領」と「本所一円地」とに分類し、（理念上）前者から軍役を徴収する、従来にはなかった軍制構造を構築するに至ったわけである。[63]こうした軍制構造を成立せしめた端緒として「天福・寛元法」の意義を再評価したい。

三　幕府軍制構造の社会的影響

1　軍制構造として

本節では、前節で指摘した新たな軍制構造（「武家領対本所一円地体制」と仮称）が、その後どのような影響を与えたか見ておきたい。

まず軍制であるが、以後の鎌倉時代、基本的には「武家領対本所一円地体制」が機能していたと考えるべきであろう。ところで、鎌倉幕府の軍制を考える上で無視し得ないのが、モンゴル襲来にともなって開始された異国警固番役の問題である。その特殊性・問題点は、本章第一節冒頭で述べた鎌倉幕府軍制の基本的なあり方から大きく「逸脱」して、非御家人をも恒常的な動員の対象とした点にあり、またその意義が大きく評価されている。[64]私もその意義を大きく評価する点に変わりはないが、前述来の軍制構造の展開を考えてくると、異国警固番役のあり方を「逸脱」とのみ評価することはできないのではないかと感じる。[65] すなわち、彼ら非御家人が動員される際は非御家人そのものとしてではなく、必ず「本所一円地住人」として立ち現れてくる点[66]に注目するならば、そこに前節で指摘した「武家領対本所一円地体制」に基礎づけられた軍制構造の規定性を看取し得るものと思う。また、網野善彦氏が注目した「一国平均の水軍独自の動員方式」が採用された元応の海上警固のあり方[67]も同様と思われる。

また、室町幕府についても寺社本所領・武家領に区別なく軍勢催促を行なったことが一般に指摘されており、[68] そこにも「武家領対本所一円地体制」の影響が確認されると言ってよかろう。[69]

以上、軍制面に限って言えば、鎌倉幕府軍制の産物である「武家領対本所一円地体制」は（少なくとも形式的には）影響力を持ち続けたと判断される。しかし、本節の目的に即して言えば、これ以外にも何らかの影響を与えなかったのかということの方がより大きな究明課題となる。項をかえてこの問題を見ていくことにしよう。

2　荘園公領制と「武家領対本所一円地体制」

さて、前節第3項で見ておいたことだが、鎌倉幕府は「武家領対本所一円地体制」に則った行動を見せているのに対し、公家政権はそれほど明確な反応を見せていなかった。ここではこの両政権の姿勢の差異について問うことから始めよう。

そもそも、この「武家領対本所一円地体制」は何のための基準であったか。それは、先にも検討しておいた通り、鎌倉幕府軍役負担の可否のための基準であった。国家の軍事警察部門を担当する鎌倉幕府がこの基準に則った行動を見せるのは当然であろう。それに対して、軍事警察権を鎌倉幕府に移管してしまった公家政権が、この基準にあまり関心を示さないのもまた当然と言えよう。では公家政権はどのような基準に関心を抱いていたのであろうか。それは当時の公家政権の政治課題と関連があるはずである。当時の公家政権の最重要課題とは朝廷の諸儀式を始めとした「公事」を先例通り疎漏なく遂行することにあり、そのための用途調達が問題となる。鎌倉期の公事用途調達方法としては、①国宛、②一国平均役、③成功などの売位売官、④鎌倉幕府などからの「訪」などがあったことが指摘されている。(70)そして全体的傾向として③や④に依存していくことも指摘されているが、(71)今、われわれが問題としている土地制度との関わりで言えば、②一国平均役に注目したい。すなわち、一国平均役を徴収する際の土地制度は何であったか。それは「荘園公領制」であった。田沼睦氏の研究(72)によれば、鎌倉時代の一国平均役賦課は一貫して荘園公領制に則っていた。

すなわち、鎌倉期にはその目的に応じていくつかの所領の分類基準があったのである。前節でその成立を明らかにしてきた「武家領対本所一円地体制」もその一つであったが、それはあくまで軍役の賦課という限定された場でのみ有効な枠組みであって、この時代の社会の基本的な枠組みは荘園公領制だったのである。

ところで、次代ともなると、荘園公領制が基本的な枠組みたり得なくなってくる。この点を先学の研究に導かれながら、一国平均役について見てみよう。

【史料一一】(73)

暦応元年(一三三八)九月廿六日武家使者基秀法師 円忠(諏訪)申詞

諸国大嘗会米事

於㆓武家被官所領㆒者、仰㆓守護人㆒所㆑致㆓沙汰㆒也、至㆓本所一円御領㆒者、可㆑為㆓公家御催促㆒乎、次建久以往庄号地事、任㆓先例㆒被㆓免除㆒畢、

段別三升 代銭三疋

使者入部并雑事等勤仕一向停㆓止之㆒、但催促過㆓三ヶ度㆒者、以㆓使者㆒可㆓検納㆒（使者雑事等同停㆓止之㆒）之由、仰㆓諸国㆒畢、

【史料一二】（室町幕府追加法一一二条）

一、日吉社神輿造替要脚内、其国段銭事（応安五 七 十一）（一三七二）

就㆑被㆑下㆓院宣㆒、所㆑有㆓其沙汰㆒也、所詮召㆓出国之大田文㆒、寺社本所領并地頭御家人等分領、悉充㆓公田段別三拾文㆒、急速可㆑執㆓進之㆒、若有㆓難渋之在所㆒者、守護使相共遂㆓入部㆒、可㆑致㆓譴責㆒矣、

次当参輩所領事、仰㆓所務代官㆒、可㆓京済㆒之旨相㆓触之㆒、且領主之名字、田数之分限、可㆑注㆓申之㆒焉、

総奉行佐々木治部少輔（高秀）　右筆門真権少外記（周清）

鎌倉期までの荘園公領制に代わって「武家領対本所一円地体制」が一国平均役徴収の基礎になっていることがこれらからうかがえよう。【史料一二】は、史料の字句通りに捉えれば「本所一円地」ではなく「寺社本所領」だが、ここで思い出されるのは応安半済令[74]であり、その書き出しも「一、寺社本所領」となっている。

すなわち、応安半済令の適用対象も「寺社本所領」なのだが、その内容の理解については永原慶二氏と笠松宏至氏との間で意見の相違[75]がある。この問題を解決するにあたっては応安半済令について独自の検討を要するが、ここでは同令の運用実態を分析した村井章介氏[76]が支持した笠松説に拠りたい。すなわち、笠松説では「寺社本所領」は「地頭の設置されていない所領」となるが、これはわれわれが前節で概念化した「武家領」の対概念としての「本所一円地」とほぼ同義であろう。とすると、【史料一二】も「武家領対本所一円地体制」に則っていたばかりでなく、応安半済令も大枠としてはそれに拠っていたと判断されるのである。この時代には社会の基本的な枠組みは荘園公領制から「武家領対本所一円地体制」に移行していたと見るべきであろう[77]。

これこそ工藤敬一氏が、荘園公領制に代わって室町幕府の下で創出された土地制度として指摘する「寺社本所一円領・武家領体制」なるものであろう。(78)このような所領制度の転換は何に由来するのであろうか。

一国平均役の賦課基準としてのそれに絞って考えていけば、その賦課・徴収の主体が公家政権から室町幕府へと移ったことがその背景として指摘されている。(79)同じことが所領制度全般にわたって指摘できるのではなかろうか。すなわち、公家政権に代わって名実ともに武家政権が統一権力を手中にするに至って、独自の所領制度を採用した、と。従来の荘園公領制下にあっては、武家政権は結局は寄生者でしかなかったが、「寺社本所一円領・武家領体制」においては、武家政権はその主催者として立ち現れているのである。

問題はこの体制の起源である。工藤氏は武家政権が統一権力を握ることによって創出したものと想定しているが、私はその起源は鎌倉幕府軍制の下で展開してきた「武家領対本所一円地体制」に求められると考える。そのことを直接証明することは難しいが、それが室町期になって突然創出されたものと考えるよりは筋が通っていると思われるのである。

そして、もしこのことが認められるならば、それは本章の目的にとって大きな問題をはらむことになる。すなわち、権門体制下の鎌倉幕府は軍事権門としての位置づけしか与えられていないし、現にそれに即した外観を呈している。しかし軍事権門たることは他の諸権門と同一レベルの存在であることを意味しない。鎌倉幕府は軍事権門たることによって＝国家的軍務を遂行する過程で「武家領対本所一円地体制」なる独自の軍制構造を現出し、さらに、それによって次代の中心権力たるべき基礎作りをも進めていたと考えられるのである。

おわりに

最後に本章で明らかにしてきたことを簡単にまとめておく。

①十三世紀第2四半期になって鎌倉幕府軍役が在地転嫁される傾向を見せる。

②右の傾向をふまえた「天福・寛元法」が展開していくことによって、「武家領対本所一円地体制」なる独自の軍制構造が現出する。

③「武家領対本所一円地体制」は、室町期に入ると、従来の荘園公領制に代わって社会の基本的枠組みとしての機能を果たすようになる。これは武家政権が軍事権門から一国の中心権力へと転化していく動向と密接に関連していると想定される。

なお検討すべき数多くの問題を抱えているが、中でもとくに重大だと思われるのが、鎌倉幕府軍制下の「武家領対本所一円地体制」と室町期の「寺社本所一円領・武家領体制」との内的連関であろう。また、一国平均役の賦課・徴収についても、その手続きが一斉に変化したわけではなく、いくつかの段階を経過したことが先学により指摘されており、これらを含めて南北朝・室町期の政治史の動向をも視野に収めながら分析することができれば、荘園制の展開についてより立体的な像を結ぶことができるであろう。

註

(1) 黒田俊雄「中世の国家と天皇」(同『黒田俊雄著作集第一巻　権門体制論』〈法蔵館、一九九四年〉所収。初出は一九六三年)参照。

(2) 佐藤進一『鎌倉幕府訴訟制度の研究』（畝傍書房、一九四三年／岩波書店、一九九三年）参照。

(3) 佐藤進一『日本の中世国家』（岩波書店、一九八三年）参照。

(4) 上横手雅敬「鎌倉・室町幕府と朝廷」（同『日本中世国家史論考』〈塙書房、一九九四年〉所収。初出は一九八七年）二八八頁参照。

(5) 前掲註(4)上横手論文三二〇頁参照。

(6) 佐藤進一「室町幕府論」（同『日本中世史論集』〈岩波書店、一九九〇年〉所収。初出は一九六三年）一四一～一五六頁参照。

(7) 五味文彦「初期鎌倉幕府の二つの性格」（『日本歴史』三四五号、一九七七年）はそのような理解の上に立っていると考えられる。

(8) 外岡慎一郎「六波羅探題と西国守護」（『日本史研究』二六八号、一九八四年）四九頁等参照。

(9) 「備忘録抄所収市来北山新兵衛所蔵文書」元徳二年（一三三〇）七月日島津荘雑掌承信申状案（鎌㊵三一一六六号）。五味克夫「島津庄日向方北郷弁済使並びに図師職について」（『日本歴史』一七〇号、一九六二年）参照。

(10) 佐藤進一「鎌倉幕府政治の専制化について」（前掲註(6)佐藤著書所収。初出は一九五五年）九五～九六頁参照。

(11) 例えば『中世政治社会思想　上』（岩波書店、一九七二年）でも、鎌倉幕府追加法六八条のほかに、その再確認令たる追加法二六四条（宝治二年〈一二四八〉七月二十九日）を採録し、若干の解説を付すにとどまっている。

(12) 天福令【史料一】と寛元令【史料二】のニュアンスの違いについては、すでに上横手雅敬「鎌倉幕府法の限界」（同『日本中世国家史論考』〈塙書房、一九九四年〉所収。初出は一九五四年）二二〇頁、同「守護制度の再検討」（前掲書所収）註(9)に指摘がある。

(13) 『鎌倉年代記』北条泰時項（仁治三年〈一二四二〉六月十五日没）、『百錬抄』仁治三年六月十九日条等参照。

(14) 『吾妻鏡』宝治元年（一二四七）六月五日条。

(15) 網野善彦『日本の歴史一〇　蒙古襲来』（小学館、一九七四年）四四～四五頁参照。正応五年（一二九二）八月七日にも西国御家人保護令が出されている（鎌倉幕府追加法六三三条）が、これは特定の事件における処置を指示したものなので、いちおう除外した。

(16) 鎌倉幕府追加法一五二・三四〇～三四三・三六一・三六二・三九八～四〇〇・六二一～六二三・七一〇・七三九・七四〇の各条。費目は篝屋用途・放生会的立用途・同会随兵役・若宮流鏑馬役・二所御参詣随兵役・御所修理替物用途・垸飯用途・造作用途に及んでいる。なお、これら御家人役とその在地転嫁の問題は本書第一部第三章参照。

(17) 前掲註(3)佐藤著書九五～九六頁。

(18) 先行軍制から如何にしてこのような軍制が成立してきたかについては、本書第一部第一章参照。

(19) 五味克夫「鎌倉御家人の番役勤仕について(一)・(二)」(『史学雑誌』六三―九・一〇号、一九五四年)参照。

(20) 「高野山文書宝簡集七」建久六年(一一九五)六月五日関東下知状(鎌②七九四号)。

(21) 「高野山文書又続宝簡集百一」建久八年(一一九七)八月十九日関東御教書案(鎌②九三四号)。

(22) 『吾妻鏡』建久三年(一一九二)六月二十日条。

(23) 備後国大田荘においては、これ以前にも兼隆・光家らが不当な賦課を在地に及ぼそうとして訴えられるという事件が発生している(「高野山文書宝簡集五」建久元年〔一一九〇〕十一月日金剛峯寺根本大塔供僧解状案〈鎌①四九五号〉)ことも、本文の推測を傍証するものと思われる。

(24) もちろん軍役を勤める御家人が所領を知行していることがその前提にあり(御成敗式目三条・鎌倉幕府追加法六九条)、そうした所領から収得される(地頭)得分の内から軍役が賄われるわけである。本文で「在地転嫁されない」というのは、そうした(地頭)得分とは別に大番役という名目で在地から用途などを徴収しない、という意味である。

(25) ①若狭国太良荘末武名(「東寺百合文書メ19」建治二年〔一二七六〕六月日若狭国御家人等申状、鎌⑯一二三八三号)、②丹波国波々伯部保(「祇園社記」正安元年〔一二九九〕十二月二十三日六波羅下知状案、鎌㉗二〇三四四号)、③伊予国貞光名(「大山積神社文書」正安二年〔一三〇〇〕八月十日六波羅御教書案、鎌㉗二〇五八三号)、④豊前国野中郷内(「豊前野中文書」正和二年〔一三一三〕九月六日鎮西下知状、鎌㉜二四九八一号)、⑤肥後国富納・片俣荘(「太宰府神社文書」正和二年〔一三一三〕九月十六日鎮西下知状、鎌㉜二四九九九号)、⑥薩摩国国分寺領(「国分寺文書」元亨二年〔一三二二〕十二月日国分友貞申状、鎌㊱二八二九六号)。

(26) 「国分寺文書」元亨三年(一三二三)八月日国分友貞陳状(鎌㊲二八五〇二号)。

(27) 例えば『沙汰未練書』に「一、非御家人トハ其身者雖レ為レ侍、不レ知二行当役勤仕之地一人事也」とあるのは、「当役(=御家人役）勤仕之地」が幕府の公式概念であったことを端的に示している。公家政権・荘園領主については本章第二節第3項参照。

(28) 河野通明「阿氏河荘をめぐる寂楽寺と円満院」（寺院史研究会編『中世寺院史の研究　上』〔法蔵館、一九八八年〕所収）二四八〜二五八頁参照。

(29) 前掲註(28)河野論文では、これを東寺公文所とするが、円満院配下の公文所と考えるべきであろう。高橋典幸「阿弖河荘の建治相論」（鎌倉遺文研究会編『鎌倉遺文研究Ⅱ　鎌倉時代の社会と文化』〔東京堂出版、一九九九年〕所収）九〜一〇頁参照。

(30) 「高野山文書又続宝簡集七九」（建治元年〔一二七五〕三月十四日円満院公文所注進状幷御教書案（仲村研編『紀伊国阿氏河荘史料　二』〔吉川弘文館、一九七七年〕二一八号）。

(31) 東寺領若狭国太良荘でも文永六年（一二六九）に大番用途徴収をめぐるトラブルが発生している。この相論においても鎌倉幕府追加法三三三条の少なからぬ影響を看取し得ることについては、本書第一部第三章第一節参照。

(32) 数ある御家人役の中でも大番役のみが在地転嫁を公武両権力により公認されるようになったことの意味は小さくあるまい。青山幹哉氏は御家人役をその起源により三つに分類する仮説を提唱した（青山「鎌倉幕府の『御恩』と『奉公』」〔『信濃』三九―一一号、一九八七年〕八頁）が、そこにおける大番役の位置づけには疑問が残り、右の観点から再分類してみることも有用であろうと思われる。本書第一部第三章第三節および第四章第一節第1項参照。

(33) 大番用途の在地転嫁傾向を十三世紀第2四半期に措定する私見については、それまで規制されていた恩領のみならず御家人私領まで売買を制限する鎌倉幕府追加法一四五条が延応二年（一二四〇）に出されていることもその傍証となし得るかもしれない。また、私見との関わりでいえば、同追加法四七条（貞永元年〔一二三二〕）も注目される。すなわち、地頭が新補されている所領の下司の輩には大番役だけは「別」して催促すべからず、とするのがその趣旨である。『中世法制史料集』の編者は「別」は「外」の誤りで、当該部分を「大番役以外は催促してはいけない」と解釈すべきと考えられるようであるが、もしこの時すでに「大番用途」の在地転嫁を指向する傾向が存在したとすれば、地頭と下司が同時に大番役を勤めれば、その在所は「大番用途」を二重取りされることになってしまう。こうした事態を避けるために本法令が出されたと考えれば、当該部分はテキスト通り「別」のままでよく、その意味も「大番役だけは催促してはいけない」ということになる。追加法四七条の解釈は追加法三〇〇条との兼ね合いもあり、さらなる検討が必要であるが、参考のため記しておく。

(34)「多田神社文書」文暦二年（一二三五）閏六月五日関東御教書案（鎌⑦四七七六号）。

(35)「和田文書」文永九年（一二七二）十月六日和泉国御家人大楼兵士役支配状案（鎌⑮一一一一五号）等参照。

(36)平凡社地方資料センター編『日本歴史地名大系28　大阪府の地名Ⅱ』（平凡社、一九八六年）参照。

(37)前掲註(10)佐藤論文九六頁参照。

(38)牧健二『日本封建制度成立史』（弘文堂、一九三五年）二七五〜二八一頁参照。

(39)薩摩国分寺および国分氏の概略については、『川内市史』第一巻、五味克夫「薩摩の御家人について」（『鹿大史学』六号、一九五八年）、同「新田宮執印道教具書案その他」（『日本歴史』三一〇号、一九七四年）、日隈正守「新田宮・五大院の所領支配機構」（『九州史学』八六号、一九八七年）、山口隼正「中世薩摩国分二寺の伽藍と嫡流国分氏」（川添昭二先生還暦記念会編『日本中世史論攷』〈文献出版、一九八七年〉所収）等参照。

(40)「国分寺文書」元亨二年（一三二二）十二月日国分友貞申状（鎌㊱二八二九六号）、「同」元亨三年（一三二三）八月日国分友貞陳状（鎌㊲二八五〇二号）等。なお、一連の「国分寺文書」「国分氏文書」について、『鎌倉遺文』は「薩藩旧記雑録」を典拠とするが、その原本が国分啓子氏所蔵「国分氏古文書」上・下であることは、五味克夫「中世薩摩国分寺・国分氏関係文書補説」（『鹿大史学』三七号、一九八九年）によって明らかにされている。また、この相論の経緯は、古澤直人『鎌倉幕府と中世国家』（校倉書房、一九九一年）三〇八〜三一二頁に、その概要がまとめられている。

(41)「国分氏文書」元亨三年（一三二三）五月二十五日国分友任請文（鎌㊲二八四一二号）、「同」元亨三年（一三二三）五月日安楽寺雑掌祐舜申状（鎌㊲二八四一三号）参照。

(42)「国分寺文書」元亨三年（一三二三）八月日国分友貞陳状（鎌㊲二八五〇二号）。

(43)「国分寺文書」宇佐宮領条々事書（鎌㊲二八五二二号）。これがこの相論に具書として副進されたことは、「国分氏古文書」に記された「此沙汰」以下の文言からして間違いない。「国分氏古文書」の構成については、渡邉正男「『正和の神領興行法』と『入門』」（『鎌倉遺文研究』一三号、二〇〇四年）参照。

(44)海津一朗『中世の変革と徳政』（吉川弘文館、一九九四年）八八〜九四頁参照。

(45)「東寺百合文書ほ8」寛元元年（一二四三）十一月二十五日六波羅下知状（鎌⑨六二五四号）等参照。

(46)「東寺百合文書ノ1（3）」寛元三年（一二四五）六月日若狭国御家人等申状案（鎌⑨六五〇〇号）、「同1（4）」建長二年（一二五〇）六月日若狭国御家人等申状案（鎌⑩七二〇三号）、「同1（5）」建長二年六月十日若狭国旧御家人跡得替注文案（鎌⑩七二〇二号）、「同1（6）」建長三年（一二五一）三月日若狭国御家人等申状案（鎌⑩七三〇三号）等参照。

(47)「東寺百合文書ア11」建長五年（一二五三）二月一日六波羅御教書案（鎌⑩七五一八号）等参照。

(48) その間の経緯は、網野善彦『中世荘園の様相』（塙書房、一九六六年／〈著作集〉岩波書店、二〇〇八年）第二章第一節「領主名をめぐって」、橋本道範「荘園公領制再編成の一前提」（大山喬平教授退官記念会編『日本社会の史的構造　古代・中世』〈思文閣出版、一九九七年〉所収）、本書第一部第二章参照。

(49)「東寺百合文書メ19」建治二年（一二七六）六月日若狭国御家人等申状（鎌⑯一二三八三号）。

(50)「東寺百合文書ぬ99」（文永七年〈一二七〇〉カ）二月二十七日若狭国太良荘百姓等申状案（鎌⑭一〇五八五号）参照。

(51)「東寺百合文書ト13」文永十一年（一二七四）五月日脇袋範継越訴状（鎌⑮一一六六四号）。

(52)「東寺百合文書メ19」建治二年（一二七六）六月日若狭国御家人等申状（鎌⑯一二三八三号）。

(53) ここで牧氏の説く「関東御口入地」という用語を採らなかった理由について簡単にふれておく。「関東御口入」という言葉は、「関東御口入請所」という用例があるように、必ずしも「天福・寛元法」との関わりのみで使用される用語でなく、「何らかの権利・状態に幕府が口添えをしている」程度の一般的な用語である。「関東御口入」のそうした用法を念頭におく場合、本文で考えたような概念を表現するのにはふさわしくないと考えられる。そこで別に「武家領」なる用語を設定し、牧氏の言う「関東御口入地」はそれに含めて考えることにした。

(54)「国分氏文書」元亨三年（一三二三）五月二十五日国分友任請文（鎌㊲二八四一二号）、「同」元亨三年（一三二三）五月日安楽寺雑掌祐舜申状（鎌㊲二八四一三号）参照。

(55)「尊経閣古文書纂　石清水文書」文永十一年（一二七四）六月十九日関東下知状（鎌⑮一一六七七号）。

(56)「見聞筆記十三」元応元年（一三一九）七月七日関東下知状（鎌㉟二七〇八九号）。

(57)「春日神社文書」（鎌⑬九八四九号）。

(58)「東大寺文書1—13—24」建治三年（一二七七）三月日東大寺政所下文案（鎌⑰一二六七五号）等参照。

(59)「都甲文書」正和四年（一三一五）十月二十四日鎮西御教書案（鎌㉝二五六四五号）。

(60)「都甲文書」元応二年（一三二〇）八月日豊後国都甲荘雑掌等申状（鎌㊱二七五四四号）。

(61)「尊経閣古文書纂　野上文書」延慶三年（一三一〇）十二月二十二日鎮西御教書（鎌㉛二四一五一号）。

(62)「国分寺文書」正中二年（一三二五）七月日国分友貞申状（鎌㊲二九一七五号）は、和与の結果「綸旨・六波羅御施行」が出されたので、鎮西探題の下知状を求めるというものである。そこでは明確に「国分寺領者、於二下地一者為二御家人一令レ勤二仕所役一」と述べられている。

(63)同じようなことは前掲註(6)佐藤論文一二三頁に見通し的に述べられている。

(64)たとえば村井章介「神々の戦争」（同『中世の国家と在地社会』〔校倉書房、二〇〇五年〕所収。原論文「蒙古襲来と鎮西探題の成立」初出は一九七八年）はこの点を捉えて、「国制に占める幕府の地位に、原則的な変更がくわえられた」ことを読みとる（二一八頁）。

(65)この点についての詳細は、本書第三部第二章第一節参照。

(66)「東寺百合文書リ12」建治二年（一二七六）八月二十四日関東御教書案（鎌⑯一二四四九号）では、安芸国守護武田信時に対して「安芸国地頭御家人幷本所一円之地住人等」を率いて長門国を警固することが命じられているように、この種の幕府法令では必ず「本所一円地住人」などと表現されている。

(67)網野善彦「鎌倉幕府の海賊禁遏について」（同『網野善彦著作集第六巻　転換期としての鎌倉末・南北朝期』〔岩波書店、二〇〇七年〕所収。初出は一九七三年）二四五～二五〇頁参照。

(68)伊藤喜良「室町幕府と武家執奏」（同『日本中世の王権と権威』〔思文閣出版、一九九三年〕所収。初出は一九七四年）二八五～二八六頁等参照。

(69)ただしそれはあくまで理念上のことであり、南北朝・室町期の軍事動員には、その理念とは別の「実態」が存在したと考えられる。そもそも室町幕府の一般的趨勢は全国支配権の後退であるから、それにともなって全国的な「武家領対本所一円地体制」に基礎づけられた軍制も規定性を失っていったと見るべきである。この点に関して、吉田賢司氏は足利義持・義教期の軍勢催促状等の分析を通じて、一般国人の動員は守護による「請負」化し、奉公衆は室町幕府から直接動員されたことから、中期室町幕府の軍事編成の二系列化を指摘する（吉田「中期室町幕府の軍勢催促」〔『ヒストリア』一八四号、二〇〇三年〕参照）。

(70) 白河哲郎「平安末～鎌倉期の大嘗会用途調達」(『ヒストリア』一三四号、一九九二年)等参照。
(71) 上杉和彦「鎌倉期国家財政に関する一考察」(『歴史評論』五三三号、一九九四年)参照。
(72) 田沼「中世的公田体制の成立と展開」(同『中世後期社会と公田体制』〔岩田書院、二〇〇七年〕所収。初出は一九七〇年)参照。
(73)「九条家文書」暦応元年(一三三八)九月二十六日室町幕府使者申詞案(『図書寮叢刊　九条家文書一』四三六(三)号)。
(74) 室町幕府追加法九六・九七条。
(75)『シンポジウム日本の歴史8　南北朝の内乱』(学生社、一九七四年)九四～一〇一頁参照。
(76) 村井章介「徳政としての応安半済令」(前掲註(64)村井著書所収。初出は一九八九年)参照。
(77) このことは大田文の記載様式からも裏づけられると思う。詳しい分析は省略するが、長禄三年(一四五九)以下の奥書を持つ丹後国諸庄園郷保惣田数帳(『舞鶴市史　史料編』五三五～五五二頁)と鎌倉期の諸大田文と、それぞれの記載様式を比較されたい。
(78) 工藤敬一「荘園制の展開」(同『荘園制社会の基本構造』〔校倉書房、二〇〇二年〕所収。初出は一九七五年)五五～五六頁参照。
(79) 百瀬今朝雄「段銭考」(寶月圭吾先生還暦記念会編『日本社会経済史研究　中世編』〔吉川弘文館、一九六七〕所収)、前掲註(72)田沼論文、市原陽子「室町時代の段銭について(Ⅱ)」(『歴史学研究』四〇五号、一九七四年)等参照。
(補註) 前掲註(43)渡邉論文で指摘されているように、ここで発給されている綸旨は、領家菅原氏と国分友貞との和与の「尋沙汰」を武家に命じたものにすぎず、これを公家政権による安堵や容認と解釈したのは失考であった。

第二章　武家政権と本所一円地
――初期室町幕府軍制の前提――

はじめに

十四世紀政治史の流れを一言で表現すれば、「公武統一政権の成立過程」とすることで大方の賛同を得られよう。その具体的な様相について、佐藤進一氏は京都市政権を素材として、武家政権が王朝国家の有していた諸権限を「接収」していくという見解を提示された。(1)この見解は、武家政権は公家政権・荘園領主層と同じものを分かち合う関係にあるため、武家政権の発展はそれらの権力の分割奪取によって実現されるとする理解にもとづいている。しかし諸権限を分割奪取されながらもなお公家政権・荘園領主層が残存する事実については、また別の解釈を施す必要があろう。ここに黒田俊雄氏が提唱された権門体制論(2)が成立する余地があると考えられるが、私見では室町期の朝廷・荘園領主勢力の位置づけを過大評価していると思われ、黒田氏の理解そのものを受け入れるわけにはいかない。

この点で富田正弘氏の理解(3)は興味深い。氏も公家の保持してきた国家権能が漸次室町殿に吸収されるとするモチーフを佐藤氏と共有しながら、文書授受の構造および伝奏の活動などの分析を通して、それが既存の公家政治の構造を「取り込む」形で実現されたことを明らかにされた。武家による「接収」という形での公武統一政権の成立後も朝廷・

荘園領主勢力が存在する一つの根拠が明確化された点に注目したい。

以上のように研究史をふまえた上で導き出される課題は、個別の分野に即して公武統一政権成立過程の具体的な様相を検証していくことであろう。富田氏の議論も中央の諸政治勢力間の動向の分析から抽出されたものであり、他の分野の個別検証を蓄積していくことがなお必要であると考えられる。

そこで本章では所領制度に即してこの問題に取り組んでみたい。すでにこの点に関して、室町幕府の下で従来の荘園公領制が再編されて、「寺社本所一円領・武家領体制」が創出されたとする工藤敬一氏の理解が示されている(4)。その指摘を換言すれば、寺社本所一円領・武家領の双方に対して室町殿が安堵権者および一国平均役の賦課・免除主体として立ち現われることになる。論考の性格上その詳細については論じられていないため、具体的な検討は今後の課題として残されるが、実際に室町幕府法上でも「寺社本所一円領」が武家領と並ぶものとして現われ、幕府の一定の保護・統制を受けていることは明らかなので、工藤氏の指摘は室町期の所領制度についての展望を示したものとして是認できよう。

また近年、伊藤俊一氏も同様に寺社本所一円領・武家領という枠組みを前提にして、観応の擾乱以降の一国総動員体制の下で、武家は守護を通じて本所一円領に対しても武家諸役の賦課を固定化していくことを明らかにされた(5)。ここで注目されるのが、寺社本所一円領に賦課された諸役の中に軍事動員が含まれていたことで、武家領も軍事動員を受けたことは当然であろうから、室町幕府は寺社本所一円領と武家領の双方に跨がった軍事体制を構築していたことが予想される。次の史料はその様相を端的に示していよう。

【史料一(6)】

伊予国地頭御家人幷本所領預所沙汰人名主等事、随二守護催促一可レ致二忠節一之旨、可二相触一之状如レ件、

在判（足利義満）
康暦二年（一三八〇）八月六日
河野亀王（通義）殿

武家領からは「地頭御家人」が、本所領からは「預所沙汰人名主等」が守護の「催促（軍事動員）」に従うべきことが指示されていると解釈できよう。とすれば、工藤氏のいう「寺社本所一円領・武家領体制」は室町幕府の軍事動員の基盤としても機能することが期待されていたことになる。こうした形態の軍事動員体制を本章では「初期室町幕府軍制」と呼んでおきたい[7]。もちろん実態レベルで考えた場合、全ての場面で整然とした原則にもとづいた軍事動員が実現していたとは考えられない。それぞれの軍事指揮官の個性や時々の情勢にもとづいた多様な軍事動員が行なわれていたであろうから[8]、それらを一つの原理で説明付けることはあまり意味がないであろう。ただし、本章で問題にしたいのは、公家政権や荘園領主勢力との関係を念頭にした武家政権が、「たてまえ」としてどのような軍事動員体制を構想していたか、すなわち成文法のレベルでの軍事動員が如何なるものであったかということである。本章の基本的な視角がこの点にあることをあらかじめ確認しておきたい。この意味において【史料一】はたいへん興味深く思われるのである。

ところで、伊藤氏は主として観応の擾乱以降を対象としたため、それ以前の軍事動員の状況は必ずしも明らかにされてはいない。また工藤氏の提示された「寺社本所一円領・武家領体制」もその荘園公領制の再編のプロセスについては明らかにされていない。さらに工藤氏はこの体制を室町幕府の下で「創出」されたものとするが、果たしてそうなのだろうか。

最後の点について、さきに私は鎌倉幕府軍制との関わりで「武家領対本所一円地」という分類基準が形成され、それが工藤氏のいう「寺社本所一円領・武家領体制」につながっていくという見通しを述べた[9]。とすれば、鎌倉後半期以降の軍事動員のあり方を検討していくことは、初期室町幕府軍制のみならず、その基盤である「寺社本所一円領・武家領体制」成立の意味を吟味する視座をも提供するものと思われる。

そこでまず、モンゴル襲来にともなう異国警固番役の再検討を手がかりにこの問題に迫っていきたい。異国警固番役を取り上げるのは次の二つの理由による。第一に、佐藤進一氏はモンゴル襲来を転機に幕府の王朝国家権力吸収指向とこれに対する王朝側の反発＝統一権力の追求が進むとされている。(10)十四世紀末に至る公武統一政権の成立過程を考えるに際し、その端緒にあたるこの動きを見落とすわけにはいかない。第二に、異国警固番役には御家人以外の人々も広く動員されていたことは周知の事実であるが、この点を捉えて「国制に占める幕府の地位に、原則的な変更が加えられた」と指摘されているように、(11)異国警固番役の検討自体が国制史上の意義を有するものと考えられるのである。(12)

一　異国警固番役の再検討

1　非御家人動員の実相

異国警固番役の具体的な分析に入る前に、それ以前の鎌倉幕府軍制の基本的なあり方が「鎌倉殿の私的従者集団である御家人（のみ）を通じて国家的軍務を遂行する」ものであったことを確認しておきたい。(13)異国警固番役も開始当初はこの基本に即して行なわれていた可能性が高いが、そこに初めて御家人以外の人々が現われるのは文永の役中の文永十一年（一二七四）十一月である。(14)従来の軍事動員の原則を大きく逸脱する措置だけに、これが何を原因とするものかが問われなければならない。残念ながら、それを史料的に明らかにすることはできないが、文永の役の衝撃を想定したい。おそらく、圧倒的なモンゴル軍を眼前にして、幕府は軍事力の強化に迫られたのではなかろうか。そして当時において軍事力強化は兵力の増員という形をとったと思われ、それが御家人以外の人々をも動員する結果となったのであろう。また、文永の役後の建治年間から九州各国がそれぞれの担当役所を警備する体制が整ったとされる(15)が、御家人以外の人々の動員も異国警固番役の体制整備とともに固定化されていったと考えられる。

では、彼らは具体的にはどのように警固役に参加していたのだろうか。異国警固番役については数多くの覆勘状が残されており、動員の具体相を探る手がかりを与えてくれるが、残念ながら、現在に残るそれ(16)はほとんどが御家人を対象とするものであり、覆勘状からは御家人以外の人々の動員の実相は浮かんでこない。御家人以外の人々の動員の様子は、次に掲げる幕府や守護による指令類にわずかにうかがえる程度である。

【史料二】(17)

異賊防禦事、鎮西地頭御家人幷本所一円地輩、従二守護之催一、且令レ加二警固用意一、且可レ抽二防戦忠功一之由、先度被二仰下一畢、（中略）早存二此旨一可レ令レ相二触薩摩国中一之状、依レ仰執達如レ件、

弘安九年（一二八六）十二月卅日

相模守（北条貞時）　在判

陸奥守（北条業時）　在判

島津三郎（忠宗）左衛門尉殿

【史料三】(18)

異賊防禦事、去年十二月卅日関東御教書、今月廿五日到来、案文如レ此、早可レ被レ存二此旨一也、且今年殊有二異国用心一之間、肥前国中地頭御家人・本所一円預所等、六番所レ令二結定一也、三月九日可レ被レ参二勤役所一候、仍執達

如レ件、

弘安十年（一二八七）正月廿九日　前遠江守（北条為時）（花押）

龍蔵寺三郎兵衛入道殿

【史料二】は警固番役の励行を命じた幕府の指令であるが、動員対象として地頭御家人とともに「本所一円地輩」が挙げられている。【史料三】は【史料二】を受けて肥前国内の御家人と「本所一円預所等」が六番に結番されたことを示す。[19]ともに御家人以外の動員対象が「本所一円（地）〜」と表現されている点に注意したい。このことは【史料二・三】にのみ見られる現象ではなく、異国警固番役関係の史料全般について言える。[20]幕府や守護の指令類に徴する限り、異国警固番役においては御家人以外の人々は「本所一円（地）〜」という位相で現われると考えられる。

ところで、御家人以外の人々の動員については、別の角度からこれを示す史料群が存在する。建治年間に計画された「異国征伐」関係史料である。この遠征計画も異国警固番役の一バリエーションと考えられているが、[21]ここで注目したいのは、この遠征の動員を受けた人々が提出した請文、[22]とくにその署名の仕方である。現在二四名ほどの署名が知られているが、その中に、名前の他に肩書を記さない者、地頭もしくは御家人であることを明記する者に混じって、次のような署名がある。「窪田預所僧定愉」。[23]肥後国窪田荘についてはあまり史料がないが、鎌倉時代に地頭や御家人の存在は知られておらず、いわゆる本所一円地だった可能性が高い。とすると、僧定愉は本所一円地たる窪田荘の預所としてこの請文を提出したと考えられる。[24]言い換えれば、彼はそのような身分・立場の者としてこの動員を受けたのであろう。

「本所一円（地）〜」と現れる人々は、具体的にはそれぞれの荘園の預所や沙汰人といった荘官レベルの人々が中心であったと思われる。これらの人々のことを本章では、当時の史料上の用法[25]もふまえて、本所一円地住人と概念化することにする。すなわち、異国警固に動員された非御家人である荘官らは、本所一円地住人という特定の位相で現れると考えられるのである。

2　非御家人動員の論理

前項でもふれたように建治年間以降、幕府は異国警固番役への御家人以外の人々の動員を恒常化していく。冒頭で確認した鎌倉幕府軍制の基本型からすればこれは異常事態であり、それを正当化する何らかの手続きや論理が必要とされたことが予想される。その意味でまず注目されるのが、弘安七年（一二八四）九月に発令されたいわゆる鎮西名主職安堵令である。その冒頭部分を次に掲げる。

【史料四】（鎌倉幕府追加法五六二条）

一　名主職事　条々

父祖其身勤㆓仕御家人役㆒之条、帯㆓守護人之状等㆒者、可㆓安堵㆒、但於㆓凡下之輩㆒者、不㆑及㆓沙汰㆒、

次不知行過㆓廿箇年㆒者、同前、

（後略）

早く佐藤進一氏により注目され、根本下文を持たない身分の不安定な西国（この場合は鎮西）御家人に対して安堵を加えることがその立法趣旨であるとされてきたが、[26]私はこの安堵の対象に異国警固番役に駆り出された非御家人（本所一円地住人）を含めて考える村井章介氏の見解に[27]賛同したい。すなわち、異国警固に動員した非御家人たちをも御家人化することがこの法の趣旨ということになる。とすると、幕府は非御家人の動員という異常事態を彼らの御家人化によって合理化しようとしていたことになる。

この鎮西名主職安堵令は安達泰盛を首班とする「弘安徳政」の一環として発令されたものであった。弘安徳政全般についてはその急進的性格が指摘されているが(28)、軍制という観点から言えば、御家人制の枠を拡大することによって、強引にではあるが、形式上は鎌倉幕府軍制の基本的なあり方を維持していこうとするものであったと考えられる。

ところで、鎮西名主職安堵令が発令されたのは、弘安徳政の綱領である新御式目（鎌倉幕府追加法四九一～五二八条）に遡っても、弘安七年（一二八四）五月であり、異国警固番役に御家人以外の人々が動員され始めてから一〇年近くが経過している。また弘安徳政は安達泰盛の滅亡とともに挫折し、鎮西名主職安堵令も弘安九年には撤廃となってしまう(29)。結局、御家人制の枠を拡大して従来の軍制を維持する方針は計画のみで崩壊したと考えざるをえない。とすると、非御家人の動員を正当化する論理も失われてしまったのであろうか。

その点で注目されるのが、元亨四年（一三二四）八月に島津荘薩摩方伊作荘・日置北郷の領家と地頭との間で交わされた下地中分の和与状(30)である。この下地中分の結果、将軍御所用途以下の「関東御公事課役」は地頭方が、本家御所御修理以下の「本所御分課役」は領家方がそれぞれ分担することになったのだが、異国警固役（石築地造営役を含む）は宇佐宮造営役等とともに両方の負担とされているのである。こうしたあり方は、異国警固番役が宇佐宮造営役と並ぶ国家的な課役、武家領・本所一円地がともに負担すべき課役と位置づけられていたことを予測させる(31)。

この点を裏づけるのが「弘安四年日記抄」の次の記事(32)である。

【史料五】

廿一日　自㆓関東㆒差㆓遣鎮西㆒使者両人今日上洛、異国賊無㆑残誅了之由申上云々、実説猶可㆑尋㆑之、（中略）諸社職掌人警㆓固本社㆒、并本所一円地庄官可㆑向㆓戦場㆒事、可㆑被㆓宣下㆒之由先日武家申行候歟、而異賊退散之上者、雖㆑不㆑可㆑及㆓沙汰㆒、昨日猶被㆑宣㆓下之㆒、上卿一上（二条師忠）、弁経□□□可㆑載㆓去九日㆒之由被㆑仰㆓下官㆒云々、件口宣尋取

所二書継一也、

すなわち、朝廷は弘安の役の直後、幕府の要請にもとづいて本所一円地住人（「本所一円地庄官」）が武家の命令に従って戦場に赴くべきことを宣下したのである。先に見た伊作荘・日置北郷の下地中分の規定をも考えあわせれば、異国警固番役は武家領・本所一円地の双方が勤仕しなければならないという意味で平均役として位置づけられており[33]、ここに幕府は御家人および本所一円地住人の双方を平均に動員する根拠を得たと言えよう。

そして、このような動員論理は実は弘安四年（一二八一）を遡り、建治年間には認められるところであり[34]、異国警固番役が整備された早い段階でそれを平均役とみなす公武の合意が成立していたと考えられる。弘安四年の宣下はそれを追認・最終的に確定するものだったと理解したい。ただし、平均役とは言っても、御家人とそれ以外の人々とでは幕府の扱いが微妙に異なっていたことにも注意したい。まず御家人に対しては守護の注進にもとづいて幕府が賞罰権をもって臨むことが明示されているが[35]、これは御家人の動員が鎌倉殿と彼らとの主従関係に基づいて実現されていたことを示していよう。それに対して御家人以外の人々＝本所一円地住人に対しては、幕府の処罰権は明示されておらず、「可催促」と指示するにとどまっている。さらに次の史料に注目したい。

【史料六】[36]

□本所一円地事

不レ差二下代官一、不レ従二守護之催一、不レ致二合戦一者、可レ被レ補二地頭一之由、可レ経二奏聞一之旨、被レ仰二六波羅一了、

且可二注申一之由、可レ相二触守護人一、

（後略）

本所一円地の不参戦に対しては当該所領に地頭職を設置する方針が示されているが、地頭職設置という措置は、本

所一円地住人よりも本所一円地の領主（本所）を念頭にした措置であったと考えられる。

現実には本所一円地住人も御家人と同様に守護の指令・指揮下で従軍していたことは【史料三】や「異国征伐」の事例から明らかであるが、【史料六】などを考慮すれば、本所一円地住人動員の形式上の責任は荘園領主に負わされていたと考えるべきだろう。とすると、非御家人＝本所一円地住人の動員は、幕府と彼らとの直接の関係ではなく、形式上は荘園領主を媒介に実現されるものとして構想されていたと言えよう。

すなわち、御家人制の拡大とは別に、幕府は異国警固番役を平均役と位置づけることにより、形式上は荘園領主を媒介にして御家人以外の人々の動員を正当化したと考えられる。彼らが本所一円地住人という位相で現われるのも、こうした本所（一円地）を含み込んだ軍事動員体制に由来していると考えられる。

二　本所一円地の両義性

前節の分析によれば、本所一円地という形式が異国警固番役に重要な役割、従来幕府が掌握していなかった御家人以外の人々を動員してくるための梃子として機能していたことがうかがえる。本所一円地については、一般的には荘園領主（本所）の一円的支配が貫徹している所領を指し、それ故に武家の干渉、とくに直接的な検断権行使を受けない領域とされている。(37) このような所領がどうして異国警固番役の梃子として機能するのだろうか。

【史料七】（鎌倉幕府追加法四四五条）

国々狼藉事、近年於二本所一円庄園一、雖レ致二闘諍合戦一、不レ能二禁制一之間、任二雅意一、結構狼藉之由、有二其聞一、早申二入子細於本所一、可レ加二炳誡一也者、依レ仰執達如レ件、

文永七年（一二七〇）八月廿九日　　　　　　　　相模守（北条時宗）　在判
　　　　　　　　　　　　　　　　　　　　　左京権大夫（北条政村）　在判
　相模式部大夫（北条時輔）殿

たしかに右の史料の「於二本所一円庄園一、雖レ致二闘諍合戦一、不レ能二禁制一」という件は、一般的な本所一円地像に合致している。同様の幕府法は【史料七】以前から見られる。次に掲げる天福元年（一二三三）に出された追加法もその一つである。

【史料八】（鎌倉幕府追加法五九条）

一、西国守護代等申国中所々犯人等事

右、国中犯科輩出来之時、自レ本守護入部之地者、不レ及二子細一、其外権門勢家神社仏寺等領、先々号レ不二入部一、於二其所堺一、可レ尋二明犯否一之由、触遣之時、或一日路、或二日路、如レ此候之間、其堺者則或野中、或於二山中一、擬レ尋二明之間、往反不レ輙、亦於レ事非レ無レ煩、所詮被レ置二守護人一事、為二如レ此事一也、於二守護所一糺二明犯否一之時、於レ為二無実一者、不レ及二子細一、若又為二実犯一者、具二返本所一、令二請取一之時者、尤於レ堺可レ請二取之由、可レ被二仰下一歟、

　押紙云、先々沙汰輙不レ可レ改、任二先例一、於レ堺可レ令二糺定一也、

【史料七】【史料八】いずれも幕府が本所領荘園に直接検断権を行使し得ないとする点で一致しているが、そのような領域について、一方では「本所一円庄園」（【史料七】二重傍線部）とされているのに対し、一方では「権門勢家神社仏寺等領」（【史料八】二重傍線部）とされている点に注目したい。この違いは、単なる言い回しの違いとして処理できるであろうか。

この点について、鎌倉期の史料を通覧した結果、「本所一円地」という表現は【史料七】を初見として鎌倉末期に見えるようになるという傾向が摑める。(38) 鎌倉幕府法に即してみれば、それはより明瞭であって、幕府検断権との接触が問題となる所領について、従来は「所在之荘公」「権門勢家之領」などと称されていた（鎌倉幕府追加法三条・三二〇条）ものが、【史料七】以降は「本所一円地」に統一されていく（鎌倉幕府追加法五三六条・参考史料補遺九条等）。これまであまり注目されてこなかったことだが、「本所一円地」という表現は鎌倉末期になって成立した可能性が高いことを確認しておきたい。

次に問題となるのは、「本所一円地」という新たな表現の成立が何らかの意味を有するのか、具体的には【史料八】で「権門勢家神社仏寺等領」とされていたものが【史料七】で「本所一円庄園」と呼ばれるようになる変化の背景に意味を認め得るかということである。あらためて二つの史料を比較すると、先述のように本所領荘園に対しては直接幕府の検断権を及ぼせないとする点で両者は一致しているが、【史料七】ではその点を前提にしつつも、傍線部に今後は本所に申し入れて「炳誡」を加えるとあるように、本所領に対してより積極的に関与していこうとする幕府の姿勢を看取し得るように思われる。

ここで思い起こされるのが新田一郎氏により指摘されている鎌倉期における検断システムの変化である。(39) すなわち、個々の荘園ごとに荘官層によって構成される一次的検断システムが所務遂行を目的として日常的な秩序維持機能を果たしており、国家的な二次的検断システム（幕府検断機構）は補完的役割を果たすに過ぎなかったが、鎌倉後半期には両システムの関係が逆転し、二次的検断システムが公武を一貫する秩序維持システムとして主要な位置を占めるようになるとするのが氏の説である。【史料七】と【史料八】の比較から前段で抽出した幕府の姿勢の変化＝積極化は、氏の言う検断システムの変化に対応していると考えられる。

表5　鎌倉幕府法にみる「本所一円地」

No.	年　月　日	内　容
445	文永 7(1270). 8. 29	本所一円荘園における狼藉につき，本所に申し入れての炳誡
463	文永11(1274). 11. 1	異国合戦への動員
473	建治元(1275). 12. 8	異国合戦への動員
477	建治 2(1276). 8. 24	異国合戦への動員
SH5	弘安 4(1281). ⑦. 9	異国合戦への動員と兵粮米徴収
SH6	弘安 4(1281). ⑦. 21	異国合戦への動員と兵粮米徴収
H13	弘安 6(1283). 12. 21	異国警固への動員
536	弘安 7(1284). 5. 27	犯人引渡しに応じない本所一円地の注進令
600	弘安 9(1286). 12. 30	異国警固への動員
H14	弘安 9(1286). ⑫. 28	異国警固への動員と地頭設置
H15	弘安10(1287). 3. 11	異国警固への動員と地頭設置
H16	正応元(1288). 7. 16	異国警固への動員
634	正応 6(1293). 3. 21	異国警固への動員
SH9	永仁 3(1295). 3. *	本所一円地内の違勅狼藉への介入
SH21	正中元(1324). 2. 29	悪党引渡しに応じない本所一円地介入とその収公

註　No. は『中世法制史料集 第一巻 鎌倉幕府法』の条文番号．S は参考史料，H は補遺の略号．＊について，法令そのものはこれ以前に出されていた．

このように本所領荘園に対する幕府検断が鎌倉後半期には積極性を示すことと、本所領荘園が「本所一円地」と呼ばれるようになることを関連する動きとして捉えられないだろうか[40]。実際、本所一円地に言及している幕府法を通覧すれば、表5の如く何らかの形でそこに関与（検断権行使を含む）しようとする幕府の姿勢を認め得るように思われる。現段階では両者の関連を史料的に跡づける方途は残念ながら見出しえていないが、通説の如く本所一円地が武家の介入を排除するだけのものではなかったことは史料からも明らかである。

黒田悪党の鎮圧に消極的な幕府に対して、領主東大寺は、「雖レ為二本所一円之地一、本所之沙汰難治之時、武家直可二召取一之由、被レ下二院宣一者、承前不易之例也」と主張する[41]。さらに伊勢国飯野郡以下においては「右、郡々者本所一円地也、而彼土民等背二勅裁一、及二敵対一之間、為レ絶二彼狼藉一、可レ被レ補二地頭一之旨、本所就レ被二望申一、以二定照一被レ補二地頭一畢[42]」とあるように、他ならぬ荘園領主の申請によって「本所一円地」に地頭が設置されたことが知られる。このようなケースは鎌倉末期にはしばしば見られるところであり、いずれのケースにおいても荘園領主による一円的支配の貫徹が究極の目標とされているが、それがもはや【史料八】の如く幕府とは無関係には成立しえなくなっていることに注意すべきであろう。(43)

こうした本所一円地をめぐる荘園領主と幕府との関係を端的に示しているのが、近藤成一氏によって明らかにされた「悪党召し捕りの構造」(44)である。「違勅綸旨（院宣）」「衾御教書」が発給されれば、本所一円地に対する幕府の直接軍事介入が解禁されるというのが氏の説であるが、この構造は、本所一円地はあくまでも荘園領主による一円支配が保障されながらも、一定の条件・法形式が整えば幕府による干渉の対象にもなるという、本所一円地の両義的性格を明瞭に示していよう。そして、本所一円地が両義的な所領であったからこそ、幕府はそれを通じて「本所一円地住人」の動員が可能となったのであり、そのこと自体がまた本所一円地の両義性を強化していったのではないだろうか。本節冒頭でも示したように、本所一円地という場合、従来は荘園領主による一円支配の側面のみが強調される傾向にあったが、それが幕府と無関係にはありえなかったことも忘れてはなるまい。(45)

三　軍事動員と御家人制

1　鎌倉末期の御家人制

前二節では対モンゴル戦争という軍事的課題の下、本所一円地住人の動員という新しい軍事動員体制が採用されたことと、その背景を見てきたが、この同じ課題に御家人制の拡大で対処しようとする方向性もあったこと、そしてそれが失敗に帰したことに再び注目したい。この動きは鎮西名主職安堵令の成立と撤廃として現われたが、村井章介氏はこれが旧御家人層に不利益をもたらすものであった点に鎮西名主職安堵令以下の弘安徳政の挫折の根本原因を求めている。[46] 御家人とは鎌倉殿に奉仕するかわりにその保護を享受する特権身分でもあり、特権者集団である御家人制は本来的に閉鎖的・限定的性格を有していたことは想像に難くない。[47] 史料的に跡づけることは困難だが、鎮西名主職安堵令撤廃の原因として御家人制の閉鎖性を想定することは正鵠を射ていよう。

その一方で、御家人制は将軍権力ひいては鎌倉幕府の権力基盤でもあったから、権力強化のためには御家人制の拡大が志向されよう。鎌倉幕府成立期の治承・寿永内乱期には「必ずしも職業身分としての武士のみに限定されていなかった」「広範な階層の武勇の者」をも含み込んだ御家人制が指摘されている。[48] また御家人制確立期以降でも、将軍頼家が、奥州合戦におけるその武勇を賞して工藤行光の郎従を御家人に召し加えようとしたエピソードが知られている。[50] おそらく、閉鎖性・限定性を基調としつつも、こうした拡大の契機をも潜在させているのが御家人制の特徴ではなかろうか。

このように御家人制そのものが相対立する契機を孕んでいるとすれば、時期によって御家人制の示す様相も異なってこよう。事実、鎌倉中期の御家人制については曖昧な状況にあったことも指摘されている。[51] 御家人制の変質についてはすでに論じたところであるが、[52] 本章で問題としている鎌倉末期の様相についてあらためて確認しておきたい。

その場合に注目されるのは、御家人身分を主張していた者が幕府によって非御家人と判断された事例が鎌倉末期に集中して確認されることである。[53] いずれの事例でも当事者は御家人身分の根拠として覆勘状や催促状などを提示して御家人役勤仕の事実を主張しているが、御家人役勤仕の事実自体は否定されずに、それが「近年」のこと故に御家人とは認めないとする判断が下されている。すなわち、鎌倉末期の幕府はある年限を設定して御家人を峻別する方針を採っていたのである。丹波国波々伯部保の例を見れば、「仁治以往勤ㇾ仕御家人役ㇾ之条、指無ㇾ支證ㇾ」と幕府の判断が示されており、後述する室町幕府追加法六五条なども参照すれば、仁治年間が基準とされたものと考えられる。鎌倉末期の御家人制は、仁治年間以前から御家人役を勤仕してきた者のみを御家人と認定する限定的な性格のものになっていたのである。(54)

問題は、鎌倉中期の曖昧な状況から鎌倉末期に限定的なものへと御家人制が変質した要因である。この点についても、これまでに検討してきたことではあるが、(55)ここでは本章で対象とする所領制度、とくに「武家領」問題との関連を指摘しておきたい。先に考察したように、(56)「天福・寛元法」の展開により鎌倉中期以降御家人知行の所領が「武家領」として特別な保護対象になっていくが、これは荘園領主の権利を制約する側面を持っていたため、「武家領」認定をめぐる荘園領主と御家人との相論を惹起する可能性があった。とくに文永年間以降、御家人所領の取り戻し政策としての徳政令が展開するようになると、御家人身分の曖昧さはこうした相論を増加させる危険性を有していたため、荘園領主層との協調を図る幕府は御家人制に限定的性格を付与せざるをえなかったのではなかろうか。

以上のような鎌倉中期から末期への御家人制の変質を考えれば、鎮西名主職安堵令が脆くも挫折したことも、ある意味では当然のこととして理解できよう。それは御家人制そのものが持つ閉鎖性のみならず、当該期固有の限定性故に挫折したのである。そしてこのことは、モンゴル襲来という危機状況および安達泰盛という有力な政治勢力と結びついても、御家人制はすでに兵力増員の手段たり得なくなっていたことを意味しよう。

2　室町幕府御家人制

鎌倉幕府の滅亡は、論理的には御家人制の崩壊を意味しており、現に続く建武政権は御家人制の廃止を意図した形跡がある[57]。室町幕府が登場してくる前提には、このように御家人制を相対化する状況も存在したが、室町幕府は御家人制を維持する方針を採る[58]。それは御家人以外の人々を「非職之輩」として峻別する政策（室町幕府追加法二三条）に結果する。さらにここで強調しておきたいのは、室町幕府は権力編成の手段としてのみ御家人制を継承したのではないということである。次の史料を見たい。

【史料九】（室町幕府追加法六五条）

一、西国御家人事、

可レ守二仁治以来證跡一、

発令年代も確定されておらず、発令意図も不明であるが、（西国）御家人認定の基準を仁治年間に置いていることは確かであろう。これは前項で見たように、鎌倉末期の幕府が御家人身分を限定するために設定した年代と一致している。このことは、室町幕府御家人制が鎌倉末期御家人制の限定的性格をも継承していたことを意味していよう。

しかし、建武三年（一三三六）以来の内乱状況の中での成立という条件下にあった室町幕府にとって軍事力の確保・強化は緊要な課題であったはずであり、その点はモンゴル襲来下の鎌倉幕府と共通している。そして異国警固に御家人以外の人々が駆り出されたように、室町幕府も「非職之輩」の動員を表明していた[59]。山城国革島荘下司革島氏もそうした動員を受けた一人であった[60]。この場合、やはり問題になるのは、そうした「非職之輩」を幕府が動員する根拠・論理である。革島氏に即して言えば、先の動員に応じて実際に戦闘に参加した結果、次の文書を幕府から受け取っていることが注目される。

【史料一〇】[61]

御判（足利尊氏）

山城国革嶋南庄下司幸政、最前参㆓御方㆒之条、神妙也、領家職当名田畠、以㆓半分㆒、為㆓地頭職㆒所㆓充行㆒也、且為㆓御家人㆒、向後弥致㆓軍忠㆒者、重可㆑有㆓抽賞㆒状如㆑件、

建武三年（一三三六）八月十一日

革島氏は軍事動員に応じた代償として領家職半分[62]を地頭職として宛行われて御家人に列せられていることが知られる。このような事例は他にも何件か確認されるところであり、[63]成立当初の室町幕府には「非職之輩」を御家人に繰り込む（御家人制の拡大）によって当面する課題に対処しようとする動きもあったことが推測される。

ただし、こうした事例は山城国西岡地方を中心とした極めて限定的な地域で建武年間にしか確認されないことから、山城における特殊政策とも考えられている。[64]さらに、いったんは御家人化が認められながらも、再び半済停止（御家人身分の実質否定）とされる事例が、早くも暦応二年（一三三九）には現れ始める。[65]こうした状況を考えれば、御家人制の拡大を志向する動きがあったとしても、それを過大評価することはできない。[66]むしろこうした動きが局地的でかつごく短期間で消滅してしまった点に、室町幕府御家人制における鎌倉末期御家人制の限定的性格の規定性を看取すべきであろう。

四　初期室町幕府軍制

前節で検討したところによれば、室町幕府御家人制も限定的性格を継承したため、軍事動員の手段としては限界を有したと考えられる。その一方で内乱状況の下、軍事力の確保・強化という課題をも負っていた室町幕府が、異国警固番役と同じように「本所一円地をその内部に含み込んだ軍事動員体制」に注目していくのはある程度自然な流れだ

ったと言えよう。[67]「はじめに」で提示した初期室町幕府軍制成立の経緯を右のように想定したい。早く佐藤進一氏も「守護には軍事的必要に応じて庄官・名主層を動員して、軍事力として使用することが認められた」と述べており、[68]そうした動員の事例は観応の擾乱以前にも認められるのである。[69]「はじめに」では初期室町幕府軍制のあり方を示すものとして【史料一】を掲げたが、それが異国警固番役下の軍事動員を示す【史料二】とほぼ同一の文言を有することも、以上のような経緯をふまえれば、単なる偶然の一致には帰しえまい。

本章の課題の一つ、初期室町幕府軍制の成立過程は以上の如く理解できよう。その内実の検討は今後さらに深められなければならないが、ここでは視角を限定して、このような軍制が採用されたことが、当時の幕府・荘園領主層にとってどのような意義を有したかを考えたい。このことは、本章のもう一つの課題である「本所一円領・武家領体制」の成立についても示唆を与えるものと考えられるからである。

1　初期室町幕府軍制の有効性

まず幕府について考える場合に問題になるのは、こうした軍事動員体制の軍事力増強という観点からの有効性である。ふつう本所一円地に対する軍事動員は沙汰人（名主荘官等）に対する動員命令という形をとる。例えば、永徳二年（一三八二）若狭国太良荘では「太良保地頭領家政所御沙汰人」にあてて動員令が下っているが、[70]その際「野伏十五人被二召具一候て、可レ有二参洛一候」とあるように、彼らには一定の武力をともなって参陣することが期待されていた。このような期待が生じる根拠は奈辺にあったのだろうか。

伊藤俊一氏も指摘していることだが、[71]南北朝内乱期には荘園の代官や沙汰人の請文などを中心に「荘家警固」という言葉がしばしば現われる。外部からの荘園侵略に対する自衛行為を指すが、その実態には二形態あったらしい。一つは沙汰人などがその計略により何らかの武力を調達してくるもので、伊予国弓削島荘の預所代弁房（承誉）は、讃岐国悪党の同荘乱入に対して自らの兵粮米によって数百人の人数を集めてこれを撃退したとされている。[72]一方、沙汰人と名主・百姓以下の荘内の勢力が協力して武力を形成して外圧に対抗する場合もあった。伊藤氏も取り上げている東寺領播磨国矢野荘（例名方）は鎌倉末期以来寺田法念などの頻々たる侵入を受けており、東寺も種々防衛に努めているが、[73]矢野荘の事例でもっとも注目すべきことは「一庄輩・地下輩」が「一同令二合力一」「結番」して警固にあたっていることである。[74]この勢力は荘家政所とは別に白石城を構えて悪党の乱入に備えようともしており、[75]ここに後の永和の惣荘一揆に結実していくような荘民の結合とそれにもとづく武力の存在を想定しえよう。

いずれにせよ荘家（本所一円地）が在地の武力結集の核になっていることがうかがわれる。本所一円地に対する軍事動員とは、右のような形で結集されている在地の武力を幕府の武力に引き寄せる効果を有していたのではないだろうか。南北両軍の乱入による危機に瀕していた美濃国大井荘において「於二向後一者令レ会二向于一所一、捨二身命一問答仕可二防申一」と荘内が団結しての警固が実現した直後に（守護方から）「可レ出二軍勢一」との催促を受けている事例は、[76]本所一円地に対する軍事動員の担った意味を裏づけているように思われる。

南北朝期以降には国人一揆も幕府や守護による軍事動員・恩賞付与の対象になったことが指摘されている。国人一揆の性格を所領支配のための在地領主結合＝武力編成と考えれば、[77]こうした事態は国人一揆という形で在地に遍在している武力を室町幕府軍制に取り込もうとするものと理解できよう。とすれば、本所一円地に対する軍事動員も同じように考えることができるのではないだろうか。すなわち、これも荘家（本所一円地）を核に在地に遍在している武力を室町幕府軍制に取り込む手段であった、[78]と。この点にこそ、こうした形式の軍事動員が幕府にとって有したメリットがあったのである。

2　初期室町幕府軍制と寺社本所一円領・武家領体制

荘園領主が自領に対する軍役免除を申請する事例が存在することから、荘園領主は本所一円地に対する軍事動員に必ずしも積極的ではなかったことは明らかであるが、動員を受けた沙汰人らは荘園領主の了解を得て従軍していること[79]から、動員に応じることには荘園領主なりの意図や思惑も含まれていたに違いない。そこで注目されるのが伊勢国曾禰荘領主醍醐寺と同荘公文橘範明との間で交わされた請文である。橘氏は鎌倉期以来の曾禰荘公文であったが、この範明の代になって年貢難渋などの不法行為が目立ってきており、荘園領主醍醐寺からたびたび改替の危機にあっていたらしく、その都度請文を醍醐寺に提出して公文職の保全を図っている。次の史料はそうした請文の一節である。

【史料一一】[80]

一、於レ国致二軍忠一時者、以二沙汰人名字一可二勤仕一事、

「於レ国致二軍忠一」とは、守護人などの軍事動員に応じることを指すのであろうが、その場合「沙汰人名字」をもって勤仕するとはどのような意味なのであろうか。同じ請文の第一条では「為二本所一円沙汰人一之者、募二武威一不レ可レ致二不忠一事」とあり、建武五年（一三三八）に醍醐寺に提出された起請文[81]にも「為二本所一円職人一募二武家之威一、不レ可レ令レ難二渋御公事一」とあるから、おそらく彼は武家勢力と結びついて領主醍醐寺に違背しようとしており、そのために公文職を改易されかかっていたのであろう。荘園領主は公文などの沙汰人が武家勢力と接触するのを嫌っているのである。にもかかわらず、【史料一一】の如く、守護方に従軍する際には「沙汰人名字」をもってしろとするのはいったいどういうことなのだろうか。

これに対応すると思われる事例は、残念ながら伊勢国曾禰荘では見当らないが、播磨国大部荘で参考となる事例が

存在する。それまで荘務違乱の続いていた当荘には、建武二年（一三三五）に僧堯賢なる人物が領主東大寺に起請文を捧げて[82]預所（雑掌）として在荘していたが、彼は在荘中に武家方の「大将軍」に属して各地を転戦した。その結果、軍忠状を作成・提出し、「承畢」とする大将軍の証判を受けている[83]。ここで注目すべきは、この軍忠状が「東大寺領播磨国大部庄預所禅宗堯賢申」と書き出されていることで、堯賢が大部荘預所という立場で軍忠を尽くしたことが明示されているのである。この事例を参照すれば、【史料一一】も本所一円地の沙汰人という立場での軍役勤仕を義務づける規定と理解できよう。

では、沙汰人個人としてではなく、本所一円地（の代表）として軍役勤仕を明示することは何を意図しているのだろうか。大部荘の事例に立ち戻れば、先の軍忠状提出の翌年、堯賢が一通の申状を作成して守護使による呶々譴責の停止を幕府に求めていることが知られるが[84]、そこで彼は譴責停止要求の根拠として、「大仏殿長日最勝王経幷八幡宮二季八講料所」たる大部荘の由来とともに先の軍忠状を挙げているのである。彼の論理に従えば、軍忠を勤仕している大部荘においては守護の非法は停止され、荘園領主の荘務権は保障されなければならないということになろう。若狭国太良荘においても預所侍従房快俊が守護の軍事動員に応じた結果、同荘に対する四分一済の適用が免除されたことが知られている[85]。その一方で、幕府の軍事動員に応じない「本所領沙汰人以下」についてはその跡を没収し、別の知行者を「可㆑挙申入㆒」ことを室町幕府が朝廷に申し入れていたことも知られている[86]。これらの事例は、幕府への軍事力提供が本所一円地を維持する根拠になっていたことを示している。ここで想起されるのが第二節で検討した本所一円地の両義性である。幕府の軍事動員に応じることがその一円性を保障するという本所一円地のあり方は、まさに「両義的」と言えよう。

初期室町幕府軍制では、こうした本所一円地に対して幕府が軍役賦課主体として臨むことになる。この事態は、大部荘や太良荘の事例が示すように、一方で幕府が（軍事力提供と引き替えに）本所一円地の保障者＝安堵主体として立ち現われることをも意味する。もちろんこれは軍事動員という場面に限っての事例であるが、「はじめに」で示した「寺社本所一円領・武家領体制」の成立を考える上で見逃し得ない論点を含んでいる。あらためて工藤敬一氏が述べていたことを繰り返せば、この体制の下で幕府は寺社本所一円領・武家領の双方に対して一国平均役の賦課主体及び安堵権者として立ち現われると言う。このうち前者については早くから研究の蓄積があり[87]、十四世紀後半に名実ともに幕府が一国平均役の賦課（免除）主体となることが明らかにされているが、後者については武家執奏などを通じて幕府が実質的な安堵主体と化していくことが指摘されているが[88]、そのプロセスについては未だ明らかにされているとは言い難い状況にある。だが、本節における分析をふまえれば、幕府による軍事動員とそれにともなう保障がその一つの端緒となったと考えられないだろうか。すなわち、本所一円地を含み込んだ軍事動員体制が「寺社本所一円領・武家領体制」成立の大きな原動力になったと考えたい。

また、この体制があくまで本所一円地を含み込んだ形で成立していることにも注目しておきたい。前代以来の本所一円地の両義性はここでも「保存」されており、室町幕府による荘園公領制の再編も既存のシステムの取込という形で実現しているのである。

おわりに

本章の要点をまとめると、①鎌倉・室町幕府は御家人制の限界という条件の下、軍事力増強のために本所一円地に対する軍事動員に着手した。②この軍事動員体制は本所一円地の両義性に依拠し、かつそれを助長するものであった。

③このような軍事動員体制が、室町幕府の下で荘園公領制が「寺社本所一円領・武家領体制」に再編される端緒をなしたと考えられる。また行論の過程で初期室町幕府軍制の成立を異国警固番役から解明し、本所一円地の両義性が初期室町幕府軍制の下でも保存されていることを確認したことによって、「はじめに」で提示した検討課題にも一定の回答を得られたと思われる。

最後に、残された課題にふれておきたい。

【史料一二】[89]

（端見返書）「下久世八幡放生会警固事　応永廿六」

来十五日放生会警固之事、被㆓仰出㆒候、相㆓催当国御家人幷所々沙汰人等㆒、可㆑被㆑致㆓其沙汰㆒候、若於㆓異儀族㆒、（マ、）可任㆓先度御教書㆒、可㆑被㆓御成敗㆒候也、恐々謹言、

八月十□日　斎藤加賀（基喜）在判

三方山城入道（範忠）殿

右は石清水八幡宮放生会の警固を命じる室町幕府奉行人奉書であるが、ここで注目すべきは傍線部にある動員対象で、「所々沙汰人等」が「山城国諸庄園下司公文以下沙汰人等」となっている史料もあり、[90]これは本章でみてきた本所一円地住人と同義であろう。すなわち、ここに見える動員体制は【史料一】や【史料二】と同様である。放生会警固を平時の軍役ととらえうるとすれば、初期室町幕府軍制は十五世紀前半においても機能していた、といちおう言えそうである。ただし、この事例はあくまでその対象は山城一国であること、および室町幕府の膝下とも言うべき山城国の特殊性を考慮せねばなるまい。

これまでの行論では、「はじめに」でも述べておいたように、主として幕府と荘園領主との関係に焦点を据えてきたため、軍事動員の実質的主体たる守護には論究しなかった。ところで、本所一円地に対する軍事動を明示する【史料一】は十四世紀も末に近い時期のものであり、管見の限りこれ以前に本所一円地住人の動員に関する室町幕府の指令類は見当たらない。にもかかわらずそうした動員が行なわれてきたことは第四節における挙例からも明らかであって、このギャップを埋めるにはやはり軍事動員の実質的主体である守護に注目する必要がある。(91)

その論点は多岐にわたるが、ここでは第四節でもふれた若狭国太良荘預所侍従房を例にその一端にふれたい。先にも見たように彼は荘園領主東寺と連絡を取りつつ守護石橋氏の軍事動員に従っていた。(92)さらに続く守護斯波氏にも従軍していた。(93)ところが、貞治五年(一三六六)、幕閣における権力闘争で斯波氏が失脚すると、若狭守護も一色氏に交替する。新守護一色氏は先に斯波氏に従軍して摂津国に発向した者の所領没収に着手し、もちろん侍従房もその対象になったのだが、さらにその過程で彼が先守護代の「奉公人」であり、今なお斯波氏の籠もる越前杣山城に内通していることが発覚したのであった。(94)この事例に象徴されるように、守護による本所一円地住人の軍事動員については両者の被官関係を考慮に入れる必要がある。

また、本所一円地住人動員の形式上の責任は荘園領主に課されていたとはいえ、実際の軍事動員が直接沙汰人以下にかけられていたことにも注意しなければならない。中世後期には彼らが侍衆と化していくことが指摘されているが、そうした身分の形成に守護や幕府の軍事動員が関与した可能性も考えなければならない。(95)

以上の如く中世後期を見通した場合、なお多くの問題が残されているが、全て後日の課題としてとりあえずは擱筆する。

註

(1) 佐藤進一「室町幕府論」(同『日本中世史論集』〔岩波書店、一九九〇年〕所収。初出は一九六三年)参照。
(2) 黒田氏の権門体制論については黒田俊雄『黒田俊雄著作集第一巻　権門体制論』(法蔵館、一九九四年)所収の各論文による。
(3) 富田正弘「室町殿と天皇」(『日本史研究』三一九号、一九八九年)等参照。
(4) 工藤敬一「荘園制の展開」(同『荘園制社会の基本構造』〔校倉書房、二〇〇二年〕所収。初出は一九七五年)参照。
(5) 伊藤俊一「中世後期における『荘家』と地域権力」(『日本史研究』三六八号、一九九三年)参照。
(6) 「臼杵稲葉河野文書」康暦二年(一三八〇)八月六日足利義満御判御教書写(南北〔中国・四国〕⑤四六二七号)。
(7) 本章では「軍制」を軍事動員の側面に限定して使用する。誰を、どのような方法で動員するかという点を念頭に置いている。また、「初期」というのは十四世紀代を想定している。
(8) 鎌倉期の事例だが、「異国征伐」には大和の悪党も投入されることになっていた(渡辺澄夫「大和の悪党」〔『日本歴史』一三九号、一九六〇年〕)。第一節でも見るように、当時の鎌倉幕府軍制の軍事動員原則では説明しきれない事態である。
(9) 本書第三部第一章参照。
(10) 佐藤進一『日本の中世国家』(岩波書店、一九八三年)参照。
(11) 村井章介「神々の戦争」(同『中世の国家と在地社会』〔校倉書房、二〇〇五年〕所収。原論文「蒙古襲来と鎮西探題の成立」初出は一九七八年)二六〇頁参照。
(12) 本章ではモンゴル襲来・異国警固番役についての基礎的な研究は相田二郎『増補版　蒙古襲来の研究』(吉川弘文館、一九八二年)によっている。
(13) 本書第三部第一章第一節参照。
(14) 「東寺百合文書ヨ29(1)」文永十一年(一二七四)十一月一日関東御教書案(鎌⑮一一七四一号)。厳密に言えばモンゴル軍撤退の後であるが、この時点でその情報はまだ幕府には入っていなかったと考えられる。
(15) 前掲註(12)相田著書一四八〜一六四頁等参照。
(16) 川添昭二「覆勘状について」(同『中世九州地域史料の研究』〔法政大学出版局、一九九六年〕所収。初出は一九七一年)

は八六通の覆勘状を収集しているが、「禰寝文書」中の次の二通の文書を追加しうる。①永仁三年（一二九五）八月二日大隅守護北条時直覆勘状（鎌㉕一八八八二号）、②正安二年（一三〇〇）七月二十五日北条時直覆勘状（鎌㉗二〇四九九号）。

(17)「島津家文書」弘安九年（一二八六）十二月三十日関東御教書案（鎌㉑一六〇八二号）。

(18)「龍造寺文書」弘安十年（一二八七）正月二十九日肥前守護北条為時施行状（鎌㉑一六一六三号）。

(19)厳密に言えば【史料二】と【史料三】は対応しないが、日付の一致などから考えて【史料二】と同様の指令が同日付けで肥前国にも発せられたことは明らかであろう。

(20)御家人以外の人々の動員の初見とした前掲註(14)史料においても、すでに「本所領家一円地之住人等」と見える。ただし一件だけ、「其身縦雖ㇾ不㆓御家人㆒」とする史料がある（「大友文書」文永十一年〔一二七四〕十一月一日関東御教書案〔鎌⑮一一七四二号〕）が、この文書には文言などに若干疑点があるので本章の考察対象からは外しておきたい。村井章介「具書案と文書偽作」（『遥かなる中世』一八号、二〇〇〇年）参照。

(21)「深江文書」建治二年（一二七六）三月十日少弐経資石築地催促状（鎌⑯一二二六〇号）。村井章介「蒙古襲来と鎮西探題の成立」（同『アジアのなかの中世日本』〔校倉書房、一九八八年〕所収。初出は一九七八年）一九六〜一九七頁、海津一朗「合戦の戦力数」（『日本史研究』三八八号、一九九四年）八九頁等も同様の見解を示す。

(22)肥後国の人々の請文が「石清水文書」中に八幡宮御神宝記紙背文書として伝存している。この史料の性格については前掲註(12)相田著書一三〇〜一三五頁に詳しい。

(23)建治二年（一二七六）三月三十日定愉請文（鎌⑯一二二七一号）。

(24)「久米預所」を名乗る兵衛志藤原重行も本所一円地住人の可能性がある（建治二年〔一二七六〕閏三月一日藤原重行請文〔鎌⑯一二二九一号〕）。

(25)「東寺百合文書リ12」建治二年（一二七六）八月二十四日関東御教書案（鎌⑯一二四四九号）には「本所一円之地住人等」と見える。【史料二・三】などとの整合性を考えれば、これは荘官層を指しているものと考えるべきであろう。

(26)佐藤進一「鎌倉幕府政治の専制化について」（同『日本中世史論集』〔前掲註(1)〕所収。初出は一九五五年）、網野善彦『日本の歴史一〇　蒙古襲来』（小学館、一九七四年）、上横手雅敬「弘安の神領興行令をめぐって」（同『鎌倉時代政治史研究』〔吉川弘文館、一九九一年〕所収。初出は一九七六年）等参照。

(27) 前掲註(11)村井論文二六六～二六七頁参照。村井説の要点は「但於二凡下之輩一者、不レ及二沙汰一」の解釈にあり、西国御家人のみを対象とした法ならば、この一句の意味が理解できなくなる点を立論の根拠としている。

(28) 弘安徳政については前掲註(11)村井論文、同「安達泰盛の政治的立場」（前掲註(11)村井著書所収。初出は一九八七年）、前掲註(26)網野著書等参照。

(29) 前掲註(26)網野著書三〇四～三〇五頁、前掲註(26)上横手論文二五〇頁参照。

(30) 「島津家文書」元亨四年（一三二四）八月二十一日島津荘薩摩方伊作荘并日置北郷領家地頭和与状（鎌㊲二八八〇一号）。

(31) 五味克夫「鎌倉御家人の番役勤仕について（二）」（『史学雑誌』六三―一〇号、一九五四年）三〇頁参照。

(32) 池内義資・佐藤進一編『中世法制史料集第一巻　鎌倉幕府法』（岩波書店、一九五五年）参考史料補遺六条。同五条も参照。

(33) このような動員形態がとられるためには、全所領を荘園・公領ではなく、武家領・本所一円地に区分する分類基準が成立しつつあったことが前提にある。この点については本書第三部第一章第二節参照。

(34) 「八田スヱノ氏旧蔵文書」建治三年（一二七七）九月十九日関東御教書案（鎌⑰一二八六六号）には「異国警固事、可レ為二平均役一之条、公家・武家之御沙汰厳重也」とある。

(35) 「八田スヱノ氏旧蔵文書」弘安六年（一二八三）十二月二十一日関東御教書案（鎌㉙二一三〇五号）。

(36) 「八田スヱノ氏旧蔵文書」弘安九年（一二八六）閏十二月二十八日関東式目（鎌㉑一六一二九号）。

(37) 『国史大辞典』「ほんじょいちえんち」項（正木喜三郎執筆）。

(38) 『吾妻鏡』寛元元年（一二四三）十一月一日条の地の文に「本所一円之地」が見えるが、『吾妻鏡』の編纂年代を考慮に入れなければならない。なお、「本所一円地」という表現は幕府法廷にかかわる場で頻出する傾向があることも付言しておく。

(39) 新田一郎「検断沙汰の成立と検断システムの再編成」（西川洋一・新田一郎・水林彪編『罪と罰の法文化史』〔東京大学出版会、一九九五年〕所収）参照。

(40) もちろん「本所一円地」の登場と幕府の姿勢の変化が全く同時に起こったとは考えていない。鎌倉幕府追加法三二〇条〔正嘉二年（一二五八）九月二十一日〕や四一〇条〔弘長二年（一二六二）五月二十三日〕は過渡的な状況を示すと考えている。

(41)「東大寺文書1―1―22(1)」弘安五年(一二八二)十月日東大寺衆徒等申状案(『大日本古文書　東大寺文書十』六三号)。
(42)「摂津四天王寺蔵如意宝珠御修法日記紙背文書」元応二年(一三二〇)十二月七日関東下知状案(鎌㊱二七六五二号)。
(43)古澤直人『鎌倉幕府と中世国家』(校倉書房、一九九一年)二四五〜二五二頁参照。
(44)近藤成一「悪党召し捕りの構造」(永原慶二編『中世の発見』〔吉川弘文館、一九九三年〕所収)参照。
(45)本所一円地については、いわゆる一円領の形成や、「武家領」形成の問題ともからめて論じなければならない。
(46)前掲註(11)村井論文二六八頁参照。
(47)『吾妻鏡』宝治二年(一二四八)八月十六日条からは、義経の「御書」を根拠に御家人化を要請してきた者に対して、御家人化を認めないとする幕閣の判断が下ったことが知られる。なお本書第一部第四章第一節第3項参照。
(48)川合康「治承・寿永の『戦争』と鎌倉幕府」(同『鎌倉幕府成立史の研究』〔校倉書房、二〇〇四年〕所収。初出は一九九一年)一五七〜一五九頁参照。
(49)御家人制の確立期としては建久年間を想定している。本書第一部第一章第三節参照。
(50)『吾妻鏡』正治二年(一二〇〇)十月二十一日条。
(51)青山幹哉氏は、鎌倉中期以降御家人名簿が作られなくなった点などから、「だれが御家人であるか判断できない」状況を指摘している(青山「鎌倉幕府の『御恩』と『奉公』」〔『信濃』三九―一一号、一九八七年〕一三〜一四頁参照)。
(52)本書第一部第二章参照。
(53)本書第一部第二章第二節第1項参照。
(54)なお、この基準が仁治年間に求められた理由も問われねばならないが、さしあたりこれが泰時不易法の年限と重なることを指摘するにとどめたい。
(55)本書第一部第二章第二節および第四章第二節参照。
(56)本書第三部第一章第二節参照。とくに表3および表4参照。
(57)『太平記』巻一三「龍馬進奏事」。すでに佐藤進一氏もこの点を指摘している(佐藤『日本の歴史九　南北朝の動乱』〔中央公論社、一九六五年〕三四〜三五頁参照)。

(58) 福田豊彦「室町幕府の御家人と御家人制」(同『室町幕府と国人一揆』〈吉川弘文館、一九九五年〉所収。初出は一九八一年)参照。
(59)「阿曾沼文書」建武三年(一三三六)二月十六日足利直義軍勢催促状(南北〔中国・四国〕①二四九号)。
(60)「革島家文書」建武三年(一三三六)七月二日足利尊氏軍勢催促状案(『京都府立総合資料館紀要』五所収「革嶋家文書(一)」四八⑦号文書)。
(61)「革島家文書」建武三年(一三三六)八月十一日足利尊氏感状写(同前四九号文書)。
(62)「領家職半分」とは、今井林太郎氏が指摘したように、当時彼の有していた田畠の半分という意味である。今井「東寺領山城国上久世荘」(小野武夫博士還暦記念論文集刊行会編『日本農業経済史研究(下)』〈日本評論社、一九四九年〉所収)参照。
(63) 上島有『京郊庄園村落の研究』(塙書房、一九七〇年)第三章第四・五節等参照。
(64)「東寺文書射6」暦応二年(一三三九)十二月九日足利直義裁許状(上島有編『東寺文書聚英　図版編』〈同朋舎出版、一九八五年〉九八号文書)では、こうした措置を「西京甲乙人等、有二軍忠一、本所進止之所帯等、猶以二武家之計一、平均被二宛行一畢」と言っている。西岡以外では久世郡寺田郷でも半済が行なわれたことが指摘されている。前掲註(58)福田論文一三一頁参照。
(65)「東寺文書射6」暦応二年(一三三九)十二月九日足利直義裁許状(上島有編『東寺文書聚英　図版編』〈前掲註(64)〉九八号文書)、「東大寺文書1—24—326」暦応二年二月一日東大寺衆徒事書案(『大日本史料』六編五冊八七九頁、暦応二年雑載社寺領項)、「随心院文書」康暦元年(一三七九)七月小塩荘半済停止文書目録(『長岡京市史　資料編二』「随心院文書」七号)等参照。
(66) こうした動きが発生する政治史的背景やその担い手などについても分析されなければならない。
(67) 古澤直人氏も南北朝期以降の軍事動員の「ルーツ」として異国警固番役を指摘している(同「室町幕府の成立」〈永原慶二編『古文書の語る日本史四　南北朝・室町』〈筑摩書房、一九九〇年〉所収〉一〇一頁参照)が、それが本所一円地という形式を踏んでいたことはふれられていない。
(68) 前掲註(57)佐藤著書三六三頁参照。

(69)「尊経閣古文書纂　編年文書」建武四年（一三三七）六月十三日足利直義書下（『福井県史　資料編二古代・中世』九二号文書）等参照。

(70)「東寺百合文書ハ86」永徳二年（一三八二）六月十九日重次軍勢催促状案（若狭国太良荘史料集成編纂委員会編『若狭国太良荘史料集成　第四巻』〈小浜市、二〇〇四年〉一五六号）。太良荘に対する軍事動員については松浦義則「南北朝期の若狭太良荘と守護支配」（『福井県史研究』四号、一九八六年）も参照。

(71)前掲註(5)伊藤論文三二頁参照。

(72)「東寺百合文書ハ166（1）」元亨四年（一三二四）正月日承誉申状（鎌㊲二八六五〇号）。なお「東寺百合文書よ20」貞和五年（一三四九）十月日弓削島荘串方幷鯨方算用状（南北〔中国・四国〕②一七六二号）や「金沢文庫古文書」康永二年（一三四三）六月九日智土師郷上村年貢結解状（南北〔中国・四国〕②一二七一号）でも軍勢を集めて荘家警固が行なわれたことが確認できる。

(73)「教王護国寺文書」建武二年（一三三五）二月二十九日公文職補任状案（『相生市史第七巻』編年文書一〇〇号）や「東寺百合文書よ66」康暦元年（一三七九）八月日是藤名名主実長申状（『相生市史第八巻』編年文書四〇七号）では、領主東寺が公文に警固を命じたり、寺僧を派遣したりしていることが知られる。高橋典幸「荘園制と悪党」（『国立歴史民俗博物館研究報告』一〇四集、二〇〇三年）参照。

(74)「東寺百合文書ム22」学衆方引付貞和五年（一三四九）五月七日条（『相生市史第七巻』引付集九号）。

(75)「東寺百合文書ム22」学衆方引付観応元年（一三五〇）五月三日条（『相生市史第七巻』引付集一〇号）。

(76)「東大寺文書　第一回採訪四」建武四年（一三三七）二月日美濃国大井荘荘家等申状（『岐阜県史　史料編古代・中世3』美濃大井荘古文書三六七号）。

(77)石母田正「『中世政治社会思想・上』解説」（同『石母田正著作集第八巻　古代法と中世法』〈岩波書店、一九八九年〉所収。初出は一九七二年）参照。ただし、国人一揆には上級権力により組織された側面も認められている（福田豊彦「国人一揆の一側面」〈同『室町幕府と国人一揆』〈前掲註(58)〉所収。初出は一九六七年〉参照）。

(78)時代によって武力はさまざまな形をとって在地に存在しており、それらを如何にして捕捉してくるかという点に時代ごとの国家軍制の特質が現われると考えている。

(79)　若狭国太良庄荘預所職をめぐって御々女と争っていた侍従房快俊（賀茂氏女代）は、守護（石橋和義）の丹州発向に従軍したことを「寺家進止之預所守㆓武家之法㆒条、比興之至也」とする御々女の訴えに対して、「快俊蒙㆓寺家御免許㆒罷向訖」と反駁している（「東寺百合文書ォ39」貞治二年（一三六三）閏正月日御々女重申状、「同ッ53」貞治二年閏正月日賀茂氏女代快俊重陳状〈『大日本史料』六編二五冊四一一頁、貞治二年雑載訴訟項〉参照。なお前掲註(70)松浦論文参照）。このように沙汰人らは、建前上は荘園領主の了解を得た上で従軍することになっていたと考えられる。
(80)　「醍醐寺文書」暦応三年（一三四〇）七月十三日橘範明請文（『大日本古文書　醍醐寺文書一三』二八六二号）。
(81)　「醍醐寺文書」建武五年（一三三八）二月六日橘範明起請文（『大日本古文書　醍醐寺文書一三』二八五九号）。
(82)　「大和文華館所蔵双柏文庫」建武二年（一三三五）八月九日僧堯賢起請文（『小野市史　第四巻史料編Ⅰ』三八八号）。
(83)　「東大寺文書１―12―57」暦応二年（一三三九）十月二十八日僧堯賢軍忠状案（『小野市史　第四巻史料編Ⅰ』三九七号）。
(84)　「東大寺文書１―８―28」暦応三年（一三四〇）六月二十日大部荘雑掌僧堯賢申状（『小野市史　第四巻史料編Ⅰ』三九九号）。この申状の提出先は明示されていないが、最終的には幕府に届けられることが想定されていたのであろう。
(85)　「東寺百合文書ッ53」貞治二年（一三六三）閏正月日賀茂氏女代快俊重陳状参照。
(86)　『園太暦』貞和三年（一三四七）十二月二十二日条。
(87)　石井進『石井進著作集第一巻　日本中世国家史の研究』（岩波書店、二〇〇四年）。初出は一九七〇年）、百瀬今朝雄「段銭考」（寶月圭吾先生還暦記念会編『日本社会経済史研究　中世編』〈吉川弘文館、一九六七年〉所収）等参照。
(88)　伊藤喜良「室町幕府と武家執奏」（同『日本中世の王権と権威』〈思文閣出版、一九九三年〉所収。初出は一九七四年）等参照。
(89)　「東寺百合文書を96」応永二十六年（一四一九）八月□日室町幕府奉行人奉書案（『大日本古文書　東寺文書六』一二九号）。
(90)　「東寺百合文書を79」応永十六年（一四〇九）十二月十五日室町幕府管領奉書案（『大日本古文書　東寺文書六』九九号）。
(91)　おそらく本所一円地に対する動員は各地の守護が主体的に進めており、それを幕府が追認する関係にあったのであろう。
(92)　前掲註(79)参照。
(93)　「東寺百合文書タ15」太良庄地頭方引付貞治四年（一三六五）三月七・二十二・二十七日条参照。また前掲註(70)松浦論文一六〜一七頁参照。

(94)「東寺百合文書ハ66」貞治六年（一三六七）四月日太良荘地頭代禅舜申状案（『若狭国太良荘史料集成　第四巻』〔前掲註(70)〕三三号)、「東寺百合文書ゐ215」年月日欠東寺供僧評定条々事書（同前二四号）参照。

(95)侍衆に関する研究は数多くあるが、荘園の代官や沙汰人などが室町幕府―守護に対する「荘家」からの公役（軍役を含む）納入責任者として「国人」と称されていたことを明らかにした伊藤俊一氏の研究が注目される（前掲註(5)伊藤論文、伊藤「『自力の村』の起源」〔『日本史研究』五四〇号、二〇〇七年〕等参照)。

第三章　荘園制と武家政権

はじめに

本章では、これまでの考察にもとづいて、「寺社本所一円領・武家領体制」の立場から、「荘園公領制」論を再考したい。「寺社本所一円領・武家領体制」については後述することにして、私はこの課題に対して、武家政権との関わりで荘園制を捉えなおし、「荘園公領制」論を相対化する視点を提示することで応えたいと考えている。そこで、荘園制と武家政権の関係について、これまでの研究史を振り返ってみると、次の三段階にまとめることができる。

まず、荘園制を貴族的土地領有とみなし、武家政権の成立に帰結する武士の台頭によりそれが蚕食されるという見方が示された。すなわち両者を対立的なものとする見解である(1)【第一段階】。

その後、後述する「荘園公領制」論の提起など、荘園制研究が深化する一方で、武家政権についての研究も進展し、右の見解は修正されることになる。すなわち、武士たちが鎌倉幕府から与えられた地頭職と荘園制下の下司職との同質性が指摘され(2)、鎌倉幕府の経済基盤である関東御領が荘園制的領有体系そのものであることなどが明らかになって(3)くると、両者はけっして対立的な関係にあるものではなく、むしろ鎌倉幕府は荘園制に依拠し、さらに荘園制を擁護する権力であったと考えられるようになった【第二段階】。

さらに近年では、荘園制の構成要素として在地領主＝武士層の領主支配を重視し、鎌倉幕府の成立により在地領主支配が体制に安定的に組み込まれ、荘園制は完成するという見解さえ提起されるに至っている[4]（【第三段階】）。右の簡単なまとめからも、この半世紀の間で荘園制と武家政権との関係についての考え方が一八〇度転回していることがうかがえる。少なくとも両者を対立するものとして分離して捉える視角はもはや成り立たず、荘園制研究にあたっては武士や武家政権という要素を組み込む必要があることは明らかであろう。

ところで、「荘園公領制」論は、「荘園制＝貴族的（私的）大土地所有体系」とする見解を相対化し、むしろ荘園制の国家的（公的）性格を強調するために提起されたものであるが[5]、入間田宣夫氏らにより提唱された公田体制論[6]は荘園公領制のそうした特質をよく反映していると思われる。すなわち、荘園・国衙領の双方に公田と呼ばれる大田文登録田籍が設定され、それが年貢や所当官物、さらには一国平均役賦課基準として機能していたという指摘は、荘園・公領の等質性のみならず、公田体制により基礎づけられた荘園公領制の国家的性格を示していよう。

さらに公田体制論の興味深い点は、公田は御家人役の賦課基準とされたり、在地領主相互の所領規模を比較する尺度としても利用されたりするなど、公家政権や荘園領主ばかりでなく、武家政権や在地領主にとっても領主支配の基盤として機能していたとする指摘である。こうした理解は、先に指摘した荘園制と武士・武家政権に関する【第二段階】の議論と相即するものであり、「荘園公領制」論の提示は荘園制と武士・武家政権の密接な関係を想定する点でも画期的であったと言えよう。

【第三段階】の議論は、武士・武家政権の荘園制に対する依存的性格の指摘に止まらず、むしろ武士・武家政権の動きが新たな土地制度を生み出す原動力としての役割を果たしたことを強調する点に特徴があるが、これもすでに「荘園公領制」論に胚胎するものであった[7]。在地領主層の所領寄進の動きは当然として、鎌倉幕府の成立や荘郷地頭制の定着、さらには承久の乱における武家方の勝利などが荘園公領制の確立や安定化の画期として見通されていた。

このように、「荘園公領制」論は、武士・武家政権と密接な関わりの下に構想されたものであったが、いくつかの問題点も指摘されている。その一つとして、荘園公領制の存続をいつまで認めるかについての共通理解を欠くことが挙げられる。(8) 容易に共通理解が得られないこと自体は研究の常であるが、荘園公領制研究については、その成立について議論が集中しているのに比べて、その後の推移に関する研究そのものが乏しいことはやはり問題であろう。

その原因として、従来の個別荘園研究が領主制論と表裏の関係で進められていたために、中世後期の荘園制は「押領」「退転」の脈絡で語られることが多く、「秩序ある制度」として観察する研究が不足していることが指摘されている。これを私なりに言い換えれば、先にも述べたように、荘園公領制の成立は武士・武家政権との関わりで構想されたものでありながら、その後の両者の関わりが「秩序あるもの」として必ずしも考察されてこなかったために、荘園公領制の推移についての理解が曖昧になってしまったと考えられる。(9)

もとより荘園公領制の推移について全面的に検討する準備は持ち合わせていないが、本章では右の問題関心に即して、鎌倉期以後の荘園公領制について、武家政権との関わりという視点で検討し、その推移についての見通しを得ることに努めたい。

一　武家領と一円領

1　武家領の登場

鎌倉幕府の成立は御家人という新たな身分集団を生み出したが、彼らが知行する所領は「武家領」として特殊な位置づけを与えられていくことになる。それに際して重要な役割を果たしたと考えられるのが、「天福・寛元法」と称される二つの鎌倉幕府法令であった。ここでは「寛元法」(10)を掲げることにする。

【史料一】（鎌倉幕府追加法二一〇条）

諸国御家人跡、為㆓領家進止㆒之所々御家人役事、御家人相伝所帯等、雖㆑為㆓本所進止㆒、無㆓指誤㆒於㆑被㆓改易㆒者、任㆓先度御教書之旨㆒、可㆑被㆑申㆓子細㆒也、其上不㆓事行㆒者、可㆑被㆑注㆓申関東㆒候、若又当知行輩、於㆓其咎出来㆒者、以㆓御家人役勤仕之仁㆒、可㆑被㆓改補㆒之由、可㆑被㆓執申㆒候、至㆓所役㆒者、任㆓先例㆒不㆑可㆓懈怠㆒之由、可㆑被㆑催、以㆓此旨㆒可㆘令㆓申沙汰㆒給㆖之状、依㆑仰執達如㆑件、

寛元々年（一二四三）八月三日　武蔵守（北条経時）御判

謹上　相模守（北条重時）殿

「天福・寛元法」の意義についてはすでにに述べた(11)ので、その内容を簡単に述べれば、御家人役確保という観点のもと、総体として御家人領の保護・確保を目指したものであった。すなわち、荘園領主による御家人所職の恣意的な改替を抑止し、【史料一】の傍線部にあるように、たとえ改替がやむをえない場合でも、その跡を別の御家人に継承させようというのが幕府の意図するところであった。御家人知行の所領・所職のうち、地頭職については設置当初より幕府の強力な保護下にあった（しかし、承久の乱以前は、朝廷や荘園領主の申し入れによりしばしば改替されていた）が、幕府が進止権を有していない御家人所領一般にもそうした保護を適用しようとする点に「天福・寛元法」の画期性が認められる。

現実に、残されている史料からも「天福・寛元法」がかなり広範に展開していたことが推測され、これを契機とし

て荘園領主の解任権が作動しない、もしくはそれが著しく制約される所領・所職＝「武家領」が荘園制下に埋め込まれることになる。

ただ、所領・所職の「武家領」化は、それを合理化する言説を武家の側が持ち合わせていた[12]とはいえ、明らかに荘園領主にとって不利な措置であるため、その反発が予想され、「天福・寛元法」の発令が単線的に「武家領」の成立に繋がったとは考えられない。

若狭国太良荘末武名の「武家領」化の過程は、この点について興味深い事例である。末武名をめぐっては十三世紀半ばから後半にかけて、「天福・寛元法」の適用＝「武家領」化をめぐって、宮河乗蓮（およびその娘藤原氏女）と中原氏女（およびその夫脇袋範継）との間で三〇年近く相論が繰り広げられる[13]。すなわち、末武名は若狭国御家人出羽房雲厳の旧領であり、「天福・寛元法」により御家人がその跡を継承すべきであるが、宮河乗蓮・藤原氏女父子と中原氏女のいずれが知行者として適格かが争われる。結局、乗蓮父子は非御家人で不適格であるとして、中原氏女が勝訴し、「武家領」末武名の知行が認められる。

ここでまず注意したいのは、「天福・寛元法」の発令にもかかわらず、宮河乗蓮と中原氏女との相論が発生しなければ、末武名は「武家領」化の道を歩まなかった可能性もあったことである。たしかに末武名は国御家人出羽房雲厳の所領であったが、彼の没落後は何人かの手を経て十三世紀半ばには荘園領主に収公され、預所の知行するところとなっていた[14]。「天福・寛元法」の適用を求める宮河乗蓮や中原氏女の動きがあって初めて、出羽房雲厳旧領は「武家領」と認識されることになったのである。御家人知行の所領・所職がそのまま「武家領」となっていったのではないことを確認しておきたい。

さらに、「天福・寛元法」の適用が求められた後でも、それを認めない勢力も存在した。すなわち、観心や真利など太良荘の有力名主らは、宮河乗蓮と中原氏女の相論の最中に申状を東寺に提出し、末武名が雲厳没落後は預所が知行し「領家御進止」として領作されてきた経緯を述べ、「天福・寛元法」を根拠とした乗蓮父子の競望は不当であると訴えている[15]。もちろん、荘園領主東寺の動きもしたたかである。乗蓮・藤原氏女と中原氏女が双方の不当行為を暴きたて、中傷合戦を繰り広げる中で、「云レ彼云レ是其科不レ軽」との理由で両者を排除し、末武名名主職を預所聖宴の「下人」とされる順良房快深なる人物に与えてしまうのである[16]。そして、この措置が御家人領を非御家人に与えるものとして脇袋範継らの抗議を受けると、「御家人役さえ納めれば、『侍品之仁』であれば、快深が知行してもかまわないのでは」との見解さえ示している[17]。

先にも述べたように、最終的には末武名は中原氏女の知行が認められた。しかし、それは国御家人総体の合意を取り付けるなどさまざまな手段を講じて粘り強く戦った成果であり、荘園領主や百姓など、それに抵抗する勢力の動向も軽視すべきではないだろう。そもそも「御家人知行の所領・所職」即「武家領」ということが自明でなかった上に、その「武家領」化も、御家人と荘園領主、さらには百姓をも巻き込んだ厳しいせめぎあいの中で進められたのであった。

2　本所一円地の成立

鎌倉幕府の成立が、荘園制に「武家領」の登場という大きな変化をもたらしたことは間違いないが、それは前項で見たように荘園制下の既存の諸勢力との厳しいせめぎあいを不可避とするものでもあった。当然、このせめぎあいの中で「武家領」化に失敗した事例も少なくなかったであろう。ここではまず、美濃国大井荘を素材としてそうした〝失敗例〟を検証してみよう[18]。

東大寺領美濃国大井荘は開発領主の末裔を称する大中臣氏が下司職を相伝しており、鎌倉幕府成立期の大中臣康則（安平）の時に御家人化していたが、所職は下司職のままであった。その後、大井荘下司職をめぐっては康則養子奉則と康則女子の夫平秋広との間で激しい相論が展開されるが、実権は奉則の側が握っていたらしい。

こうした大井荘と大中臣氏に一つの転機がやってきたのは文永五年（一二六八）のことであった。奉則の子で、当時下司をつとめていた則親が山僧慶秀との間で「私合戦」を引き起こしてしまう。その罪を問われ、則親は幕府により関東に連行された上で配流、則親の子則成や孫観音丸（則宗）も配流などの罪科に処されてしまう。それまで下司職を相伝してきた大中臣氏が排除され、かつて奉則との間で激しくこの職を争った平秋広の子教円の養子惟宗言光（実円）が新下司に補任される。

その後、言光は下司職を性円なる人物に売却してしまうが、この性円から下司職は東大寺僧隆実のもとにもたらされることになる。この背景には下司職を寺家に回収しようとする東大寺惣寺の強い支持があったようだが、こうした動きに反発したのが他ならぬ大中臣則宗であった。文永五年の「私合戦」の罪を赦された彼は、佐々目僧正頼助に東大寺別当が交替した機を捉えて、正応・永仁年間（一二八八〜一二九九）から還補運動を展開、ついに隆実・鶴菊丸親子と幕府法廷で対決するに至る。則宗側の還補要求の根拠は、大井荘下司職は「御家人領」であること、すなわち「天福・寛元法」を根拠として御家人領＝武家領には御家人が補任されるべし、とすることにあった。

当然、東大寺の主張はその否定に向けられる。[19]すなわち、本来大井荘下司職の正当な権利は惟宗言光にあり、代々「京侍」が任じられてきた、大中臣氏は文永年間以来断絶しているし、実は御家人ではない、だから大井荘下司職は「武家御成敗之地」ではないのだ、などといった陳弁が繰り広げられる。こうした主張を集約するものとして登場するのが「一円不輸之寺領」「本所一円寺領」なる概念であった。「武家領」を否定する概念として「本所一円地」が立ち現れてきていることに注目したい。

この相論の帰結を明示する史料には欠けるが、その後も隆実以下の東大寺僧による下司職相伝が確認されることから、東大寺が勝訴したと推測されている。また注目すべきことに、この大中臣則宗との相論と並行して東大寺は永仁年間に大検注を行ない、大井荘を寺家が支配する体制を整備していくのである。「武家領」化を目論む大中臣氏との対決を通して、東大寺は名実ともに大井荘を「本所一円地」として支配していくことに成功したと言えよう。

「本所一円地」という規定が現れるのが十三世紀後半であることはすでに指摘されてきたことであり[20]、他の事例も検討しながら、「武家領」を否定するものとして＝「武家領」に対置されるものとして、この規定が成立してきたという見通しは私自身すでに示したところである[21]。ただもう少し注意深くみると、「本所一円地」概念もある意味で「武家領」と基盤を共有している側面があることに気がつく。すなわち、先の大中臣氏との相論の際、大井荘下司職は武家領ではないとするために東大寺は次のような論理を展開しているのである。

【史料二】[22]

（前略）当庄若於レ為二御家人領一者、其跡可レ被レ充二行別御家人一之処、云二所職一、云二名田一、都以関東無二御綺一、則親・慶秀両方共号二申御家人一歟、然而依二□本所一円寺領一、則親之下司職・慶秀之名田畠、本所収二公之一、于レ今無二敕免一者也、（後略）

「もし大井荘が御家人領であるならば、則親没収の跡には別の御家人が補任されるべきであるが、幕府からは何の干渉もなかった。だから大井荘は御家人領ではない（本所一円地なのだ）」という主張であるが、傍線部に見られるのは「天福・寛元法」の法理そのものである。東大寺は、「天福・寛元法」を拒否・否定するのではなく、その反対解釈から「本所一円地」概念を導き出していることになる。こうした反対解釈は他にも確認されるところであり[23]、このような観点に立つならば、「武家領」「本所一円地」ともに「天福・寛元法」が生み出した双子と評価できるのではなかろうか。

3　武家領の先進的側面

これまで本節では「武家領」をキーワードとしてそれにまつわる現象を見てきたが、「武家領」化も簡単に言えば、荘園制下における武士の所領・所職の安定化ということに尽きる。自らの有する地位や所領・所職の維持・安定的確保は、本家・領家から名主・百姓に至るまで荘園制下に集うありとあらゆる人々が希求したことであり、それを目指す各人の動きが荘園制の推移を決定づけていた。(24)そうした中、武士がまず最初に「武家領」という形でこの課題を達成しえたことの背景には、武家政権の成立とその支援（具体的には「天福・寛元法」の発令など）が大きく影響していると言えよう。

これに限らず、「武家領」に象徴される武士や武家政権の動向は荘園制下において先進的なものだったのではなかろうか。「武家領」の成立は、御家人という特定身分の者のみが知行資格を有する所領の成立という点で、十三世紀後半に爆発的に展開する一円神領叢生(25)のさきがけとなる動きであった。また大井荘の事例で見られたように、「武家領」が御家人による所職回復運動の根拠になったことは、これまた寺社徳政(26)に先行する動きとして注目される。さらに、十三世紀半ば以降頻発する本家領家相論(27)は、公家社会内部での抗争であるのみならず、荘園制下における上位者優位の構造を相対化する動きでもあったが、「武家領」の登場は本家や領家など上位の職の権限を相対化している点で、この動きと通底していると言えるのではなかろうか。

このように武士や武家政権が、その後の荘園制の動向を牽引する役割を果たしたことは間違いないところであろう。

二　戦争と荘園制

1　異国警固体制

前節では荘園制下で「武家領」が生み出され、これを軸に「本所一円地」の成立など、その後の荘園制を律するさまざまな要素が展開していくことを指摘した。次に問題となるのは、これらがどのような秩序を形成していったかということであろう。

このことを考える上で見逃すことができないのが、十三世紀後半から十四世紀末まで継続する戦争状況である。この戦争状況のもとで、「武家領」や「本所一円地」は明確な位置づけを与えられていくと考えられる。まず十三世紀後半の異国警固体制について検討しておこう(28)。

モンゴルの襲来に備える異国警固という恒常的な防衛体制を構築・維持するにあたって、鎌倉幕府は広く御家人以外の人々を動員せざるをえなかったが、これらの人々は本来幕府の管轄下になかった。そこで、幕府は彼らを「本所一円地住人」という位相で捕捉していくことになる。すなわち、「本所一円地」という枠組みを通じて、彼ら「本所一円地住人」の動員が合理化されるのであるが、その際注目されるのが次の指令である。

【史料三(29)】

□本所一円地事

不レ差二下代官一、不レ従二守護之催一、不レ致二合戦一者、可レ被レ補二地頭一之由、可レ経二奏聞一之旨、被レ仰二六波羅一了、

且可㆓注申㆒之由、可㆑相㆓触守護人㆒、

（後略）

「本所一円地住人」の不参戦に対して、彼らそのものを罰するのではなく、当該所領に地頭を設置するという方針が示されている。いわば、本所一円地の領主に圧力をかけることで、「本所一円地住人」の動員を確保しようとしているのであり、「本所一円地住人」動員の形式上の責任は本所一円地領主に課されていたと考えられる[30]。

　さらに、ここで本所一円地領主に求められた責任が、単なる形式上のものに止まらなかったと考えられることに注意したい。その点を弘安八年（一二八五）の大田文調進で確認しておこう。この年、幕府は西国各国に「神社仏寺国衙庄園関東御領等、且注㆓分地頭・御家人㆒、且又尋㆓明領主之交名㆒、来十月中可㆑令㆓注申㆒」ことを命じている[31]。異国警固体制強化のため、動員対象となる地頭・御家人や「本所一円地」を把握するための措置と考えられるが、それと同時にことさら「尋㆓明領主之交名㆒」、すなわち本所一円地領主の調査が命じられていることが気にかかる。大田文の調進にあたって荘園領主名も報告されることはごく普通のことではあるが、異国警固という状況の下ではそれはまた特別な意味を持っていたと考えられる。

　紀伊国三上荘勢田郷では、この弘安の大田文調査の際に、「御室御領」であることを六波羅の使者に報告していたが、その相伝の由緒が不分明であったために地頭を補されてしまったと伝えられている[32]。この措置の背景に異国警固体制を考えるべきであろう。すなわち、先にも述べたように、この防衛体制には「本所一円地」も組み込まれ、「本所一円地住人」動員の形式上の責任は本所一円地領主に課されていたわけであるが、三上荘のように「御相伝由緒……不分明」と言われるような荘園領主権の所在が不明確な状況は、軍事動員の責任を負うべき主体の不在と判断されたのではなかろうか。

このように考えると、弘安の大田文調進には軍事動員の責任者の明確化という意図もあったものと推測される。そうした中で、「武家領」と「本所一円地」は、単に相対立するものとしてではなく、ともに軍事動員の対象としての位置づけを与えられていったと考えられる。この際、軍事動員の主体が幕府であったことは重要である。既存の荘園制下に出現した「武家領」「本所一円地」は、異国警固体制という戦争状況を契機として、ともに武家政権により政治的に編成されることになったのである。

2　南北朝内乱

十四世紀前半から始まる南北朝内乱においても異国警固体制と同じ構造を見て取ることができる。

【史料四】(33)

廿二日　天晴、申刻参院、少時出御、有二申入事等一、其次仰云、武家今日有二申旨一、寺社本所領沙汰人已下有二凶徒与同輩一、已没三収其跡一、可二挙申入一之旨申レ之、就レ其勅答何様可レ被レ仰哉、寺社定（無カ）競起歟、為二後煩一之様、可二計沙汰一之旨、被レ仰条、可レ宜哉之由申入了、

勅答　貞和三十二廿三
寺社本所領下司以下住人等、与三同凶徒一跡事、可レ被レ挙三申其仁一之由被二聞食一了、無二人愁一様可レ有二計沙汰一哉、

貞和三年（一三四七）八月、大規模な反攻に転じた南朝の楠木正行軍が北上、室町幕府は細川顕氏・山名時氏軍を迎撃に向かわせるが、相次いで敗れるという危機を迎える。そうした中で、幕府はあらためて高師泰・師直を追討軍に起用し、形勢の挽回を図るのであるが、【史料四】は彼らの下向直後に幕府から北朝に対して行なわれた申し入れおよび朝廷の回答である。

「凶徒与同輩」、すなわち南朝側に与同する「寺社本所領沙汰人已下」については、その跡を没収し、武家として替わりの人物を推挙するというのがその趣旨であり、この申し入れは「無二人愁一様可レ有二計沙汰一」との条件付きで認められている。内乱状況であるので、「凶徒与同」という表現がとられているが、これは武家方に対する敵対・武家方への不参戦と読み替えられるであろう。そうした人物の跡職を没収し、替わりを推挙するというありかたは、【史料三】から読み取れる異国警固体制下における「本所一円地住人」動員の際の論理[34]と同じであると判断してよかろう。

ただし、この申し入れが高師泰・師直出撃直後になされたということをふまえれば、その主眼は、実際に「凶徒与同」者が出た場合の措置自体にあるのではなく、そうした措置を示すことによって「寺社本所領」領主に圧力をかけ、彼ら荘園領主を通じて「寺社本所領沙汰人已下」が南朝に通じることを防止し、武家側陣営にひきつけておくことにあったと考えるべきであろう。この時期においても「本所一円地」は、異国警固体制下と同じく武家による軍事動員の対象として位置づけられていた[35]のであり、内乱状況下の総動員体制において、その性格は強化・固定化されていったと考えられている。[36]

ところで、南北朝内乱については、異国警固体制下とは戦争状況としての質の違いにも留意しなければならない。すなわち、この内乱は、単に南北両朝の対立に止まらず、全国の武士層の領主間競合や所領拡大要求を前提とするものであり、彼らの押領により各地の荘園が退転する事態を半ば必然的なものとした。しかし、その一方で室町幕府にとってこの内乱は、また別の意味を持っていたことが指摘されている。[37]すなわち、室町幕府にとって南北朝内乱は、「北朝を擁立し、その正統性の下で南朝と対決する」姿勢を演出しなければならない戦いであった。そして、南朝勢力の粘り強い抵抗は、かえって「北朝—室町幕府」という枠組みを強化することになったとされる。この枠組みにおいては、北朝の拠って立つ基盤である荘園制が蚕食されるのを幕府としても放置するわけにはいかなかった。

以上のように、相互に矛盾する内乱期固有の情勢と幕府にとっての内乱像との歪みの解決策として採られたのが半済政策であった。半済令について、その概要を先行研究(38)に拠りながらまとめれば、一定の荘園を「寺社本所一円領」として確保することで北朝の権力基盤を維持しつつ、その他を半済の対象として武士層の所領拡大要求に応ずるものと言えようが、これは戦争状況により不可避となった「荘園押領」を内に含み込みながら、荘園制を再編成する結果をもたらしたのではないだろうか(39)。

ふり返れば、保元・平治の乱、治承・寿永内乱、承久の乱と続く戦争状況は武家政権の成立をもたらし、武士層の政治的地位を高めていった。そして、それに続くモンゴル襲来、南北朝内乱という戦争状況は、武家政権を頂点に「武家領」と「本所一円地」とが組織されるという荘園制下の新しい構図を作り出し、公家・寺社のみならず政治的地位を高めた武士層をそこに位置づけなおすという結果をもたらしたのである。

おわりに

以上、二節に分けて、荘園制の展開における「武家領」の規定性および戦争状況の規定性を指摘した。その結果として、南北朝期以降には、武家政権を軸として「武家領」「本所一円地」が組織される新しい構図が成立し、公家や寺社、そして武家という領主階級の人々がそこに再配置されるという見通しを提示するに至った。

そもそも、荘園制とは国家的な土地制度であると同時に、中世社会における支配階層による土地・人民支配の形式(システム)でもあった。この点に荘園制研究の重要性があるのであるが、「荘園公領制」論は、そうした支配の形式(システム)が「荘園」と「公領」からなっており、支配階層もそこに配置されて存在するという、すぐれて十二〜十三世紀に特徴的な状況を的確に指摘した議論であった。しかし、本章で見てきたように、十三世紀以降、荘園制は「武家領」と戦争状況に規定されて展開（変質）していくことになる。「武家領」、戦争状況ともにそれを集約する存在は武家政権であり、これを軸に十四世紀以降の荘園制の支配システムは再編成され、支配階層も再配置されることになる。すなわち、従来本家や領家、さらには国衙領の領主といった位置を占めてきた公家や寺社は、「本所一円地」領主という限定された位置づけを与えられる一方で、下司や地頭など、本家・領家よりも下位に位置づけられていた武士層が「本所一円地」に匹敵する「武家領」の主として配置されるに至ったのである。

荘園制について、右のような展開（変質）を想定する場合、「荘園公領制」論では不十分であることはもはや明らかであろう。すでに早くにこのことを指摘していたのが工藤敬一氏であり[40]、工藤氏は十四世紀以降の新たな荘園制支配システムを「寺社本所一円領・武家領体制」と呼んでいたが[41]、本章で提示した見通しは、この指摘に沿うものと考えている。

本章の課題に立ち返り、あらためて「荘園公領制」論に対する見解を述べれば、それは十二〜十三世紀における荘園制の一段階を指すものであり、その後荘園制は新たな段階に移行していくことになる。その展開の基点にあったのは武士や武家政権であり、その後のあり方を考えるならば、荘園制の新たな段階は工藤氏に倣って「寺社本所一円領・武家領体制」として把握すべきであると考えたい。

もとより、あくまで右は現段階における見通しであり、とくに南北朝期における荘園制の実態の把握（「寺社本所一円領・武家領体制」のより精緻な検証）については、今後の検討に俟つべきところが多い。また、工藤氏の言う「寺社本所一円領・武家領体制」は、「公家・社寺を含め全ての領家職や地頭職、つまり公方年貢徴収権を安堵する権限を事実上幕府が確立したことであった」とあるように、実際に年貢が徴収されるシステムとそれを支える構造の究明を不[42]

可欠とするものであるが、この点について本章では全くふれるところがなかった。

以上、今後解決すべき課題は山積しているが、とりあえずは上述の見通しを示したところで擱筆したい。

註

(1) 石母田正『中世的世界の形成』（伊藤書店、一九四六年／東京大学出版会、一九五七年／岩波書店、一九八五年）はこうした認識に基づく代表的な研究と言えよう。

(2) 安田元久『地頭及び地頭領主制の研究』（山川出版社、一九六一年）等参照。

(3) 永原慶二『日本の中世社会』（岩波書店、一九六八年／〈著作選集〉吉川弘文館、二〇〇七年）等参照。

(4) 五味文彦『武士と文士の中世史』（東京大学出版会、一九九二年）、今正秀「保元荘園整理令の歴史的意義」（『日本史研究』三七八号、一九九四年）、小川弘和『古代・中世国家と領主制』（吉川弘文館、一九九七年）等参照。

(5) 用語としての荘園公領制を初めて提言したのは網野善彦「荘園公領制の形成と構造」（同『網野善彦著作集第三巻　荘園公領制の構造』（岩波書店、二〇〇八年）所収。初出は一九七三年）であるが、荘園制の国家的性格はすでに永原慶二「荘園制の歴史的位置」（同『日本封建制成立過程の研究』（岩波書店、一九六一年／〈著作選集〉吉川弘文館、二〇〇七年）所収。初出は一九六〇年）の指摘するところであった。

(6) 入間田宣夫「公田と領主制」（『歴史』三八輯、一九六九年）、工藤敬一「日本前近代の土地表示」（同『荘園制社会の基本構造』（校倉書房、二〇〇二年）所収。初出は一九九九年）等参照。

(7) 前掲註(5)網野論文参照。

(8) 榎原雅治「荘園公領制」（佐藤和彦・榎原雅治・西岡芳文・海津一朗・稲葉継陽編『日本中世史研究事典』（東京堂出版、一九九五年）所収）参照。

(9) 二〇〇〇年代に入って、この点についての自覚的な研究が進みつつある。『国立歴史民俗博物館研究報告』一〇四集（二〇〇三年）にその成果がまとめられた国立歴史民俗博物館による共同研究「室町期荘園制の研究」や、二〇〇五年度歴史学研究会大会中世史部会では「中世の荘園制と地域社会」というテーマが掲げられ、小川弘和「十四世紀の地域社会と荘園制」・岡野友彦「『応永の検注帳』と中世後期荘園制」（『歴史学研究』八〇七号、二〇〇五年）が報告されたことは、そうした動きを示している。

(10) 「天福法」は鎌倉幕府追加法六八条（天福二年〔一二三四〕五月一日付関東御教書案）を指す。

(11) 本書第三部第一章第一節第1項参照。

(12) 御家人身分が国家的軍務遂行主体として公武間で定位されていた点にその合理化の言説を認めたい。本書第一部第四章第一節第2項参照。

(13) 若狭国太良荘末武名をめぐる相論の経緯については橋本道範「荘園公領制再編成の一前提」（大山喬平教授退官記念会編『日本社会の史的構造　古代・中世』〔思文閣出版、一九九七年〕所収）参照。

(14) 「東寺百合文書ほ8」寛元元年〔一二四三〕十一月二十五日六波羅裁許状（鎌⑨六二五四号）参照。

(15) 「東寺百合文書ぬ99」（文永八年〔一二七一〕カ）二月二十七日若狭国太良荘百姓勧心・大中臣真利連署申状（鎌⑭一〇五八五号）、「東寺百合文書ぬ9」文永七年（一二七〇）七月日若狭国太良荘観心等連署申状（鎌⑭一〇六五九号）。

(16) 「東寺百合文書は6」文永十一年（一二七四）二月日若狭国太良荘末武名百姓職補任状案（鎌⑮一一五三九号）。

(17) 「東寺百合文書は134」（文永十一年〔一二七四〕）七月九日真行房定宴書状案（鎌⑮一一六八七号）。本書第一部第四章第二節第2項参照。

(18) 美濃国大井荘の概要については、大山喬平「東大寺領大井荘」（『岐阜県史通史編・中世』一九六九年）参照。

(19) 「東大寺文書1―3―77」永仁六年（一二九八）二月日東大寺衆徒等申状案（鎌㉖一九六〇四号）、「東大寺文書1―3―49」永仁六年三月日東大寺衆徒等重訴状案（鎌㉖一九六三五号）等参照。

(20) 島田次郎「荘園制的〝職〟体制の解体」（竹内理三編『体系日本史叢書六　土地制度史Ⅰ』〔山川出版社、一九七三年〕所収）参照。

(21) 本書第三部第一章第二節第3項参照。

(22) 「東大寺文書1―3―77」永仁六年（一二九八）二月日東大寺衆徒等申状案（鎌㉖一九六〇四号）。

(23) 「紀伊御池坊文書」永仁六年（一二九八）八月十日関東下知状案（鎌㉖一九七六四号）等参照。本書第三部第一章第二節第3項参照。

(24) 荘園制のこうした把握の仕方は、網野善彦『中世荘園の様相』（塙書房、一九六六年／〈著作集〉岩波書店、二〇〇八年）

に学んだ。

(25) 井上聡「神領興行法と在地構造の転換」(佐藤信・五味文彦編『土地と在地の世界をさぐる』〔山川出版社、一九九六年〕所収)参照。

(26) 海津一朗『中世の変革と徳政』(吉川弘文館、一九九四年)参照。

(27) 市沢哲「鎌倉後期の公家政権の構造と展開」(『日本史研究』三五五号、一九九二年)、西谷正浩「公家権門における家産体制の変容」(同『日本中世の所有構造』〔塙書房、二〇〇六年〕所収。原論文「鎌倉期における貴族の家と荘園」初出は一九九八年)等参照。

(28) 異国警固体制の理解については本書第三部第二章第一節参照。

(29) 「八田スェノ氏旧蔵文書」弘安九年(一二八六)閏十二月二十八日関東式目(鎌㉑一六一二九号)。

(30) すでに本所一円地住人の動員が行なわれていたにもかかわらず、弘安の役の直後に「寺社権門領本所一円地庄官以下随二武家下知一可レ向二戦場一事」の宣下が武家より要求されたこと(『壬生官務家日記抄』弘安四年〔一二八一〕閏七月九日・二十一日条)も、本所一円地領主たる寺社や公家層にこうした形式責任を明示する意図があったものと考えられる。

(31) 「薩藩旧記雑録前編　権執印文書」弘安八年(一二八五)二月二十日関東御教書案(鎌⑳一五四三六号)。

(32) 「紀伊薬王寺文書」永仁七年(一二九九)正月二十七日関東下知状案(鎌㉖一九九三四号)。

(33) 『園太暦』貞和三年(一三四七)十二月二十二日条。

(34) 本書第一部第四章第三節第3項、第三部第二章第四節第2項参照。

(35) この時期、寺社領を中心に幕府や守護から「軍役免除」が認められる事例が散見する。とくにそれ以前に軍役が賦課された形跡もないので、こうした「軍役免除」は一種の特権付与であり、当時の本所一円地には潜在的に武家政権に対する軍役負担が義務づけられていたことがうかがえる。本書第一部第四章第三節第3項参照。

(36) 伊藤俊一「中世後期における『荘家』と地域権力」(『日本史研究』三六八号、一九九三年)参照。

(37) 川合康「武家の天皇観」(同『鎌倉幕府成立史の研究』〔校倉書房、二〇〇四年〕所収。初出は一九九五年)、市沢哲「南北朝内乱期における天皇と諸勢力」(『歴史学研究』六八八号、一九九六年)参照。

(38) 半済についてはさしあたり、島田次郎「半済制度の成立」(同『日本中世の領主制と村落　上』〔吉川弘文館、一九八五年〕所収。初出は一九五六年）、『シンポジウム日本の歴史八　南北朝の内乱』（学生社、一九七四年）、村井章介「徳政としての応安半済令」（同『中世の国家と在地社会』〔校倉書房、二〇〇五年〕所収。初出は一九八九年）松永和浩「軍事政策としての半済令」（『待兼山論叢』四一号、二〇〇七年）等参照。

(39)　半済のこのような理解については、小林一岳「悪党と南北朝の『戦争』」（同『日本中世の一揆と戦争』〔校倉書房、二〇〇一年〕所収。初出は一九九八年）が中世後期の荘園制を悪党や代官らによる略奪のシステム化としてとらえようとする視角に学んだ。また、小林氏は地域防衛のための戦費として在地社会から生まれてきたシステムの延長上に半済を位置づけることを試みている（同「南北朝の『戦争』と安全保障」〔前掲書所収〕参照）。半済については、半済令のみならず、個々の半済措置の運用などを含めて検討しなおす必要を感じている。

(40)　工藤敬一「荘園制の展開」（同『荘園制社会の基本構造』〔前掲註(6)〕所収。初出は一九七五年）参照。

(41)　本書第三部第一章第二節および同章第三節では、工藤氏の指摘を受けて、荘園制の展開過程を再検討し、その結果を「武家領対本所一円地体制」の成立と表現したが、用語の違いにこだわるものではない。

(42)　前掲註(36)伊藤論文および伊藤「中世後期の地域社会と荘園制」（『新しい歴史学のために』二四二・二四三号、二〇〇一年）は、これを地域権力ないし地域社会の形成という観点から追究した研究と位置づけられる。

終章　まとめと展望

以上、本書では三部に分かって鎌倉幕府と軍事との関係をみてきた。最後にそこで展開した論旨を整理し、あわせてそこから浮かび上がってきた課題を指摘してむすびとしたい。

まず、鎌倉幕府最大の特徴は、それが自律的な軍事組織たることに求められよう。ここでいう「自律的」とは具体的には、鎌倉殿と御家人との主従結合にもとづく御家人制を主たる軍事手段としていることを想定しているが、そもそも前近代の軍事組織というものは少なからず主従制的要素を含んでいるものであり、その意味で「自律的」であることに鎌倉幕府固有の特徴は認められないかもしれない。また、鎌倉幕府は治承・寿永内乱の中で反乱軍としてスタートしたわけであるが、この内乱の中では他にも数多くの反乱軍が登場しており、規模の大小を問わなければ、こうした自律的軍事組織というものは、内乱期にはある程度普遍的な存在であったとさえ言いうるかもしれない。

ただ、この内乱の過程で数多くの反乱軍が結局は解体ないし解消していった中で、唯一鎌倉幕府が自律的軍事組織としてこの内乱を勝ち抜いてしまったことを重視したい。しかも、内乱を戦い抜くことでその自律的性格が強化されたことも見逃すことはできない。川合康氏が荘郷地頭制成立史研究で明らかにしたように、所領給与を媒介とする主従関係が一般化するようになったのは、源頼朝擁する武士団が治承・寿永内乱を自律的に戦い進めていった結果であり、それが前代とは比較にならない強力な主従関係であったことは多言を要しまい。

それと同時に、治承・寿永内乱の決着の仕方も鎌倉幕府の性格を考える上では重視しなくてはならない。すなわち、自律的に戦いを進めてきた源頼朝軍が、その自律性の赴くままに全てを支配しつくしてしまった、わけではないのである。結果として朝廷は温存されたのであり、その全権を幕府は奪い取ったのではないのである。おそらく、頼朝とその麾下の武士たちには、そうした意図も、そうしなければならない必然性もなかったのであろう。(1) しかも事態を複雑にしているのは、そうだからといって幕府は朝廷と完全な「棲み分け」をしているわけでもなく、東国を主要な基盤としながらも西国を含む全国、および朝廷をはじめとする公家・寺社社会とも交渉を持っていたことである。

こうした事態をどのように整合的に理解するかは当時の人々にとっても問題であったようで、それは新制の中で示されることになった。すなわち、建久二年（一一九一）三月新制の中で幕府は全国の治安維持を担当する組織として位置づけられたわけであり、それは形の上では前代の平氏政権と同じ位置づけであった。ただ、それは当時の人々がもっていた「語彙」に制約されたものでしかない。そう表現するしか手立てがなかったから、そうしたまでであって、幕府の位置はそれで表現しつくせるものではなかったのである。やはり鎌倉幕府は前代未聞の存在であり、当時の人人の理解の範疇にはおさまることができない存在だったのである。

その理由も鎌倉幕府の自律的性格、とくに自律的軍事組織という点に求めることができるように思われる。具体的には、寛喜三年（一二三一）十一月新制にみられるように、主従組織（御家人制）を手段として国家的軍務を扱うことが国制上明記されたことが問題である。いわば私的組織で公務を請け負うこととされたわけである。「請け負い」そのものは中世の政治・社会に広く認められるところであるが、鎌倉幕府の場合、国家的軍務を独占的に請け負おうとしていることが重要である。こうした独占への志向について、本書では京都大番役の御家人役化の問題として解明したところである。

このように私的組織によって公務が独占されることは、私的組織そのものが「公」的性格を帯びる結果をもたらしたと推測される。すなわち、御家人制に国家的意義が付与されたと考えられるのである。もはや御家人制は単なる私的な主従組織ではありえなくなったのである。本書で御家人役の分析、とくに在地転嫁の有無や御家人役間の優先関係の解明に力を注いだのも、こうした点を追求しようとしたものである。

もちろん、独占への志向は当初はあくまでも幕府の志向であり、朝廷の側はけっして幕府に独占されたとは考えていなかったと思われる。実際、後鳥羽院政期にはそれ以前の院政政権と同じように、院自身が武士を組織して軍事活動（ただし地域的には京都周辺に限られるようである）を行なっていたことが明らかにされている。しかも、院による軍事動員の対象は鎌倉幕府と「棲み分け」られたものではなく、いわゆる「京武者」秩序は御家人制とも重なりあう形で存続していたようである。(2) 先に想定した幕府の志向性とも抵触する事態であり、両者の間にどのような関係がはらまれたか、おおいに興味深く、今後取り組んでいきたいと考えている。ただ、結果として承久の乱がこの問題に一定の回答を与えることになったことは動かないであろう。軍事的敗北の結果、院による軍事組織は解体され、「京武者」個々の存続とは別問題として、鎌倉幕府による国家的軍務の独占的請負が名実ともに実現したことになる。

以上のように、朝廷や公家・寺社社会とも一定の関係を持ち続けながらも、国家的軍務の独占的請負という形で自律的軍事組織が維持されていたわけであり、このことによって鎌倉幕府は国制上に独自の位置を占めることを担保されていたと考えたい。

ここで「独自の位置」というのは、さしあたっては朝廷に掣肘されない、それこそ自律的な行動をとりうることを意味しているが、その後の展開をも視野に入れると、それにとどまらない性格がはらまれていたことを認めなくてはならないだろう。すなわち、朝廷や公家・寺社とのバランスを変化させ、国制上における地位を自ら変動させる方向性が内包されていたと考えられるのである。それが「御家人領」ないし「武家領」の問題であり、本書第三部で考察を展開したところである。

その概要を繰り返すことはしないが、あらためて強調しておきたいことは「武家領」ないし「御家人領」概念の画期的性格である。広い意味で言えば、これは「御家人が知行している所領」ということであるが、その中味を子細に検討していくと、「御家人役勤仕之地」とも言われているように、御家人役を勤めている所領を意味しており、それも御家人役一般ではなく、京都大番役をはじめとする軍役を勤仕しているとされる点に根拠を有したのである。京都大番役は御家人制の国家的性格を考える上でも重要な所役であったが、その影響の及ぶところも広くかつ深かったのであり、本書が軍事に着目する所以である。

この「武家領」ないし「御家人領」が起点となって「本所一円地」が生まれ、荘園制の中に「武家領対本所一円地」(3)という新たな所領秩序（所領の枠組み）が成立したというのが本書の趣旨であり、そのこと自体画期的なものであると考えているが、こうした荘園制下の新たな秩序創出が、従来のいわゆる「職」の論理としてではなく、いわば「知行」の問題として提起されてきたことにも注目したい。「〇〇の知行する所領」という意味での「〇〇領」という表現や概念は御家人領以前からも存在したが、それが新たな所領秩序を生み出すことにはならなかった。あくまでも荘園制下の所領秩序は「職」によって制御されており、知行とは別次元の問題とされていたのである。それが御家人領に至って、新たな秩序を生み出す起点になったことの意味は小さくないことと思う。この後、「本所一円地」や、十三世紀後半の寺社徳政の中で「仏神領」など、「〇〇が知行する所領」が叢生し、中世後期荘園制の重要な構成要素となっていくが、いわばそうした動きの先駆・牽引車の役割を「武家領」ないし「御家人領」が果たしたと考えられるのである。

本書では鎌倉時代後半に登場した「武家領対本所一円地体制」が室町時代にも受け継がれていくという見通しを示

しているが、この点についてはすでに、室町幕府法の用語分析等をもとに井原今朝男氏から批判が寄せられている(4)。本書でも明らかにしたように、鎌倉幕府のもとでさえ、御家人知行の所領だからそのまま「武家領」ないし「御家人領」と認められたわけではなく、両者の間にはさまざまな勢力のせめぎあいをみなくてはならない。まして建武新政や南北朝内乱という新たな政治・社会情勢が展開した南北朝期以降については、さらに複雑なせめぎあいを想定しなければならない。その意味では井原氏の批判は至当なものであり、私も今後さらなる分析の必要を感じているが、そもそも「武家領」という発想が荘園史の中からどのようにして生まれえたかということを振り返ってみた場合、鎌倉時代に鎌倉幕府の果たした役割はやはり大きいと思われる(5)。

なお、「武家領対本所一円地体制」については、十三世紀後半以降の公武徳政の展開と関連して、そこに公武両政権による分掌をみる見解も提起されている(6)。軍事制度の面に限ってみても、荘園領主には「本所一円地」相応の軍事負担が求められているのであるから、分担・分掌関係を見てとることはできるのであるが、私としてはそれをとりまとめる存在として、さらにその上位に武家政権を位置づけうることを重視したいのである。弘安の役の直後、本所一円地住人動員のために朝廷の宣下を幕府が要請したという事実があることから、この「とりまとめ」の部分に公家政権が関与していたことも明らかではあるが、それを公武の「分掌」と評価できるか否か、本書では手をつけることができなかった鎌倉時代後期の徳政の問題も含めて、より立ち入った検討を加えたいと思っている。

ところで、本書では鎌倉幕府と軍事との関わりをみる柱の一つとして御家人制を重視した。その意図はもちろん、これまでの行論でもしばしばふれてきたように鎌倉幕府の軍事手段として御家人制を検討しようとするものであるが、その一方で幕府を構成する個々の武士の動向を観察する手段として御家人制をとらえようとするものでもあった。すなわち、幕府の政策意図と在地の武士団の動向という上下の動きの結節点として御家人制をとらえようと考えたのである。

こうした二つの視点をあわせもつ必要を感じるのは、鎌倉時代を通じて御家人制の性格が「閉鎖的→開放的→閉鎖的」と変遷することをどのように理解するかということに関わっている。とくに十三世紀後半以降、「開放的→閉鎖的」と変化する要因をどこに求めるかということであるが、第一にそれは幕府の政策意図との関わり、具体的にはいわゆる徳政令の展開と関わることが想定される。ただ、徳政ないし徳政令について、本書では既往の研究成果に依拠するにとどまっており、独自に検討しなおす必要を感じている。とくに安達泰盛によって主導された弘安徳政について、村井章介氏の研究に依拠してそれが御家人制を拡大する意図を持っていたとしたが（この評価そのものは誤りではないと思っている）、それがこの時期の徳政の流れの中に占める位置についてはあまり重視しなかった。ただ、御家人制の「閉鎖的」傾向はそれ以前からすでに認められるところであり、弘安徳政のめざした方向性は、少なくとも御家人問題に限っていえば、明らかに前後の状況からは浮いているのである。これを弘安徳政の急進性とのみ処理してよいか否かは、やはり独自の分析を必要としよう。

先の「二つの視点」の問題に立ち返ると、御家人制の性格変化の背景には、幕府の政策意図のみには帰し得ないものがあるように思われるのである。従来、それは「(旧) 御家人層の特権意識」と理解されてきたようであるが、むしろ御家人集団という形をとった武士団結合のあり方に原因が求められるのではないかと考えられるのである。このことは、本書第二部第一章で検討したように、京都大番役の勤仕が、単に御家人身分の象徴＝幕府に連なっていることの象徴としてではなく、国御家人という特定の武士団結合に参画することを意味しており、それが地域社会で生きていく上で重要な役割を果たしていたことからもうかがうことができる。すなわち、在地の武士の動向という、いわば下からの動きが御家人制を形作っていった可能性があると考えるのである。

御家人制は幕府による軍事手段であり、それが国家的軍務と結びついた時点で、もはや単なる私的主従関係ではありえなくなったことはすでに指摘したことであるが、右のような視点を導入するならば、その在地基盤という側面からも御家人制は私的主従関係ではありえず、在地の動向（本書での表現で言えば「在地領主の競合・結集状況」）に規定・制約される側面もあったことになる。そうした意味で御家人制は上下の動きの結節点なのである。ところが、上からの規制（国家的軍務の遂行手段であるという性格規定）は鎌倉時代を通じて変わらないとしても（むしろそれが幕府存立の看板でさえあった）、武士団の動きは不変ではありえないわけで、そうした上下の動きの矛盾が御家人制に現われてくるのではないかと想定したのである。

御家人制の在地基盤もしくは在地からの視点からする御家人制の実証的作業は、本書第二部で取り上げられるべき事柄である。ただ、通読していただければ判然とするように、この作業は現段階では決定的に不十分である。また、上下の動きの結節点としての御家人制という把握事態にも再検討の余地を残している。これらも挙げて今後の課題とせざるを得ない。

以上、本書では、自律的軍事組織たることに鎌倉幕府の特徴を見出すとともに、荘園制や武士団結合の問題にまで議論が及ぶことになった。それにともなって浮かび上がってきた課題も数多く、今後のさらなる検討を約す仕儀となってしまったが、それと関わって最後に強調しておきたいのは、これらはいずれも鎌倉時代という閉じられた枠の中で考察されるべきではなく、より広い範囲の中で検討されなければならないということである。序章でも述べたように、とりあえずは十四世紀をも貫通する視野で取り組みたいと考えている。

註

（1）そうなると、頼朝やそのもとに集った武士たちにとって、この内乱とはいったい何だったのか、ということがあらためて問われることになる。上横手雅敬氏が、治承・寿永内乱という呼称よりも「源平の合戦」という呼び方の方が好ましいことを早くから表明していたのも、この辺りの問題と関係していよう（同「鎌倉・室町幕府と朝廷」〈同『日本中世国家史論考』〈塙書房、一九九四年〉所収。初出は一九八七年〉三〇一～三〇二頁参照）。それに対して、近年の内乱研究はむしろこの問題にあまり焦点をすえない点に特徴があるように思われるが、そうした中で近年、河内祥輔氏が頼朝と武士たちの間に「朝廷再建運動」という明確な動機があったことを提示していることは注目される（同『頼朝の時代』〈平凡社、一九九〇年〉、同「中世の国家と政治体制」〈大津透編『王権を考える』〈山川出版社、二〇〇六年〉所収〉等参照）。ここでこれらの議論に立ち入る準備はないが、内乱研究もまた新たな段階に進むべき時期に来ていることを指摘しておきたい。

（2）　川合康「鎌倉幕府研究の現状と課題」（『日本史研究』五三一号、二〇〇六年）二九～三一頁参照。

（3）　この用語にこだわるものではないことは、本書第三部第三章註(41)参照。

（4）　井原今朝男「室町期東国本所領荘園の成立過程」（『国立歴史民俗博物館研究報告』一〇四集、二〇〇三年）参照。

（5）　室町幕府の荘園関連法規を通覧すると、「本所領」の扱いに主たる関心があるかに思われるが、それは武家領の比重の低下を意味するものではなかろう。武家領の存在を所与の前提とした上で、本所領の問題が取り上げられていると見るべきで、室町幕府のもとですでに「武家領の存在が所与の前提」とされることの意味は大きい。

（6）　海津一朗『中世の変革と徳政』（吉川弘文館、一九九四年）、同「高橋典幸報告批判」（『歴史学研究』七五七号、二〇〇一年）参照。後者は本書第一部第四章のもとになった研究報告に対する批判として寄せられたものである。

あとがき

本書は一九九六年以来の既発表論文を、本書序章で示した視角にもとづいて構成し直し、新たに序章・終章を付して一書とするものである。既発表論文の初出は以下の通りである。

序　章　新　稿

第一部

第一章　五味文彦編『日本の時代史8　京・鎌倉の王権』（吉川弘文館、二〇〇三年一月）。本書採録に際して、原題「武家政権と幕府論」を「武家政権論と鎌倉幕府」に改め、新たに註を付した。

第二章　『古文書研究』五〇号（一九九九年一一月）

第三章　『遥かなる中世』一五号（一九九六年三月）。本書採録に際して「はじめに」を改稿した。

第四章　『歴史学研究』七五五号（二〇〇一年一〇月）。本稿は二〇〇一年五月に行なわれた歴史学研究会大会中世史部会での口頭報告に拠っている。初出誌では枚数を制限されていたため、本書採録に際して、口頭報告当日の原稿および配布レジュメにもとづいて大幅に加筆した。

第二部

第一章　網野善彦ほか編『岩波講座　天皇と王権を考える10　王を巡る視線』（岩波書店、二〇〇二年一一月）

第二章　小野正敏・藤澤良佑編『中世の伊豆・駿河・遠江』（高志書院、二〇〇五年一一月）
第三章『鎌倉遺文研究』七号（二〇〇一年四月）

第三部
第一章『史学雑誌』一〇五編一号（一九九六年一月）
第二章『日本史研究』四三一号（一九九八年七月）
第三章『歴史評論』六二二号（二〇〇二年二月）
終　章　新　稿

既発表論文については、その後の研究動向などに関しては本文中に必要最小限の補訂を施したが、基本的な論旨には変更を加えていない。論旨に関わるものについては補註を付した。

最初に発表した論文が第三部第一章「鎌倉幕府軍制の構造と展開」なので、それから一〇年以上が経過したことになる。もう一〇年とも、まだ一〇年とも思われるのであるが、このように既発表論文を並べてみると、この間さして広くはない問題関心の中を彷徨していたことが痛感される。よく言えば「揺らぎがない」ということでもあり、それだけに採録論文の選定に迷うことはなかったが（選択の余地がなかった、という方が正確かもしれない）、同じような論旨がしばしば顔を見せるのには、我ながらいかがなものかと思わざるを得ない。また、補註が少なからず付されていることから明らかなように、旧稿発表後、多くの方々から有益な意見や反論を賜っている。もちろん、なお旧説を堅持したいと思う箇所もある一方で、失考が明らかとなり、書き改めたいと思う箇所も少なからずある。そうしたこともあり、全面的な改稿の必要も感じていたが、「なるべく元のままにしておくことも大事ですよ」とある方からアドバイスをいただいたこともあり、本書では右のような形をとることにした。

論文の内容はともかく、一篇一篇に思い出はつきない。いろいろな人の顔も浮かんでくる。ただ、いざそれを書こうとすると、あれもこれもと思いついてしまい、なかなか筆が進まない。人後におちぬ「あとがき愛読派」を自認している身としては情けない次第であるが、第一部第四章作成の経緯は他とおおいに異なる貴重な経験だったので、一言ふれておきたい。先にも述べたように、本章は歴史学研究会大会中世史部会での報告がもとになっている。途中病気にかかったりして「引き受けなければよかったなあ」と後悔することしきりであったが、数次にわたる準備報告会では多くの方々に粘り強くお付き合いいただき、適切なアドバイスを種々頂戴した。準備報告会以外の場でも私的に勉強会を催していただいたり、また報告後も報告批判の労をおとりいただいたりした。一向に展望の見えぬ報告者に寄せられた多くの方々の厚意は、今も忘れることはできない。

学部以来ご指導いただいている五味文彦、村井章介両先生への感謝の念は尽きない。直接ご助言いただくばかりでなく、意欲的に研究を進めていく両先生のお姿からは、けっして真似はできないながらも、研究者としてあるべき姿勢を学ばせていただいている。

私が学部三年で専門課程の文学部国史学科（当時）に進学した際は、さらに故石井進先生もいらっしゃり、日本中世史は教官三人という強力布陣であった。周知の通り、三先生いずれも学問の幅が広く、多くの分野で活躍されているのであるが、強いて「最大公約数」を求めるとすると、鎌倉幕府研究ということになるのであろうか。思い起こせば、国史学科進学当時は戦国大名を勉強しようと思っていた私が、その後なぜか鎌倉幕府に関心を転じ今に至っているのは、この最大公約数の引力に引き寄せられていったから、なのかもしれない。あとがきを書いていて、「なるほど、そういうことだったのか」と最後にやっと気がついたところである。

これまでの研究成果をまとめたつもりでいたが、ここにきて研究の原点に立ち返ったような気がしている。これを機に、あらためて自分の足下を見つめなおし、そして焦ることなく、しかし弛むことなく、次の作業に取り組んでいきたいと考えている。

二〇〇八年六月二一日

高橋典幸

著者略歴

一九七〇年　宮崎県に生まれる
一九九七年　東京大学大学院人文社会系研究科博士課程中退
現在　東京大学大学院人文社会系研究科准教授

〔主要著書・論文〕
日本軍事史（共著）　源頼朝　歴史認識における普遍性・法則性（『歴史評論』六四六）

鎌倉幕府軍制と御家人制

二〇〇八年（平成二十）九月十日　第一刷発行
二〇一三年（平成二十五）五月一日　第二刷発行

著者　高《たか》橋《はし》典《のり》幸《ゆき》

発行者　前田求恭

発行所　株式会社　吉川弘文館
郵便番号一一三—〇〇三三
東京都文京区本郷七丁目二番八号
電話〇三—三八一三—九一五一〈代〉
振替口座〇〇一〇〇—五—二四四番
http://www.yoshikawa-k.co.jp/

印刷＝株式会社　理想社
製本＝株式会社　ブックアート
装幀＝山崎　登

ISBN978-4-642-02878-3

索　　引

本索引は，Ⅰ 人名，Ⅱ 地名，Ⅲ 事項，Ⅳ 研究者名，Ⅴ 幕府法に分類の上，採録した.

Ⅰ 人　　名

あ 行

か 行

さ 行

た　行

な　行

は　行

ま　行

や　行

ら 行

わ 行

Ⅱ 地　名

あ 行

か 行

さ 行

た 行

な　行

は　行

ま　行

や　行

わ　行

Ⅲ　事　項

あ　行

か　行

さ 行

た 行

ら　行

Ⅳ　研究者名

あ　行

か　行

さ 行

た 行

な 行

は 行

ま 行

や 行

わ 行

V　幕府法